숫자에 약해도 매출이 폭발적으로 증가한다!

일러스트로 바로 이해하는

수치화 생각법

미키 다케노부 감수

NUMERICAL METHODS

더퀘스천

수치화는 업무의 질과 스피드를 높여 성과를 내기위한 최강의 사고법

"데이터나 숫자를 다룰 때 자신이 없다."
"회의나 프리젠테이션 자리에서 설득력을 가지고 싶다."
"논리적으로 생각하고 이야기하고 싶다."
"그렇지만 숫자가 약하다…."

이런 고민을 가진 직장인은 꽤 많을 것입니다. 업무 현장과 관련이 많은 숫자라고 하면 영업 성적 등 개인을 관리하는 것이 많기 때문에 약하다는 생각을 가지는 것도 당연하다 할 수 있습니다. 특히 문과 출신은 더욱 그럴 것입니다. 이 책은 그렇게 숫자에 알레르기가 있는 사람이라도 수치화 사고를 손에 넣어 업무의 생산성을 올릴 수 있도록 기획되었습니다. 그러기 위해 제가 소프트뱅크 재직 시 손정의 사장으로부터 배운 것과 나 자신이 사업을 하면서 실천한 것, 다양한 조직을 지원하는 가운데 체계화했던 수치화 업무술의 노하우를 소개하고자 합니다.

직장인이나 조직이 하나의 목표를 이루기 위해 최대한의 퍼포먼스를 발휘하고 최대의 성과를 내려면 조직을 움직이는 사람의 감정 등 눈에 보이지 않는 하나하나의 요소도 물론 중요하지만 최근의 트렌드인 'KPI 매니지먼트'를 비롯해 과제를 적절히 수치화하는 프로세스도 빼놓을 수 없습니다.

하지만 일상생활에서 숫자로 생각하지 못하는 사람은 아무리 수치화된 자료와 사실에 근거한 데이터가 있더라도 제대로 활용할 수 없습니다. 그 결과 지금 일어난 문제를 정확히 이해하지 못하고 착각한 가운데 업무를 계속하게 됩니다. 이런 상황 속에서는 당연히 문제가 전혀 해결되지 않고 개인이나 조직의 성장도 불가능합니다.

또한 다음과 같은 고민을 가진 사람도 많을 것입니다.
"수치화가 중요한 것은 알지만 어떻게 업무에 활용하면 좋을지 모르겠다…."

"사내에서는 이미 다양한 문제가 수치화되어 있지만 현실적으로는 전혀 모르겠다. 실제로는 수치화 같은 건 의미가 없는 것 아닐까?"

저는 이런 고민 때문에 경영 부진에 고민하는 기업을 많이 보았습니다. 하지만 단언할 수 있는 것은 이런 기업의 많은 수가 '잘못된 수치화'를 행하고 있다는 사실입니다. 수치화는 어디까지나 문제 해결을 하기 위한 툴에 지나지 않습니다. 수치화를 행하는 일이 목적이 되어서는 눈앞의 업무를 해결하지 못합니다.

그렇다면 대체 어떻게 해야 되는 걸까요? 그 대답이 이 책에 들어 있습니다. 이 책에는 숫자에 약하다는 생각을 하는 사람부터 모든 일을 숫자로 생각할 수 있게 되고 싶다는 사람까지 모든 사람이 배우고 실천할 수 있는 수치화의 비결을 정성껏 담았습니다. 통계 지식이나 어려운 엑셀 등은 전혀 필요 없습니다. 간단한 엑셀 조작과 사칙연산(+-×÷)이 가능하면 누구든 실천 가능한 그것들을 실천하는 것만으로도 당신은 오랜 세월 해결하지 못했던 문제들을 쉽게 해결할 수 있을 것입니다.

이 책의 Chapter 1과 Chapter 2에서는 구체적으로 어떤 상황에서 수치화가 도움이 되는지 설명하고 수치화를 사용한 업무 방법에 대해 소개합니다.
Chapter 3에서는 최근 더욱 주목을 받는 KPI 매니지먼트를 활용하는 포인트를 해설하겠습니다.
Chapter 4와 Chapter 5에서는 숫자를 볼 때의 주의점과 효과적인 사용 방법, 숫자를 사용한 법칙 등을 전달합니다.
Chapter 6에서는 수치화를 활용해 업무에서 최대의 성과를 내기 위한 구체적인 단계를 이론과 함께 설명하겠습니다.

이 책을 읽음으로써 문제 해결의 무기가 되는 수치화에 대한 지식이 보다 깊어지기를 진심으로 기원합니다.

미키 다케노부

숫자에 약해도 매출이 폭발적으로 증가한다!

일러스트로 바로 이해하는

수치화 생각법

Contents

Chapter 4
잘못된 수치화에는 요주의! 숫자의 함정과 마술에 주의하라

Chapter 5
절대 알아두어야 할 숫자의 법칙

Chapter 6
'수치화'에 의한 비즈니스 필승법

Chapter 1

수치화의 엄청난 힘

업무 능력이 뛰어난 사람에게 공통적으로 존재하는 하나의 사고법, 그것은 '수치화'.
'숫자에 알레르기가 있다'고 하는 사람일수록 수치화의 위력은 효과가 큽니다.
이번 장에서는 문제를 수치화해서 생각할 때의 메리트를 제시합니다.

1 2 3 4 5 6 7

01 숫자에는 사람을 움직이는 커다란 힘이 있다

무엇인가를 달성하고 싶을 때 목표를 막연히 머릿속에만 세우고 임하는 것과 객관적인 숫자를 만들고 임하는 것 사이에는 달성할 수 있는 가능성이 달라집니다. 목표의 수치화는 사람에게 목표에 대한 이정표가 되기 때문입니다.

기업의 계획이나 목표뿐 아니라 개인의 목표 역시 막연히 '○○가 되겠다'며 임하는 것보다는 '○○가 되기 위해 그 과정과 목표에 숫자를 설정'하는 쪽이 목표 도달을 위한 이정표가 명확화·구체화됩니다. 즉 목표를 수치화하자는 것입니다. 수치화함으로써 목표 달성까지의 비전이 보이게 됩니다. 알기 쉬운 예를 들어보겠습니다.

당신은 다이어트를 하려고 생각하고 있습니다. 이때 막연히 체중을 줄여야지 하고 생각하는 것과 몇 킬로그램을 줄이겠다는 숫자를 정하는 것(수치화) 중 어느 쪽이 효과적일까요? 예를 들어 2개월간 4kg을

수치화하는 쪽이 다이어트에 효과적일까?

같이 다이어트 해보자고.
식사를 좀 줄이는 편이 좋으려나?
2개월에 4kg을 빼겠어!
A씨
B씨
수치화

줄일 생각이라면 한 달에 2kg을 줄여야 합니다. 이를 4주로 나누면 한 주에 500g이 됩니다. 이를 다시 7일로 나누면 하루 약 70g을 줄여야 한다는 계산이 나옵니다. 여기에 더욱 수치화를 진행시키면 지방 1g은 칼로리를 환산하면 9kcal이므로 630kcal분의 식사를 줄이거나 운동이 필요하게 됩니다. 구체적으로는 흰쌀밥을 밥공기 하나만큼(약 230kcal) 먹는 양을 줄이고 거기에 1만 보를 걸어야 합니다(약 400kcal). 이처럼 숫자로 바꿔보면 해야 할 일이 명확히 보이게 됩니다. 이렇게 수치화를 함으로써 사람은 구체적인 행동 기준이 명확해지고 움직이기 쉬워집니다. 동시에 수치화에는 강하게 동기 부여를 해주는 효과도 있습니다. 매일 숫자를 기록하면 앞으로 몇kg이면 목표가 달성되는지 알 수 있어 무턱대고 노력만 하는 것보다 적확할 뿐 아니라 나머지 노력해야 할 숫자도 알 수 있어 동기 부여의 향상에도 이어집니다. 수치화는 목적을 달성하기 위한 중요한 팩터가 되는 것입니다.

A씨
B씨
4kg을 빼기 위해서는
한 달에 2kg씩.
1주일에 500g 줄여야 하니
하루에 약 70g!
와~ 맛있겠다!
맛있어. 다이어트는
그냥 내일부터 해야지.
하루 식사량을
70g 줄여야만 해.
다이어트 실패.
살이 더 쪄버렸네.
2개월 후
다이어트 성공.
수치화해서 하루
목표량을 정했던 것이
성공 요인이었습니다.

02 숫자는 서로의 오해를 없애고 '감정'을 분리시킨다

사업은 인생과 달리 숫자가 전부라고 해도 과언이 아닙니다. 기업의 업적을 올리겠다는 공통된 목표를 가지고 일하는 이상 필요 없는 감정에 지배되면 많은 경우 멀리 돌아가고 맙니다.

숫자는 객관적 사실입니다. 데이터를 올바르게 취합하여 올바르게 적용시키면 백만 마디의 말을 하는 것보다 더 적확하게 사실을 전달할 수 있습니다. 이에 비해 숫자를 이용해 의논하지 않는 경우 감정에 지배되어 오해나 착각을 낳을 수도 있습니다. 예를 들어 사업이 생각대로 진행되지 않는 경우 "여기까지 모두 열심히 해온 만큼 사업을 중지하지 말고 계속하자"라는 감정적인 의견이 나오기 쉽습니다. 그러나 사업은 추억 만들기를 위한 곳이 아니라 이익을 올리는 것을 목표로 하고 있습니다. 따라서 쓸데없이 감정에 지배되는 일 없이 데이터를 신중하게 분석한 뒤 "한 달 뒤까지 매출이 얼마 이상 나오지 않으면 종

지금까지의 직장

외근 어땠어?
그렇군, 그렇군
상사
엄청 열심히 했습니다.
매출이 전혀 안 올랐잖아?
대체 어떻게 한 건데?
매일 두세 곳씩 돌았습니다.
그래서 업적이 오를 리 없잖아.
그렇다면 처음부터 몇 곳을 돌라고 말해주시지 그랬어요.

료한다"고 하는 결론을 내지 않으면 치명상을 입을 수 있습니다. 반대로 말해 사업 속행을 원한다면 그것이 가능하다는 근거 있는 숫자를 제출하면 됩니다. 의논은 감정을 버리고 숫자라고 하는 객관적 사실을 통해 진행해야 합니다. 언어가 주관적이고 이해가 용이한 것에 반해 숫자는 객관적이고 난해합니다. 하지만 숫자로 판단함으로써 논리적인 사고가 가능해지고 의논의 자리에서 감정적인 갈등(커뮤니케이션 코스트)을 줄일 수 있습니다. 이미 프로 스포츠 세계는 숫자로 움직이고 있습니다. 개인 성적이 나오는 야구는 물론 축구도 개인의 패스 성공률, 달린 거리, 스프린트 횟수… 등 많은 데이터가 나옵니다. 비즈니스의 장에서도 이런 숫자를 들여와 자신의 강점을 숫자로 말할 수 있는 환경으로 만들어야만 합니다.

숫자로 판단하는 직장

프로 스포츠 업계는 더욱 발전되어 있다

03 문제를 수치화하면 해결을 위한 길이 보인다

수치화는 비즈니스상의 문제 해결에 있어서도 힘을 발휘합니다. 직접 숫자로 나타나지 않는 문제라도 수치화를 통해 생각해봄으로써 현상을 올바르게 파악할 수 있고 해결의 실마리를 찾을 수 있습니다.

지금까지 숫자를 근거로 사업을 진행해야 한다고 설명했습니다. 그렇게 하는 것이 조직이나 개인의 목표 달성에 있어서뿐 아니라 사업상 발생한 문제 해결에 있어서도 도움이 된다는 것은 명확합니다. 숫자로 나타나는 문제는 물론이고 숫자로 나타나지 않는 문제도 대응이 가능합니다. 숫자가 해결의 실마리가 되는 것입니다.

예를 들어 제가 컨설팅했던 어느 영업부에서는 매출을 늘리기 위한 노력을 계속하여 왔으나 전혀 매출이 오르지 않아 문제였습니다. 매출 목표를 결정하고 영업 활동을 행하고 있었지만 결과가 나오지 않았

무능한 영업부는 어떻게 매출 목표를 달성할 수 있었을까?

습니다. 이 문제를 해결하기 위해 상황을 수치화해서 분석했습니다. 그러자 신규 고객 수는 생각보다 증가했지만 재계약률이 엄청나게 낮은 사실을 알 수 있었습니다.

한편 업계별 재계약률을 수치화하니 의류 업계만 높다는 결과가 나왔습니다. 이러한 사실을 바탕으로 재계약률이 낮은 업계에 대한 영업 활동은 포기하고 의류 업계를 중심으로 재계약률이 높은 업계에 영업 활동을 집중하기로 했습니다. 그러자 신규 고객이 된 기업의 대부분이 재계약을 해주었고 최종적으로 매출이 올랐습니다. 이 사례는 수치화가 가능한 것이지만 고객 클레임 등 간단히 수치화할 수 없는 문제(정성적 정보)도 분석 방법에 따라 수치화가 가능하며 대책을 세울 수 있습니다. 그러기 위해서는 논리적인 사고 능력을 키울 필요도 있습니다.

해결의 실마리

04 수치화를 함으로써 우선 순위가 명확해진다

무엇을 하든 잘되는 것이 없다.... 이런 일은 인생에서도 사업에서도 자주 있습니다. 이런 경우 무엇부터 손을 대야 할지 판단하기 어렵습니다. 이러한 때에도 수치화는 도움이 됩니다.

문제가 산처럼 쌓여 있어 어떤 것부터 손을 대야 할지 알 수 없을 때는 문제를 항목별로 수치화하면 우선 순위가 보입니다. 예를 들면 모 기업의 한 부서에서는 히트 상품이 나오지 않아 매출이 오르지 않고, 실수가 많아 고객의 클레임이 많은 까닭에 직장 분위기가 좋지 않고 사원의 동기 부여가 떨어진다는 문제를 안고 있었습니다. 이 문제를 한 번에 해결하는 것은 불가능합니다. 따라서 매출이 오르지 않는 것은 매출의 추이, 실수는 크고 작은 실수의 포인트화, 고객 클레임은 클레임의 회수 등 문제를 가능한 수치화했습니다. 게다가 수치화하기 힘든 직장의 분위기와 동기 부여는 사원에 대한 무기명 앙케이트로

문제가 많이 있는 경우, 무엇부터 손을 대야 할까?

관리자
실수의 속출
직장의 분위기가 좋지 않음
고객 클레임이 많음
사원들에게 동기 부여가 되지 않음
히트 상품이 없어 매출이 오르지 않음
어떻게 하면 될까요? 홈즈 씨?
이렇게 고민거리가 많은 경우는

우선 순위를 포인트로 만들었습니다. 그러자 직장의 분위기와 동기 부여의 저하가 상위를 차지했습니다. 이렇게 된 원인을 찾은 결과 사내에 전혀 일을 하지 않는 사원이 있음에도 이를 못 본 척하는 관리직의 존재가 큰 원인이라는 것을 알 수 있었습니다. 그 사원은 인사부에서 퇴직시키고 관리직은 그 뒤 지시 명령을 숫자로 하고 실적을 내는 사람을 적극적으로 등용하는 쪽으로 방침을 바꾸었습니다. 그러자 직장 분위기가 밝아졌을 뿐 아니라 사원의 동기 부여도 향상되어 자연스럽게 자유로운 발상을 하게 되었습니다. 그 결과 히트 상품도 나오고 많은 문제가 개선되었습니다. 문제가 다양하게 있는 경우 원인이 수면 아래에 감추어져 있는 경우도 있습니다. 그것을 알아내어 수치화하고 분석하는 일이 중요합니다.

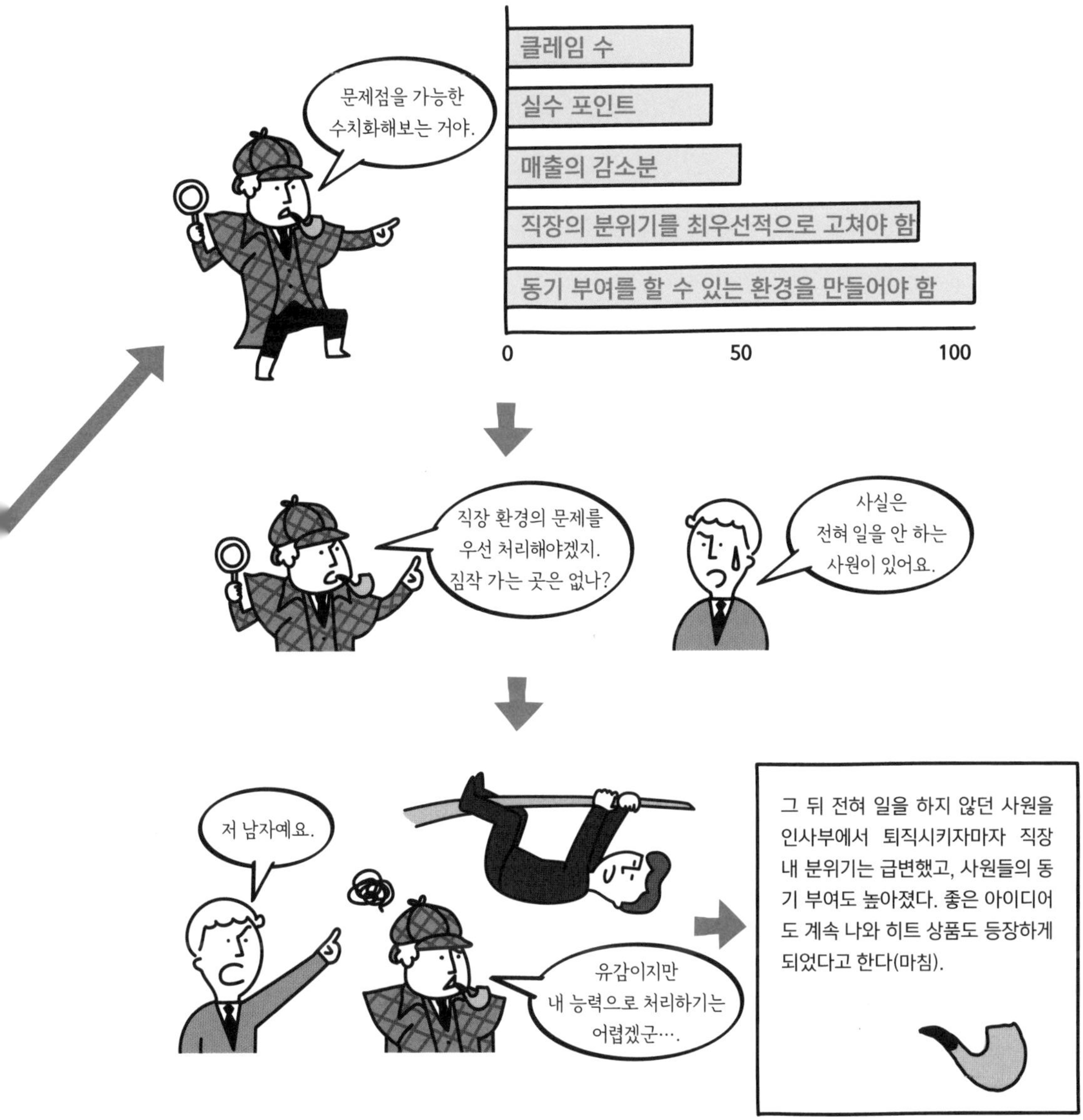
문제점을 가능한 수치화해보는 거야.
클레임 수
실수 포인트
매출의 감소분
직장의 분위기를 최우선적으로 고쳐야 함
동기 부여를 할 수 있는 환경을 만들어야 함
0
50
100
직장 환경의 문제를 우선 처리해야겠지. 짐작 가는 곳은 없나?
사실은 전혀 일을 안 하는 사원이 있어요.
저 남자예요.
유감이지만 내 능력으로 처리하기는 어렵겠군….
그 뒤 전혀 일을 하지 않던 사원을 인사부에서 퇴직시키자마자 직장 내 분위기는 급변했고, 사원들의 동기 부여도 높아졌다. 좋은 아이디어도 계속 나와 히트 상품도 등장하게 되었다고 한다(마침).

05 숫자 앞에서는 모든 사람이 평등하다

지위가 높은 사람이나 발언력이 강한 사람 등 조직 안에는 다양한 사람이 있습니다. 하지만 숫자라고 하는 객관적(절대적) 사실을 제시하면 아무리 지위가 높은 사람이라도 따르지 않을 수 없습니다.

일반적으로 어떤 회의든 지위가 높은 사람이나 발언력이 강한 사람이 주도권을 쥐게 되는 경우가 많습니다. 때로는 회의가 교착되기라도 하면 그들의 의견이 존중되어 그대로 결론이 되는 경우도 있습니다. 하지만 그렇게 해서 실제로 좋은 결과를 얻을 수 있을까요? 숫자를 무시한 회의를 상상해보세요. 매출이 떨어진 것에 대한 대처법을 위한 회의임에도 일부 말하기를 좋아하는 지위가 높은 사람이나 연장자들은 옛날에는 어떠했다는 이야기만 거듭합니다. 과거에 어떤 식으로 해결했다는 결론으로는 현 상황에 대응을 할 수 없을 뿐 아니라 그저 과거의 추억담에 지나지 않습니다. 이처럼 지위가 높은 사람이나 연장자,

종래의 회의

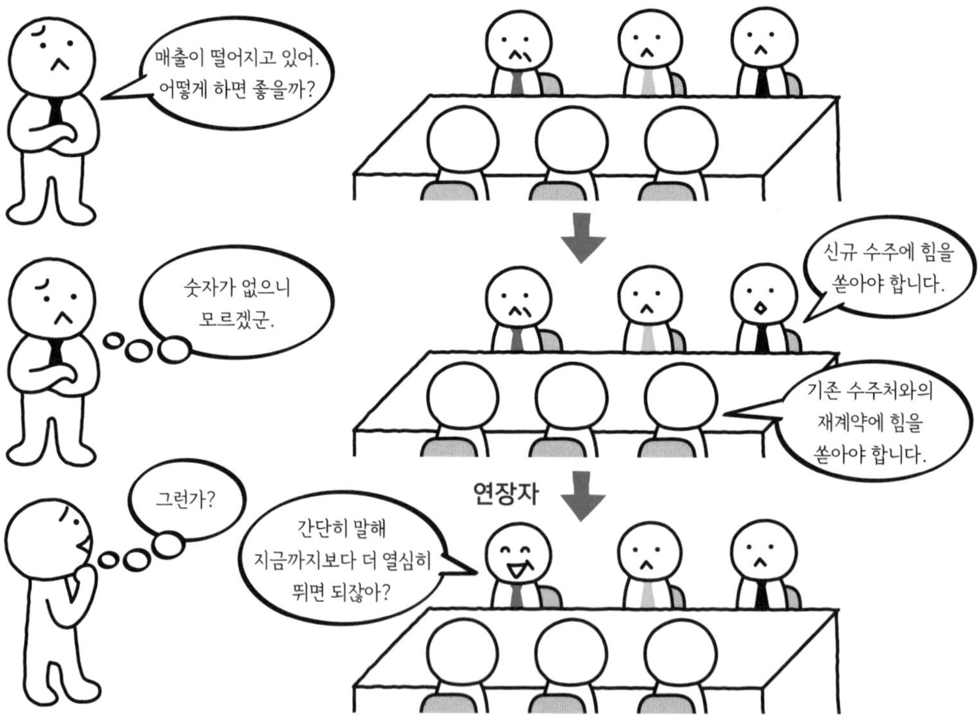
매출이 떨어지고 있어.
어떻게 하면 좋을까?
숫자가 없으니
모르겠군.
신규 수주에 힘을
쏟아야 합니다.
기존 수주처와의
재계약에 힘을
쏟아야 합니다.
연장자
그런가?
간단히 말해
지금까지보다 더 열심히
뛰면 되잖아?

목소리가 큰 사람의 자의적이고 주관적인 발언은 선입견을 만들고 아무것도 모르는 젊은 사원들도 이것으로 된 것인가 하고 착각을 하게 됩니다. 이를 막기 위해서는 숫자라고 하는 절대적인 사실을 전하지 않으면 안 됩니다. 숫자를 보여주고 일목요연해지면 신입 사원이든 사장이든 같은 평가를 내릴 수 있습니다. 그야말로 숫자 앞에서는 모두가 평등한 것입니다. 의견이나 아이디어에는 분명 주관적으로 판단해야 하는 요소도 있습니다. 그러나 최종적으로는 숫자를 통해 판단함으로써 숫자(결과)를 낼 수 있겠다는 판단 기준으로 결정해야 합니다. 일본과 한국의 기업은 오랜 기간 종적 사회를 유지했고 위에서 흰색이라고 하면 검은색도 흰색이 되었습니다. 하지만 이는 이제 통용되지 않게 되었으며 이미 숫자라고 하는 절대적인 판단 기준으로 생각하는 시대가 왔습니다.

숫자를 중시하는 회의

매출이
떨어지고 있어.
어떻게 하면 좋을까?
연장자
간단히 말해
지금까지보다 더 열심히
뛰면 되잖아?
죄송합니다만 기획 없이는
어려울 거라고 생각합니다.
이 숫자에 따르면
신규 개척보다 기존 고객과의
재계약을 우선하는 것이 좋을
것임을 판단할 수 있습니다.

06 상사를 설득하기 위해서는 수치화가 필수불가결

숫자가 그다지 중시되지 않는 직장도 있을 것입니다. 그런 직장에서 상사를 설득해야 한다면 당신은 어떻게 할 생각입니까? 숫자를 쓰지 않고 설명해도 더욱 더 설득은 어려워질 뿐입니다. 이럴 때야말로 숫자가 돈이라는 사실을 알려주어야 합니다.

숫자가 아무리 설득력이 있다고 해도 상사가 옛날 사람이고 숫자를 그다지 신뢰하지 않는 만큼 '무의미'하다고 생각하는 사람일수록 설득할 때 숫자를 적극적으로 활용해보십시오. 왜냐하면 숫자=돈이기 때문입니다. 수치화는 여러 가지 형태로 가능하지만 비즈니스 현장에서는 수치화는 손실(이익)을 나타내는 방법이고 말 그대로 돈을 뜻하기 때문입니다. 그리고 실제로 이렇게 손실로 이어지는 숫자를 제시하면 어떤 상사라고 해도 무시할 수 없습니다.

예를 들면 어느 서비스 센터에서는 일상적인 클레임 처리를 위해 막대한 경비를 쓰고 있었습니다. 이

수치화에 의한 사내 시스템 개선의 이정표

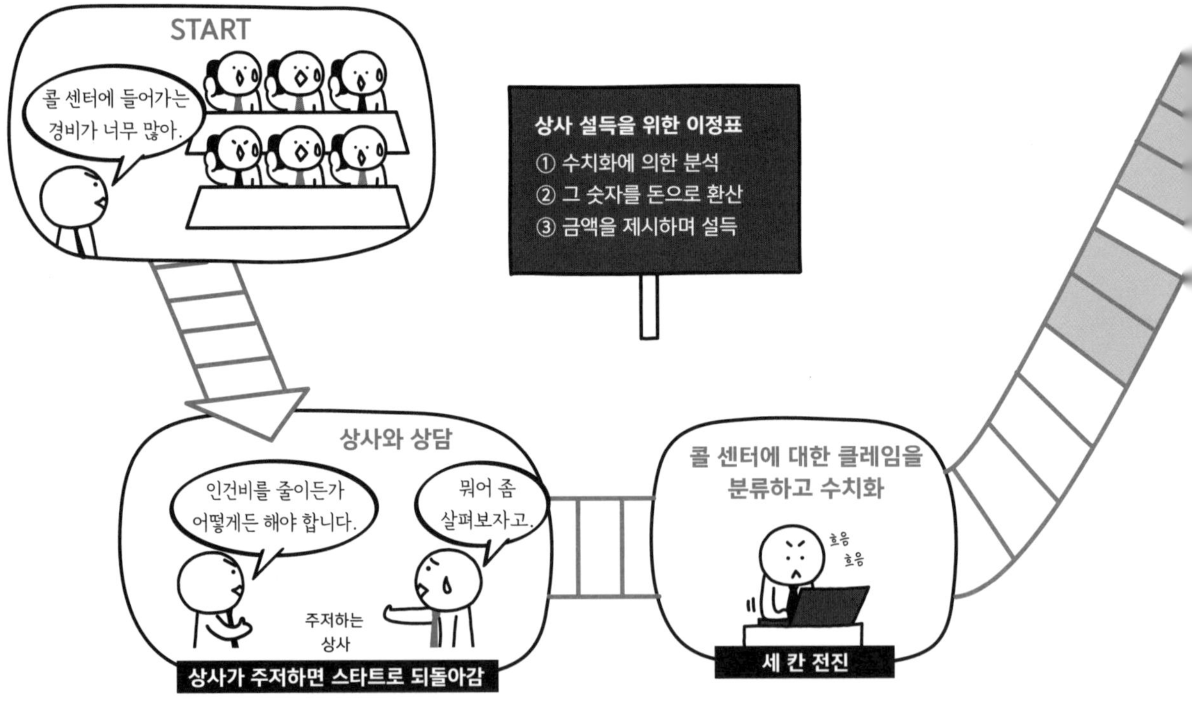
START
콜 센터에 들어가는 경비가 너무 많아.
상사 설득을 위한 이정표
① 수치화에 의한 분석
② 그 숫자를 돈으로 환산
③ 금액을 제시하며 설득
상사와 상담
인건비를 줄이든가 어떻게든 해야 합니다.
뭐어 좀 살펴보자고.
주저하는 상사
상사가 주저하면 스타트로 되돌아감
콜 센터에 대한 클레임을 분류하고 수치화
흐음 흐음
세 칸 전진

수많은 클레임을 종류별로 나눠 각각 수치화하자 특정 상품의 기능에 관련된 클레임이 압도적으로 많다는 것을 알게 되었습니다. 이 사실을 숫자로 제시하지 않고 막연하게 상사에게 전한들 반응은 별로 없었고 움직이지 않았습니다. 왜냐하면 돈과 관련 있는 것이라는 것을 몰랐기 때문입니다. 그래서 이번에는 그 기능을 개선하지 않은 경우의 손실액을 측정했습니다.

그 결과 지금 이대로라면 매월 8000만 엔(한화 약 8억 원)이라는 숫자가 나왔습니다. 반면 이를 개선할 경우 매달 8000만 엔의 비용을 삭감할 수 있다고 말을 하자 상사는 금방 납득하고 움직이기 시작했습니다. 이처럼 숫자, 특히 돈으로 환산할 수 있는 숫자는 직장인을 움직입니다. 수치화를 할 때는 가능하면 돈으로 환산하도록 합시다.

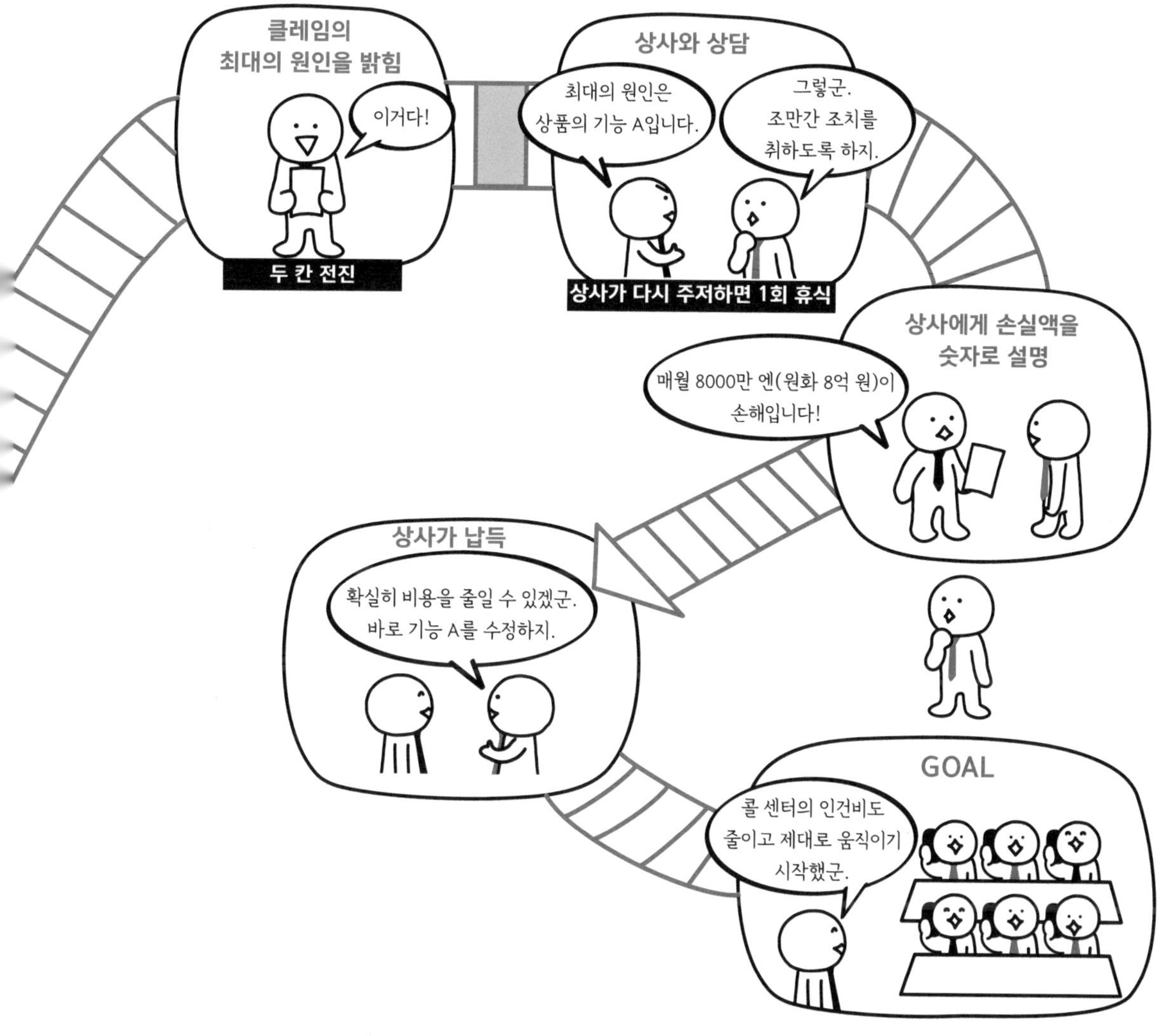
클레임의 최대의 원인을 밝힘
이거다!
두 칸 전진
상사와 상담
최대의 원인은 상품의 기능 A입니다.
그렇군. 조만간 조치를 취하도록 하지.
상사가 다시 주저하면 1회 휴식
상사에게 손실액을 숫자로 설명
매월 8000만 엔(원화 8억 원)이 손해입니다!
상사가 납득
확실히 비용을 줄일 수 있겠군. 바로 기능 A를 수정하지.
GOAL
콜 센터의 인건비도 줄이고 제대로 움직이기 시작했군.

07 숫자는 '미래'를 위해 존재한다

지금까지 숫자가 얼마나 유효한지를 설명했습니다만 그래도 숫자에 대한 저항이 있는 사람이 많습니다. 문과 출신에 특별히 직장에서 숫자 목표에 시달리는 사람은 저항감이 더 클지도 모릅니다. 하지만 숫자는 성장할 수 있는 기회입니다.

숫자는 개인이나 조직의 과거 실적을 나타냅니다. 그렇게 생각하면 숫자는 과거를 들추고 또 비판하기 위한 것으로 생각하기 쉽습니다. 하지만 사업에 있어서 숫자는 결코 그런 존재가 아닙니다. 숫자는 과거의 자신 혹은 조직에 대한 평가와 미래에 대한 기대의 세트입니다. 즉 현시점에서 무엇이 부족하고 어떤 과제가 있는지, 그것을 극복함으로써 어떤 바람직한 착지점이 있는지를 알기 쉽게 설명해주는 것입니다. 이는 흔히 말하는 과제의 '가시화'입니다. 즉 어디까지나 미래를 위한 것입니다. 그렇지만 숫자라고 하면 문과 출신의 사람들은 저항감을 가질지 모릅니다. 하물며 목표량이나 개인의 달성 목표 등이 설정

종래의 직장

이번 분기
숫자가 나왔군.
죄송합니다.
반성하겠습니다.
다음 분기는
실적을
올리자고!
무조건
열심히 하겠습니다!
또 이번 분기
숫자가 나왔군.
변한 게 없네요.
다음 분기야말로
열심히 하겠습니다.

'열심히' 하겠다고 하는 추상적인 말만으로는 구체적인 방법도 목표도 보이지 않음

되어 있으면 그것만으로 생각하기 싫어할 수도 있습니다. 그러나 이는 자신을 바꾸고 진보시키기 위한 기회입니다. 개인 달성 목표는 자신의 나쁜 점을 고치고 좋은 점을 더 발전시키기 위한 숫자로 된 지표입니다. 이를 어떻게 달성할 것인지 과정을 생각하고 실행해야 하며 잘 되지 않으면 다른 방법을 또 모색해야 합니다. 이렇게 조금이라도 목표한 숫자에 다가가는 것이 무엇보다 성장으로 연결됩니다. 설사 상사가 숫자를 중요하게 생각하지 않더라도 손익이 얼마쯤 될 거라고 정확하게 금액으로 제시하면 무시할 수 없습니다. 관리직이 누가 되든 숫자에 따라 행동하면 누구에게든 일정 이상의 평가를 받을 수 있습니다.

미래 지향적인 직장

이번 분기 숫자가 나왔군. 무엇이 과제인지 무엇을 기대할지 알 수 있겠어.
앞으로 10% 경비 절감을 하면 되겠군요.
매출을 5000만 엔 (한화 약 5억 원) 올리기 위해서는 신규 상품을 만들어야겠군요.
자사에서의 데이터 처리를 30% 증가시켰습니다.
문제의 '가시화'
자사에서의 데이터 처리를 30% 증가시켰습니다.
이로써 10% (5000만 엔) 경비를 삭감했습니다.
잘했군, 다음 번 과제와 기대치를 살펴보자고.

숫자에 의해 목표를 달성했는지 알 수 있으며, 정당하게 평가받을 수 있고, 또 다음 목표도 보임.

08 수치화가 가능한 사람은 자신의 실패를 인정하고 다음 기회에 활용할 수 있다

수치화를 한다고 해서 항상 목표를 달성할 수 있는 것은 절대 아닙니다. 수치화했지만 목표를 달성하지 못하는 실패 경험도 반드시 나타납니다. 중요한 것은 그 실패를 인정함으로써 반드시 다음 기회에 활용하는 일입니다.

수치화를 하면 성공했는지 실패했는지 결과가 확실하게 나옵니다. 수치화하지 않으면 성공인지 실패인지 애매했던 일도 수치화를 하면 성공 여부가 확실하게 가려집니다. 이를 겸허하게 인정할 필요가 있습니다. 적당히 세운 목표치라고 실패한 뒤 그냥 그대로 넘어간다면 수치화한 의미가 없어집니다. 목표를 세울 때는 실현 가능성 등 많은 요소를 생각할 필요가 있습니다만 일단 세운 계획은 순순히 따르고 실패했다면 왜 실패했는지 생각할 필요가 있습니다. 동시에 실패 자체를 너무 부끄러워할 필요는 없습니다. 실패는 누구나 할 수 있습니다. 단 문제인 것은 실패를 하고도 아무 생각을 하지 않는 일입니다. 부끄

수치화했다고 바로 성공할 수 있는 것은 아님

목표를 수치화한다
책을 한 달에 20권씩 읽어야지.
한 달에 5kg 빼야지.
목표를 향해 노력
다이어트 중
독서 중
숫자가 나왔으나 실패로 끝남

러워할 필요는 없지만 신경을 쓸 필요는 있습니다. 실패를 하고도 아무 신경을 쓰지 않으면 같은 실패를 반복하게 됩니다. 같은 실패를 하지 않기 위해 왜 실패했는지 반성 및 분석할 필요가 있습니다.

예를 들어 다이어트로 하루 500g씩 살을 빼겠다는 목표를 세운 경우, 그것이 실패하면 왜 실패했는지 살펴볼 필요가 있습니다. 하루 500g이 무리였다면 하루 300g으로 하향 수정하는 일은 나쁘지 않습니다. 문제는 조금이라도 살이 빠졌으니 만족한 나머지 숫자로 판단을 하지 않는 일입니다. 어디까지나 객관적으로 숫자를 살피고 비교적 단기간에 달성 가능한 목표를 새로 세워야합니다. 그런 반복이 좋은 결과로 언젠가 돌아오는 것입니다.

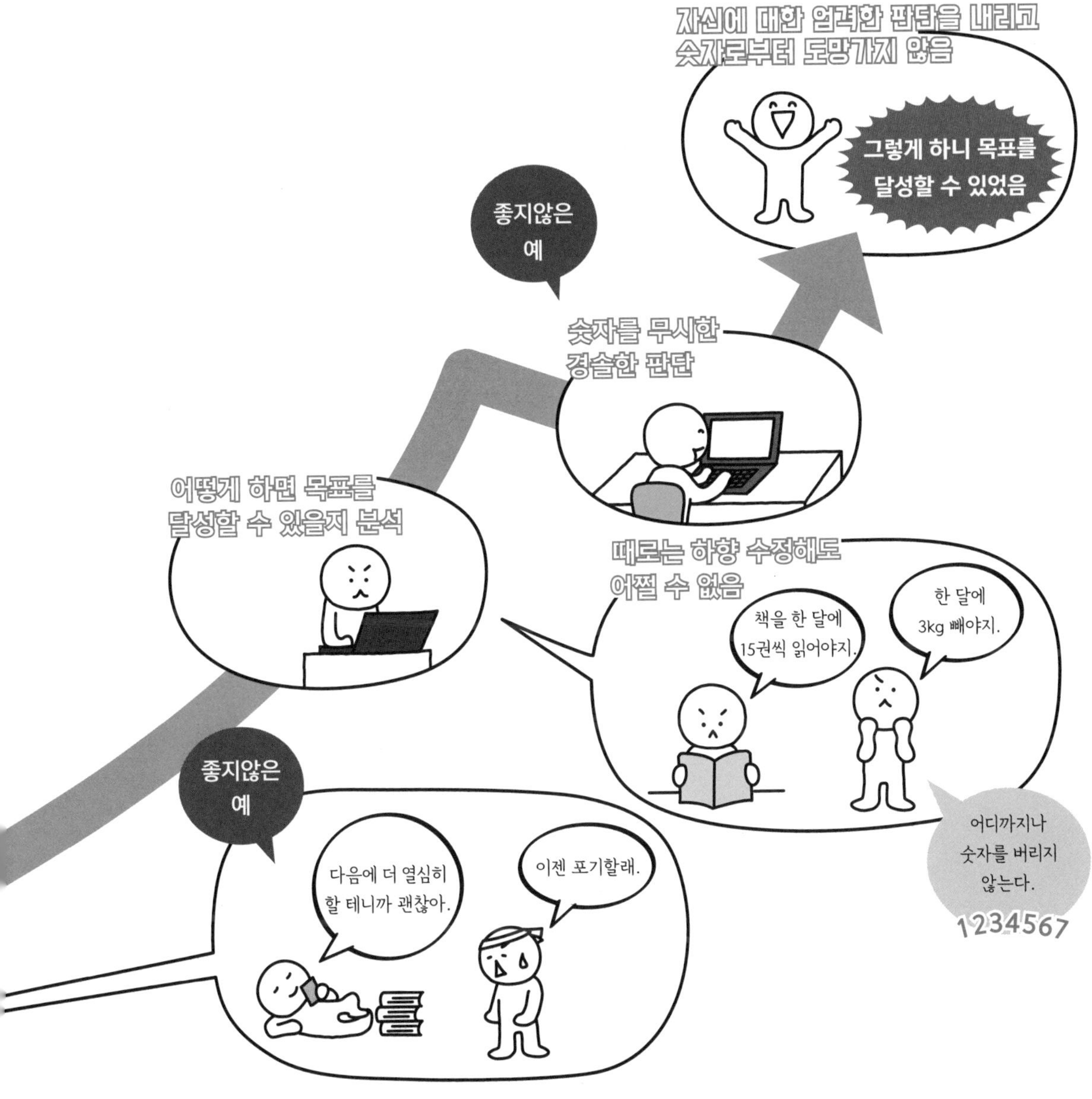
자신에 대한 엄격한 판단을 내리고
숫자로부터 도망가지 않음
그렇게 하니 목표를
달성할 수 있었음
좋지않은
예
숫자를 무시한
경솔한 판단
어떻게 하면 목표를
달성할 수 있을지 분석
때로는 하향 수정해도
어쩔 수 없음
책을 한 달에
15권씩 읽어야지.
한 달에
3kg 빼야지.
어디까지나
숫자를 버리지
않는다.
1234567
좋지않은
예
다음에 더 열심히
할 테니까 괜찮아.
이젠 포기할래.

09 숫자로 생각하는 습관을 들일 것

우리는 흔히 형용사나 부사 등으로 사물을 표현합니다. 왜냐하면 그쪽이 편하기 때문입니다. 하지만 그래서는 어떤 것이 얼마나 뛰어난지 어떤 것이 어떻게 잘못된 것인지 알 수 없습니다. 숫자로 생각하고 표현하는 습관을 기르도록 합니다.

한 영화 평론가는 형용사로 평가하는 일을 하지 말도록 학생들에게 지도했습니다. "이 영화는 재미있다.", "이 영화는 좋지 않다."… 우리들은 무의식적으로 이런 표현을 사용합니다만 이래서는 구체적 내용도 전달되지 않고 문장 또한 너무 진부합니다. 영화 평론은 문장의 세계이므로 구체적인 사례를 들고 미사여구를 섞어 표현하는 것이 바람직하겠으나 사업에서 미사여구는 필요 없으며 대신 형용사나 부사 대신 숫자를 이용해 그 가치를 표현해야 합니다. 그렇게 하면 숫자로 움직이는 기업은 금방 그 중요성을 깨달을 것이고 다음에 무엇을 해야 할지 알 수 있습니다. 그러므로 평소부터 형용사나 부사를 버리고 숫

숫자로 생각하는 사람과 생각 못 하는 사람의 차이

숫자로 생각 못 하는 사람
숫자로 생각하는 사람
패턴 A
다이어트 해야지.
하루 500g씩 감량해야지.
전혀 안 줄었네.
오늘도 500g을 줄였네.
패턴 B
여름까지 남친을 만들어야지.
8월 말일까지 미팅을 열 번 해서 남친을 사귈 거야.
만날 기회가 없었어.
남친이 둘이나 생겼네.

자로 생각하고 표현하는 습관을 들일 필요가 있습니다. 그러기 위해서는 막연하게 상황을 살피지 말고 어떻게 하면 개선할 수 있을지 깊게 분석하고 사고할 필요가 있습니다.

예를 들어 '자료는 가능한 빨리 제출할 것'이라는 말을 '자료는 5월 19일 19시까지 제출할 것'와 같이 숫자를 넣어 표현하는 것입니다. 동일하게 '창고 정리를 가까운 시일 내 할 것'은 '창고의 불필요한 자료 10%를 처분하고 6월 1일까지 빈 공간 70%를 확보할 것'으로, '상사와의 커뮤니케이션을 긴밀하게 할 것'을 '하루 한 번 이상 상사와 이야기하는 자리를 마련해 커뮤니케이션을 긴밀히 한다.'는 형태로 표현하면 상대편에게도 원활하게 의사가 전달되고 목표도 명확해집니다.

숫자로 생각 못 하는 사람
숫자로 생각하는 사람
패턴 C
자료를 빨리 제출하겠습니다.
18일 17시까지 제출하겠습니다.
아직인가?
아직입니다.
자료 완성했습니다.
패턴 D
창고 정리 조만간 하겠습니다.
창고의 불필요한 자료 10%를 처분하고 6월 1일까지 빈 공간을 70% 확보하겠습니다.
어디를?
일단 정리했습니다.
전부 완료했습니다.
패턴 E
상사와 커뮤니케이션을 긴밀히 하겠습니다.
상사와는 하루 한 번 이상 이야기를 하겠습니다.
전혀 커뮤니케이션이 없잖아.
뭘 이야기하면 좋을지 모르겠어.
그래, 고마워.
오늘 보고는 여기까지입니다.

10 수치화는 초등학교 산수가 가능하면 누구든 할 수 있다

사업의 수치화는 어려운 수학 계산을 할 필요는 없습니다. 초등학교 산수에서 배우는 사칙연산을 알면 누구나 할 수 있습니다. 중요한 것은 논리적 사고를 하고 수식에 적용시키는 것입니다.

초등학교 시절 배우는 산수는 더하기, 빼기, 곱하기, 나누기로 구성되어 있습니다. 누구나 할 수 있는 것들입니다. 수학을 잘하지 못하는 사람도 걱정할 필요가 없습니다. 비즈니스의 세계에서는 논리적인 사고를 통해 비즈니스 현장에서 쓰이는 수식을 발견하고 거기에 적용시키기만 하면 됩니다. 사업에 사용되는 수식은 많이 있습니다. 그러나 그런 수식은 사칙연산으로 이루어져 있고 어려운 수식은 많지 않습니다. 예를 들어 기업의 이익을 구하는 수식은 이익=매출-비용인 것입니다. 간단하죠? 논리적인 사고를 통해 수식을 이끌어내면 남은 것은 거기에 숫자를 대입하면 기업의 숫자가 나옵니다. 이처럼 비즈니스의 세계에서는 많은 수의 수식이 등장하지만 논리적으로 생각하면 간단히 생각할 수 있는 게 많고 설령 그

회사에서 사용하는 숫자는 무섭지 않다. 어떤 상담

숫자가 무서워요.
수학을 못하거든요.
그럴 필요 없습니다.
전부 사친연산이니까요.
회사의 이익이 떨어지는 원인을 숫자에서 찾으라고 하더라고요.
흔히 있는 일입니다.
그건 약간의 논리적 사고와 간단한 수식으로 알 수 있습니다.
에엥?

수식을 찾아내지 못한다 하더라도 일상적인 업무 중에 외워버리면 아무 문제도 없습니다. 그리고 일단 수식으로 숫자가 나오면 그 원인을 파악할 수 있게 됩니다. 예를 들어 레스토랑에서 메뉴를 큰 폭으로 바꾸고 가격을 내렸다고 생각해봅시다. 물론 가격을 내린 만큼 손님이 더 많이 오고 이익도 증가할 것으로 기대했지만 이익이 줄고 말았다는 예입니다. 우선 이익=매출-비용이므로 각각 매출과 비용을 조사해야 합니다. 그러자 매출과 비용 모두 증가했지만 더 많이 증가한 것이 비용이라는 것을 알게 되었습니다. 다음으로 비용을 원자재비와 인건비로 나누자 늘어난 것은 인건비였습니다. 또 인건비는 근무 시간×시급으로 나눌 수 있습니다. 그러자 근무 시간은 변하지 않았으나 시급이 오른 것을 알 수 있었습니다. 이처럼 숫자를 보게 되면 적절한 대책도 보이게 됩니다.

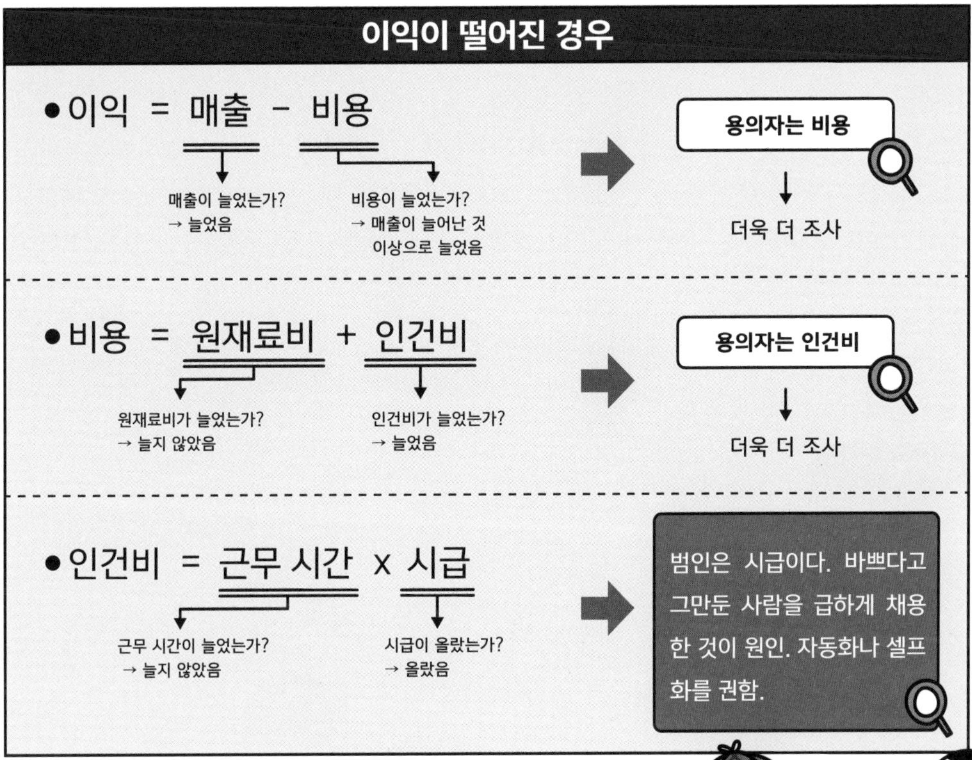
이익이 떨어진 경우
●이익 = 매출 - 비용
매출이 늘었는가?
→ 늘었음
비용이 늘었는가?
→ 매출이 늘어난 것 이상으로 늘었음
용의자는 비용
더욱 더 조사
●비용 = 원재료비 + 인건비
원재료비가 늘었는가?
→ 늘지 않았음
인건비가 늘었는가?
→ 늘었음
용의자는 인건비
더욱 더 조사
●인건비 = 근무 시간 x 시급
근무 시간이 늘었는가?
→ 늘지 않았음
시급이 올랐는가?
→ 올랐음
범인은 시급이다. 바쁘다고 그만둔 사람을 급하게 채용한 것이 원인. 자동화나 셀프화를 권함.

후훗
왓슨이 말이 많아서.
그럼 컨설팅비로 100만 엔 부탁드립니다.
엥?

11 대화 중에 숫자가 나오도록 신경 써라

지금까지 숫자를 사용해 생각하는 방법을 설명했습니다. 앞으로 일상적으로 숫자가 자연스럽게 나오도록 하면 업무상 스킬은 비약적으로 상승할 것입니다. 여기서 일상적이라는 말은 주로 대화할 때를 말합니다.

업무를 숫자를 이용해 생각하게 되면 남은 것은 그것을 활용하는 것뿐입니다. 회의는 물론 일상적인 대화 장면에서도 숫자를 이용하면 설득력이 높아지고 당신의 말이 받아들여지는 경우도 많아질 것입니다. 가끔 숫자를 무시한 채 "이건 무조건 팔립니다.", "이 기획은 자신 있게 권합니다."처럼 열의뿐인 토크를 하는 사람이 있습니다. 이는 신입 사원이라면 그래도 허용되지만 일정 연령을 넘어서도 이런 이야기를 하면 신뢰성을 잃을 가능성이 높습니다. "이 기획은 2000만 엔(한화 약 2억 원) 정도의 매출이 예상됩니다. 그 이유는 세 가지입니다. 첫 번째는…", "이 시스템을 도입하면 인건비를 매월 50만 엔(한화 약 500만

신입 사원과 유능한 베테랑 사원의 숫자를 다루는 방법

수치화
신입 사원
상사
대화
이 기획은 반드시 성공할 겁니다.
그 근거는?
그러니까- 열심히 조사하고 생각했기 때문입니다.
정열적인 건 알겠는데 평가는 엄할 거야.
하루를 마치며
오늘은 프레젠테이션은 좋았어. 내일도 열심히 해야지.
그저 열심히 하는 거라면 모두들 하고 있다고.

원)을 줄일 수 있습니다.” 등 구체적으로 숫자를 사용한 설득 방법이 아니면 상사나 동료는 물론이고 고객도 납득하지 않을 것입니다.

숫자로 말하기 위해서는 지금까지 설명한 숫자를 이용한 사고법에 짧은 단위로 자신의 목표치를 설정하는 일도 중요합니다. 1년간 혹은 반년간의 목표 달성 계획을 제출하는 기업은 많을 것입니다. 그러나 매일 그것을 의식하고 일하는 사람은 많지 않으며 타성에 빠지는 상황을 자주 볼 수 있습니다. 1년간의 목표를 달성하기 위해서는 매월 그리고 오늘 하루, 얼마나 무엇을 달성하면 좋을지 숫자로 목표를 세우는 일도 중요합니다. 흔히 신입 사원은 연수 과정에서 일지를 쓰게 됩니다만 신입 사원이 아니라도 이런 자세를 유지하다 보면 숫자가 몸에 배는 훈련이 됩니다.

유능한

베테랑 사원

대화

① 상사에 대한 설득(1)

이 기획은 2000만 엔의 매출이 기대됩니다. 그 근거는 세 가지가 있습니다. 첫 번째는…
그렇군

② 상사에 대한 설득(2)

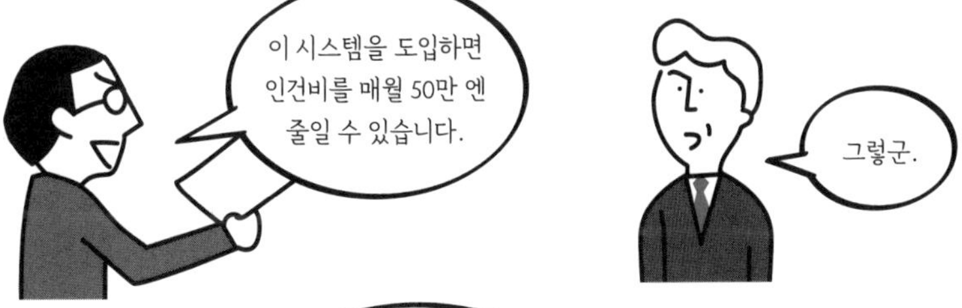
이 시스템을 도입하면 인건비를 매월 50만 엔 줄일 수 있습니다.
그렇군.

③ 고객에 대한 영업

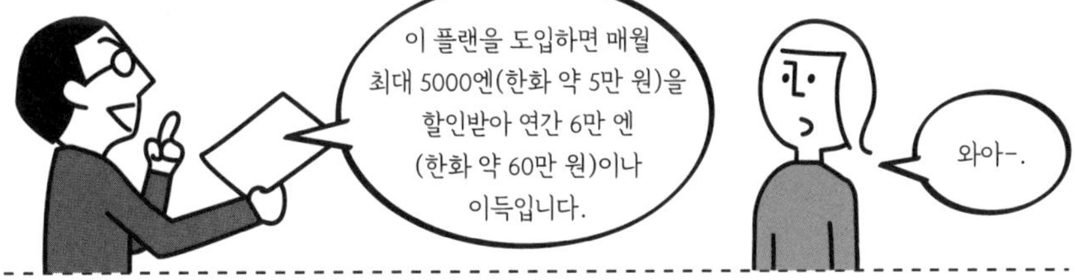
이 플랜을 도입하면 매월 최대 5000엔(한화 약 5만 원)을 할인받아 연간 6만 엔 (한화 약 60만 원)이나 이득입니다.
와아–.

하루를 마치며

오늘 진척 상황은 스텝 2까지였군. 내일은 또 스텝 3을 목표로 해야지.

Chapter 2

'수치화'를 사용한 최강의 업무 방식

수치화에 고도의 엑셀 기술이나 통계 기술은 필요 없습니다.
수치화의 대부분이 의무 교육 수준의 지식으로 이루어져 있습니다.
실제로 수치화를 사용한 구체적인 업무방법을 소개합니다.

일 월 화 수 목 금 토
1 2 3 4 5 6 7

01 숫자는 다른 사람으로부터 주어지는 것이 아니라 스스로 찾아야 하는 것

하늘은 사람 위에 숫자를 만들지 않고 사람 밑에 숫자를 만들었습니다. 실제로 위로부터 주어진 숫자도 도움이 될 때가 있지만 정말로 도움이 되는 것은 자신의 손으로 만든 숫자입니다. 자신의 체험에 바탕을 둔 숫자가 가장 효과적인 것이지요

회의가 열리면 숫자가 잔뜩 들어간 데이터를 받는 일이 종종 있습니다. 그 대다수는 상사 등 다른 사람이 만든 데이터입니다. 자신과 관련 있는 부분은 한번 훑어보지만 관련이 없는 데이터는 보통 지나치곤 합니다. 하지만 관련이 없기는커녕 그 데이터에 힌트가 숨어 있는 경우도 있습니다. 또 아무 관계가 없는 숫자를 보는 일도 숫자에 대한 감각을 연마하는 훈련이 됩니다. 따라서 숫자를 읽는 일은 결코 쓸데없는 일이 아닙니다.

하지만 당연한 말이지만 아무리 보아도 자신의 업무와는 직접 관련이 없는 숫자도 있습니다. 당신에

'잃어버린(?) 숫자를 찾아서' 일본 일주 게임

START
가고시마
회의 중 숫자가 잔뜩 적힌 데이터를 받았습니다.
어떻게 할까요?
자신과 관련 있는 데이터만 본다 → 고베로 이동
데이터 전부를 본다 → 삿포로로 이동
거의 아무것도 보지 않는다 → 고치로 이동
고베
일단 자신과 관련 있는 데이터를 보았습니다.
거기에 대해서 어떻게 생각하나요?
딱히 흥미가 없으므로 내버려둔다 → 센다이로 이동
관련이 있는 부분만 확인한다 → 나고야로 이동
관련이 없어 보여도 스스로 의미를 찾는다 → 오사카로 이동
나하(오키나와)
오키나와의 방언은 어렵습니다.
언어만으로는 비즈니스는
성립하지 어려운 거죠.
고치
일본에서 처음으로 상사를 만든
사카모토 료마도 숫자에 많은 신경을 썼습니다.
숫자에 더욱 신경을 씁시다.

게는 다른 사람이 하지 않는 본인만의 개별 업무가 있으니까요. 반대로 말하면 다른 사람이 당신이 가진 문제를 파악하고 그 답을 수치화해주는 일은 절대 없습니다. 따라서 잘 풀리지 않을 때는 스스로 숫자를 찾으러 가야만 합니다.

예를 들어 당신이 출판사의 도서 편집자라면 독자 엽서나 문의 전화, 인터넷에서의 평판 등 단순히 매출의 숫자만으로는 판단할 수 없는 자신만의 정보를 가지고 있을 것입니다. 하지만 숫자로 논의할 때 말로 그런 정보를 전달해도 잘 받아들여지지 않습니다. 그 정보를 수치화해서 정확하게 전달하면 자신의 의견도 이해받고 능력 있는 사람이라 평가됩니다. 수치화는 어렵지만 힌트는 여기저기에 많이 있습니다. 예를 들어 아마존 리뷰의 별의 개수를 정리하는 것 또한 수치화입니다. 이처럼 숫자를 자기 스스로 찾아내는 공격적인 수치화가 중요한 것입니다.

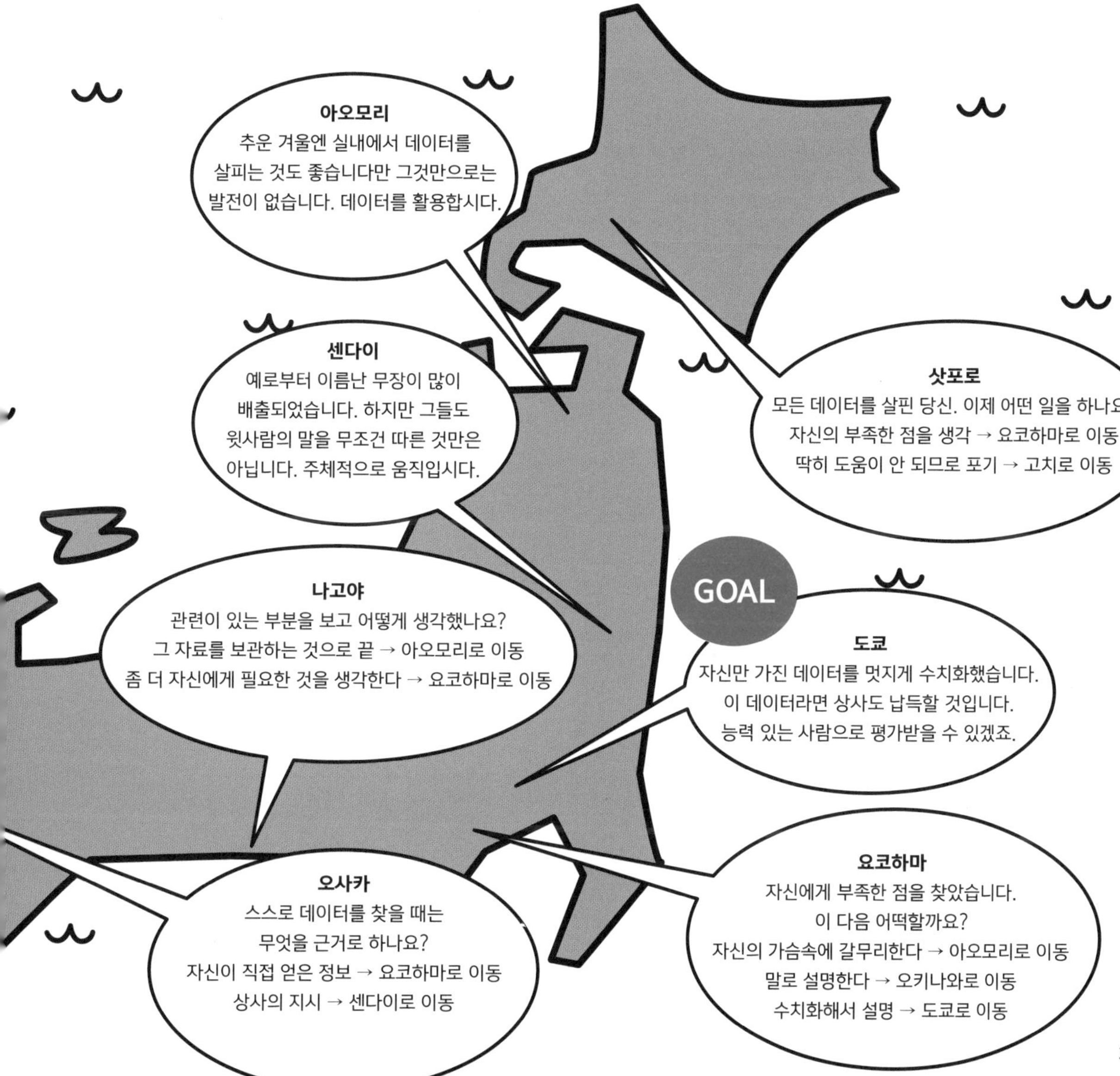
아오모리
추운 겨울엔 실내에서 데이터를 살피는 것도 좋습니다만 그것만으로는 발전이 없습니다. 데이터를 활용합시다.
센다이
예로부터 이름난 무장이 많이 배출되었습니다. 하지만 그들도 윗사람의 말을 무조건 따른 것만은 아닙니다. 주체적으로 움직입시다.
삿포로
모든 데이터를 살핀 당신. 이제 어떤 일을 하나요?
자신의 부족한 점을 생각 → 요코하마로 이동
딱히 도움이 안 되므로 포기 → 고치로 이동
나고야
관련이 있는 부분을 보고 어떻게 생각했나요?
그 자료를 보관하는 것으로 끝 → 아오모리로 이동
좀 더 자신에게 필요한 것을 생각한다 → 요코하마로 이동
GOAL
도쿄
자신만 가진 데이터를 멋지게 수치화했습니다. 이 데이터라면 상사도 납득할 것입니다. 능력 있는 사람으로 평가받을 수 있겠죠.
오사카
스스로 데이터를 찾을 때는 무엇을 근거로 하나요?
자신이 직접 얻은 정보 → 요코하마로 이동
상사의 지시 → 센다이로 이동
요코하마
자신에게 부족한 점을 찾았습니다. 이 다음 어떡할까요?
자신의 가슴속에 갈무리한다 → 아오모리로 이동
말로 설명한다 → 오키나와로 이동
수치화해서 설명 → 도쿄로 이동

02 '수치화'는 다음 액션을 위한 지표

수치화는 과거의 데이터를 기반으로 이루어집니다. 즉 과거를 나타낸 것입니다. 따라서 과거의 업적이 좋은 경우 그대로 만족하기 쉽지만 수치화는 만족하기 위한 것이 아닙니다. 수치화는 미래를 위한 것입니다.

지금까지 수치화의 중요성을 설명했습니다. 그러나 수치화를 했다고 모든 게 끝나는 것은 아닙니다. 그래서야 단순한 결과 보고에 지나지 않습니다. 수치화의 의의는 그것을 토대로 다음 액션을 어떻게 할까 그 지표를 정하는 것에 있습니다. 그러기 위해 과거의 경향을 분석하는 것입니다. 즉 과거의 숫자는 미래를 위해 활용되지 않으면 안 됩니다. 많은 기업에서는 1년에 몇 차례 개인에 대해 면밀한 목표 설정을 요구하고 상사 등이 면담을 합니다. 그러나 그 이후에는 방치되는 경우가 많습니다. 그리고 반년이나 1년 뒤에 목표 숫자를 달성했는지 어떤지를 평가하고 그 결과가 좋지 않은 경우 상사는 부하를 비판합니다.

올바른 숫자의 제시와 잘못된 숫자의 제시

회계 연도 초반의 회의에서

① 잘못된 숫자의 제시법

이것이 자네에게
제시된 작년의
목표치일세.
네에
매출, 영업 이익 모두
목표치보다 부족해.
이번 1년간 무엇을 한 거지?
애당초 자네는…
쫑알쫑알
휴우

방치할 때는 언제고 비판이라니 이는 합리적이라고는 말할 수 없습니다. 상사는 질타 혹은 격려할 생각이라고 하더라도 과거의 비판만이라면 반대로 평가받는 쪽은 숫자가 싫어지거나 동기 부여마저 저하됩니다.

수치화는 어디까지나 유효한 다음 액션에 도움을 주기 위해 이루어지는 것이며 개인이 그것을 기반으로 구체적으로 유효한 업무 수행을 행해야 합니다. 즉 숫자는 과거 우연히 얻은 좋은 결과를 반추하며 기뻐하기 위한 것이 아니며 다른 사람의 결점을 찾아내 비난하기 위한 것도 아닙니다. 어디까지나 미래를 창출하기 위한 것입니다. 숫자로부터 무엇이 만들어질지는 숫자를 제시한 쪽도 제시받은 쪽도 생각하지 않으면 안 됩니다.

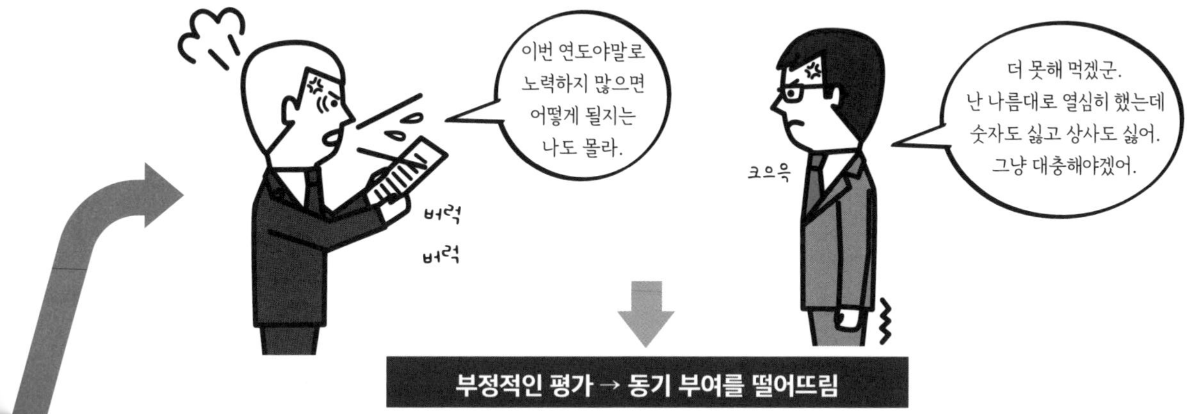

이번 연도야말로 노력하지 않으면 어떻게 될지는 나도 몰라.
버럭
버럭
더 못해 먹겠군. 난 나름대로 열심히 했는데 숫자도 싫고 상사도 싫어. 그냥 대충해야겠어.
크으윽
부정적인 평가 → 동기 부여를 떨어뜨림

② 올바른 숫자의 제시법

이것이 자네에게 제시한 작년도 목표치일세.
네에
목표는 달성하지 못했지만 경비를 삭감했고 영업 이익의 마이너스를 줄이려고 하는 노력을 인정해야겠지. 이번 연도는 매출 자체를 올리기 위해서 어떻게 해야 좋을지 같이 생각해보자고.
네에
설령 ②와 같은 상사가 아니라도 좌절하지 말고 스스로 숫자에서 미래를 찾읍시다.
해내겠어!
건설적인 평가 → 동기 부여의 향상

03 수치화 전에 '프로세스 분류'를 행하라

수치화는 하고자는 마음만 있으면 얼마든지 가능합니다. 눈앞에 있는 캔 커피만 하더라도 가격, 중량, 당분, 매출액… 등 많은 숫자를 얻을 수 있습니다. 그러나 자신에게 어떤 숫자가 필요한지 생각해보면 분류의 중요성이 보이기 시작합니다.

숫자를 설정할 때 가장 중요한 것은 분류입니다. 의류 업계만 재계약률이 높다는 사실을 발견한 것도 서비스 센터의 클레임을 통해 귀중한 정보를 얻었던 것도 분류를 하여 비교 가능한 데이터를 찾을 수 있었기 때문입니다. 분류는 수치화하기 전에 하는 분석의 기본 중 하나입니다만 분류 방법은 다양합니다. 업종별이나 장르별, 원인별 등의 방법은 기본적인 것이라 할 수 있습니다. 그 외에 또 한 가지 중요한 것이 프로세스 분류로 업무의 프로세스로 분류를 하는 방법은 꼭 알아놓으면 좋은 분류 방법입니다. 우선 업무의 시작점인 시점과 마치는 종점을 결정합니다. 예를 들어 당신이 보험 외판원이라고 합시다. 시점은

명확한 데이터 분석은 어떻게 이루어지는가?

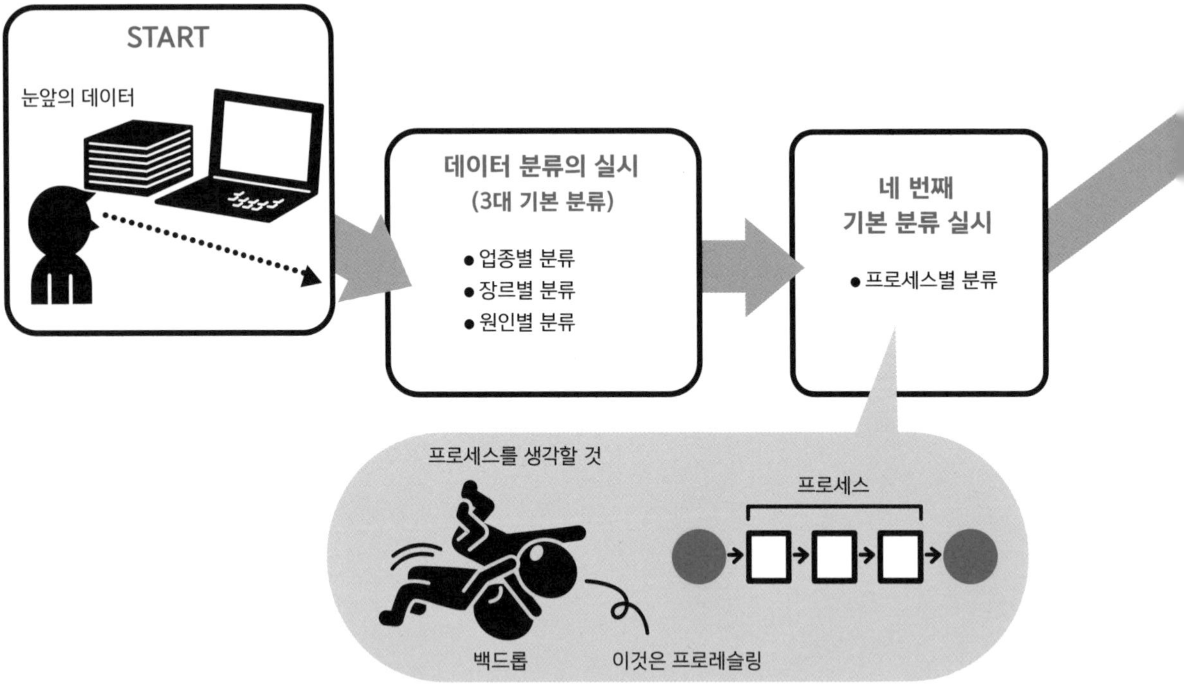

처음으로 고객을 접하는 때입니다. 종점은 계약을 맺을 때겠죠. 그 과정을 몇 개의 프로세스로 분류하면 정보 전달, 상품 안내, 교섭 성립, 정식 계약 등의 일련의 흐름을 만들 수 있습니다. 이러한 스텝을 어느 정도 달성했는지를 수치화해봅시다. 시점을 100%라고 하고 상품 안내까지 진행된 사람이 80%, 교섭 성립까지 진행한 사람을 15%라고 합니다. 그러면 상품 안내에서 교섭 성립까지 엄청난 격차가 있다는 사실을 알 수 있고 과제 또한 발견할 수 있습니다.

이러한 수치화는 공장 라인 쪽에서는 이미 당연히 각 공정에서의 수량비를 계측하고 문제점을 찾아내고 있습니다만, 사무직 업무에서는 그렇게까지 프로세스 분류가 진행되어 있지 않습니다. 지금이야말로 효과적인 프로세스 분류를 통한 수치화를 해야 할 시점이라고 생각합니다.

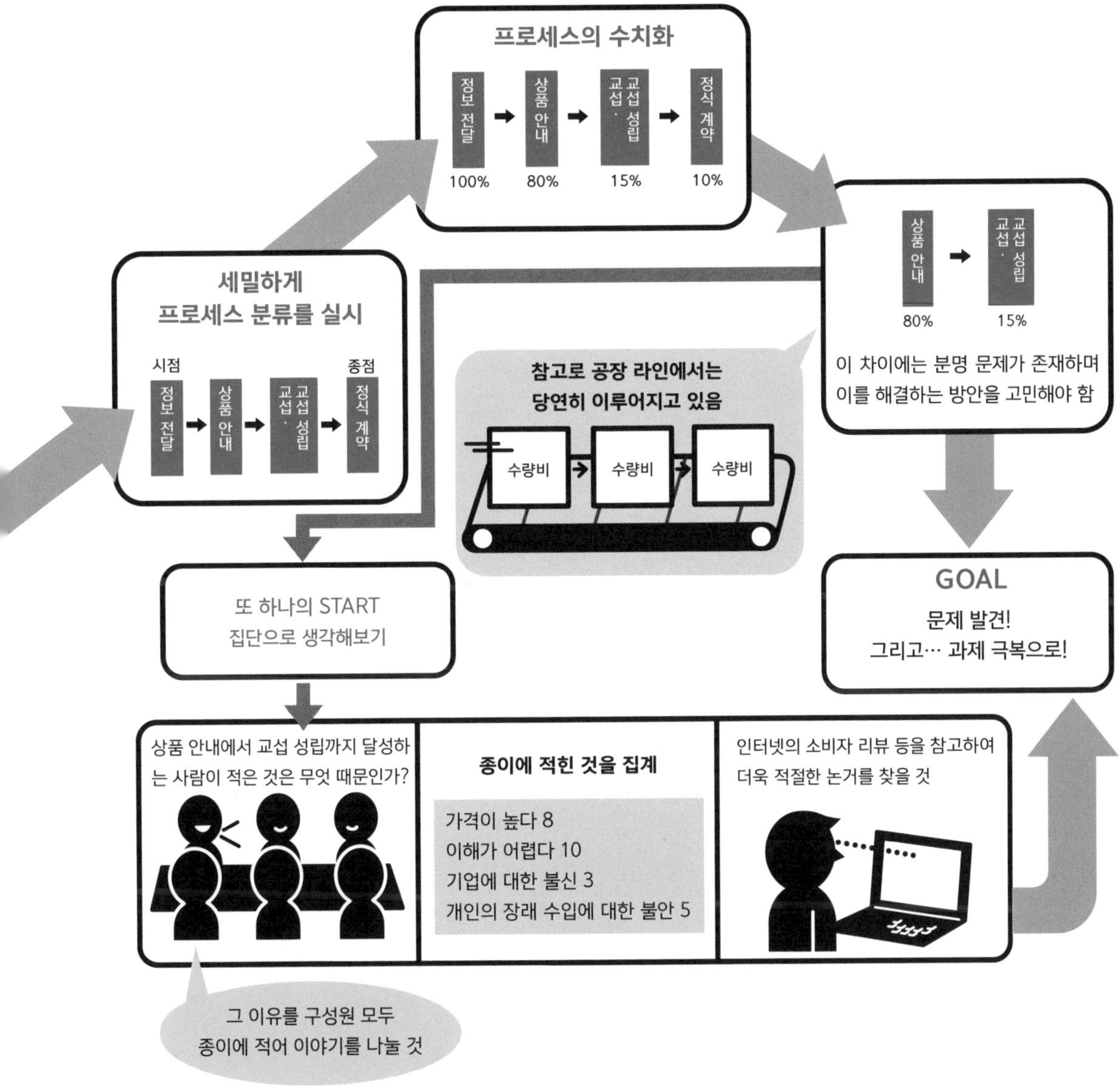

04 문제나 현상을 수치화함으로써 미래를 예측하고 다음 행동에 도움을 줄 수 있다

수치화를 했다고 그것만으로 만족하면 안 됩니다. 왜냐하면 숫자(데이터)는 그것만으로는 의미를 가지지 못하기 때문입니다. 그렇다 하더라도 과거의 숫자를 통해 미래의 예측이 가능합니다. 예측이 가능하면 앞으로의 액션과 이어지게 됩니다.

숫자는 그 자체로는 의미를 가지지 못합니다. 예를 들어 연식 야구를 즐기는 사람이 18만 7천 명(2020년) 있다는 데이터가 있어도 아무것도 알 수 없습니다. 그러나 여기에 1982년도에는 연식 야구 인구가 32만 명이었다는 사실을 더해주면 다양한 분석을 할 수 있게 됩니다. 이 숫자의 차이에 인포메이션(정보)과 지식이 숨어 있는 것입니다. 인포메이션은 숫자를 구조화하여 나타내는 정보로 이 경우 연식 야구의 인구가 격감했다는 것을 말합니다. 인포메이션을 체계적으로 정리한 것인 지식은 다른 말로는 데이터 분석이라고 할 수 있습니다. 여기에서는 주로 연식 야구 경기를 하는 어린아이 야구 인구가 줄었으며

데이터는 분석되어야 비로소 미래와 연결된다

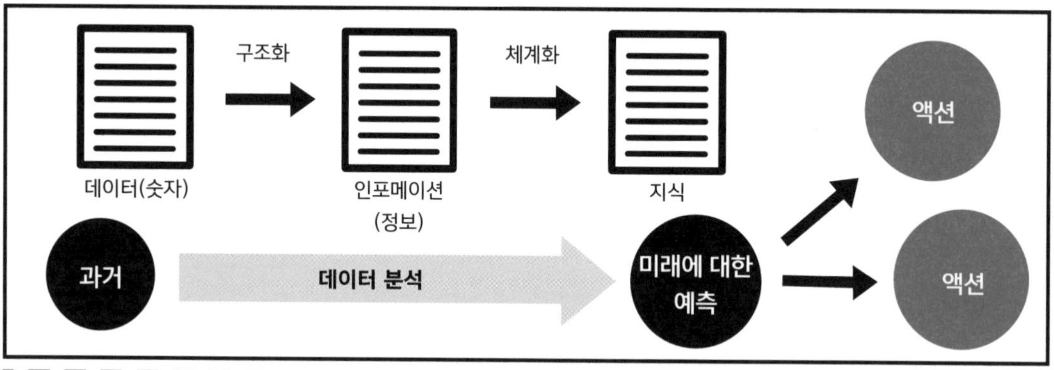

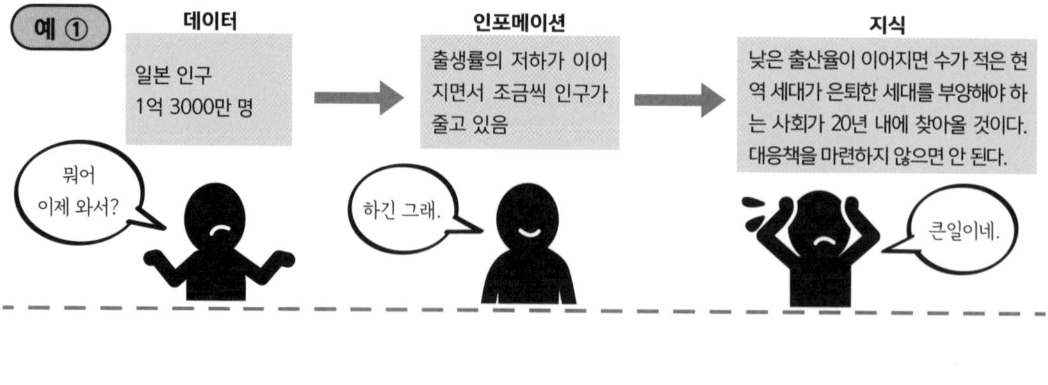

이는 낮은 출산율이 원인 중 하나가 될 수 있을 것입니다. 그 외에도 구태의연한 지도법이라든지 다양한 요인이 있을 것이고 앞으로 고교 야구는 물론 프로 야구의 수준이 낮아질 수도 있다는 미래 전망까지 할 수 있습니다. 이것이 지식입니다. 이처럼 얻은 정보를 인포메이션, 지식으로 발전시키는 일에 의해 앞으로의 일에 대한 대응책을 찾을 수 있습니다.

비즈니스(영업부 매출)를 예로 들어보겠습니다. 영업부의 매출=영업부 직원 한 사람의 하루분 매출×영업 일수×영업 인수입니다. 여기서 영업부의 연령 피라미드가 역삼각형인 경우 앞으로 매출의 감소는 확실시됩니다. 그러한 사태를 막기 위해 신입 사원의 채용 등을 적극적으로 하자는 플랜이 지식으로서 만들어지는 것입니다.

예 ②

데이터

2020년
연식 야구 인구
18만 7000명

→

인포메이션

1982년
연식 야구 인구
32만 명
⇩
대폭
축소되었음

→

지식

출산율 저하만이 원인은 아님. 구태의연한 지도법 등을 고칠 필요가 있음. 그러지 않으면 앞으로 고교 야구 및 프로 야구 역시 수준이 떨어질 우려가 있음.

그래서 뭐?
그랬구나.
맞~아!

예 ③

데이터

영업부 매출=
영업부 직원 한 사람당
하루의
매출×
영업 일수×
영업 인수

→

인포메이션

영업부 직원의 연령 구성

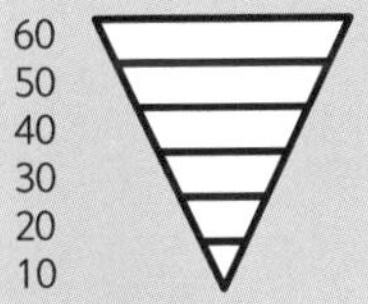
60
50
40
30
20
10

→

지식

신입 사원 채용 혹은 중도 채용으로 대량으로 인원을 보강해야 함

이대로는 인수가 줄어들면서 매출이 급감할 것
당연하잖아.
정말?
그렇군.

05 수치화했다면 'PDCA'를 고속으로 계속 돌려라

PDCA는 직장인이라면 누구나 들어봤을 중요한 단어입니다. 수치화된 데이터의 분석을 끝내면 동시에 P(플랜)가 시작됩니다. PDCA 사이클은 고속으로 돌리지 않으면 효과도 약해지고 맙니다.

숫자에 기반을 둔 현상 분석과 미래에 대한 예측을 통한 계획화가 끝나면 PDCA 사이클이 시작됩니다. PLAN(계획), DO(실행), CHECK(검증), ACTION(개선) 중 먼저 계획을 기반으로 실행을 해야 합니다. 얼마간 시간이 지난 뒤 계획대료 숫자가 나오고 있는지 검증합니다. 사실 계획대로 숫자가 나오는 일은 거의 없습니다. 극단적으로 구 공산주의 국가에서조차 계획 경제를 하려 했지만 원하는 대로 되지 않는 일이 다반사였습니다. 머리로 생각하는 계획에는 한계가 있기 때문입니다. 그러므로 중요한 것은 검증입니다. 계획과 실행의 차이를 분석하고 그 원인을 찾아내어야 하며 더 중요한 것부터 개선해야 합니다. 검

수치화한 데이터를 PDCA에 돌려보자

이 수치를 보게 되면 문고본에 대한 수요는 여전히 높습니다. 우리 회사도 본격적으로 문고본을 발행해야 할 것입니다.
데이터(숫자)를 구조화 및 체계화해서(데이터 분석을 해서) 미래에 대한 예측을 함. 이로써 세워야 할 계획이 보임.
PLAN (계획)
오호라-
출판사 임원
우리 회사의 콘텐츠를 기반으로 성인을 위한 교양 퀴즈 책 시리즈 문고본을 만들었습니다.
계획을 기반으로 실행해본다.
Do (실행)
흐음

증에서는 계획에 의한 예측치보다 실행에 의한 실측치 쪽이 신빙성이 높습니다. 이 양자의 차이를 좁히는 일이 정밀도가 높은 개선안을 이끌어내는 실마리가 됩니다. 그러므로 PDCA를 돌리는 일이 사업을 성공시키는 최선의 전략인 것입니다. 일본 기업은 일반적으로 실패를 두려워해 계획 단계에서 시간을 많이 소모하는 경향이 있으며, 계획에서 실행으로의 이행에 시간이 걸립니다. 그리고 이것이 사업 찬스를 놓치는 원인이 되기도 합니다. 검증 또한 1년에 두 번 혹은 네 번 등 특정 시기에 행해 시간이 걸린다는 의견도 있습니다. 검증이나 개선의 사이클은 빠르면 빠를수록 좋은 만큼 리얼 타임으로 수행하는 것을 지향하는 기업도 있습니다. 즉 그저 숫자를 PDCA에 돌리는 것이 아니라 고속으로 돌리는 것이 포인트가 됩니다.

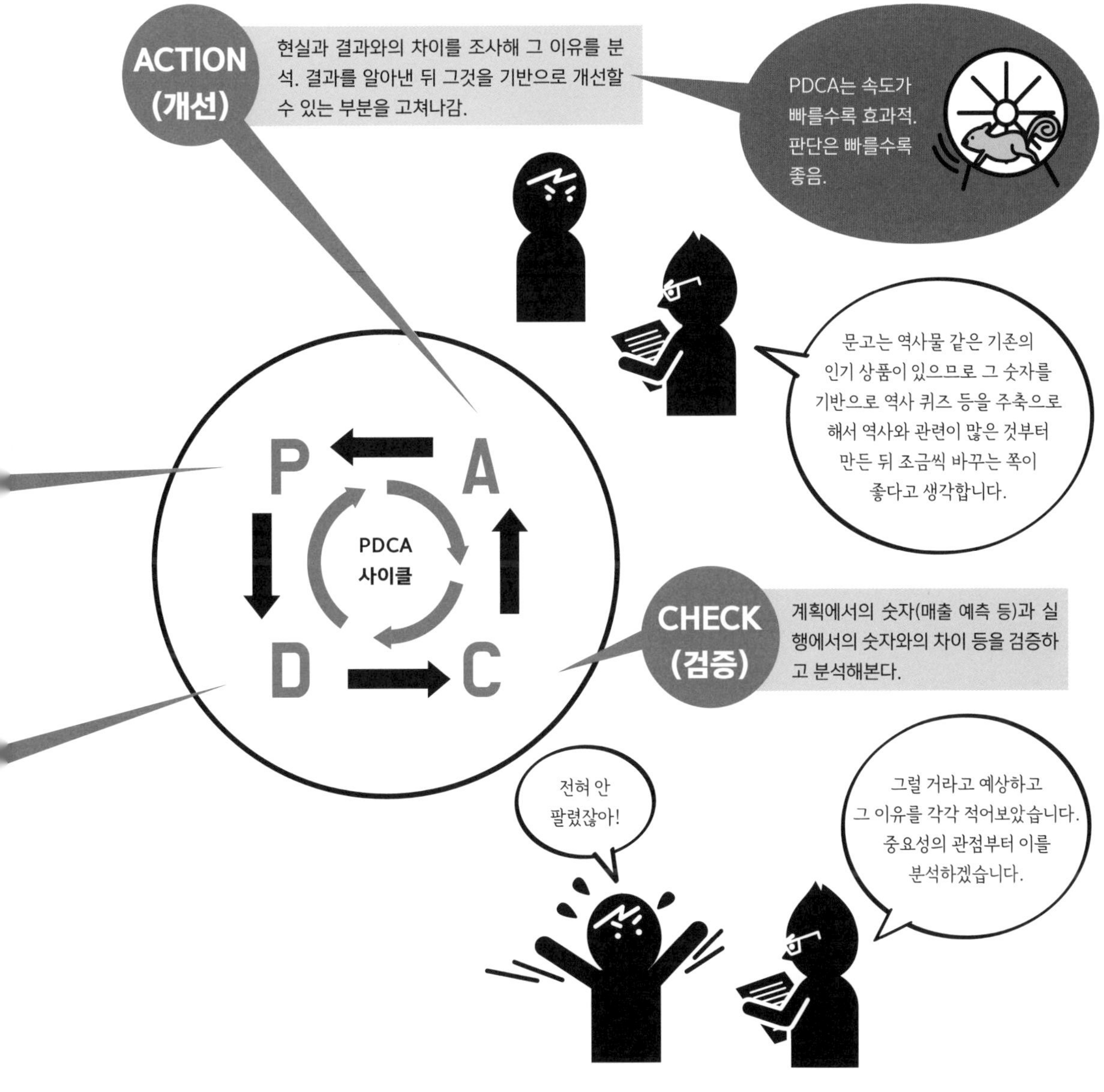

ACTION (개선)
현실과 결과와의 차이를 조사해 그 이유를 분석. 결과를 알아낸 뒤 그것을 기반으로 개선할 수 있는 부분을 고쳐나감.
PDCA는 속도가 빠를수록 효과적. 판단은 빠를수록 좋음.
문고는 역사물 같은 기존의 인기 상품이 있으므로 그 숫자를 기반으로 역사 퀴즈 등을 주축으로 해서 역사와 관련이 많은 것부터 만든 뒤 조금씩 바꾸는 쪽이 좋다고 생각합니다.
P
A
D
C
PDCA 사이클
CHECK (검증)
계획에서의 숫자(매출 예측 등)과 실행에서의 숫자와의 차이 등을 검증하고 분석해본다.
전혀 안 팔렸잖아!
그럴 거라고 예상하고 그 이유를 각각 적어보았습니다. 중요성의 관점부터 이를 분석하겠습니다.

06 PDCA에서는 'D=행동량'을 늘리는 것이 기본

PDCA 사이클에서 P에서 D로 이행될 때 시간 손실이 문제라는 것은 앞에서 설명했습니다. 그만큼 D가 가지는 의의가 큰 것입니다. D(실행)란 구체적으로는 행동량을 가리킵니다. 행동량을 늘리면 정확한 데이터를 얻을 수 있습니다.

일본인은 실패가 두려워 P(계획)에 시간이 걸리는 경향이 있지만, 이것이 호기를 벗어나는 시간손실로 이어질 위험성을 부릅니다. P도 물론 중요합니다만 사업 현장에서 보다 중요한 것은 실제로 D(실행=행동)를 해서 나오는 결과입니다. 머리로 생각한 계획과 실제로 해본 결과는 때때로 차이가 발생합니다. 즉 해보지 않으면 모르는 것입니다. 이 때문에 각 개인이 몇 번 행동했는지 하루에 몇 시간 행동 했는지를 카운트하면서 행동량을 증가시킬 필요가 있습니다. 시행착오처럼도 보이지만 확실한 데이터를 얻기 위해서는 행동량이 많을수록 좋습니다. 일단 P로 세운 계획을 의문이 있어도 실행해보면 물론 다소 마이너

일본인을 덮친 P의 비극과 D의 기적이란?

P의 달성

아아-
수치화한 P(계획)가 완성되었습니다.
타 부서
상사

P의 비극(3대 비극)

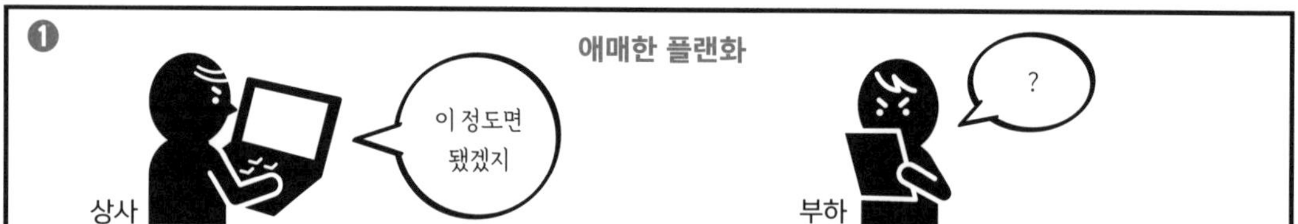
❶
애매한 플랜화
이 정도면 됐겠지
?
상사
부하

❷
계획이 만들어졌습니다.
대담한 계획이군.
자네가 실패하면 내 책임이 되는 건 아니겠지?
타 부서
상사 →

스는 나올 것입니다. 그럴 때는 즉시 C(검증)를 하고 A(개선)을 한 새로운 P에 근거한 재도전을 해야 할 것입니다. 실패를 각오하고 계속 해보라는 것입니다. 아무리 히트 상품을 잘 만드는 사람도 모든 상품을 히트시키는 것은 어렵습니다. 열 번 실패하고 한 번 크게 히트시켜 사람들의 주목을 받는 경우가 대부분입니다. 예술 분야에는 "다작은 재능이다"라는 말이 있습니다. 적게 만들어 아주 가끔 히트를 치는 사람보다 많이 만들어 실패작도 많지만 자주 걸작을 만드는 사람 쪽이 더 평가를 받는 것입니다. 적극적으로 D를 늘리는 것의 의미를 이렇게 생각하면 될 것 같습니다. D를 늘리는 일이 비즈니스를 하는 사람에게는 최대의 가치라고 할 수 있습니다.

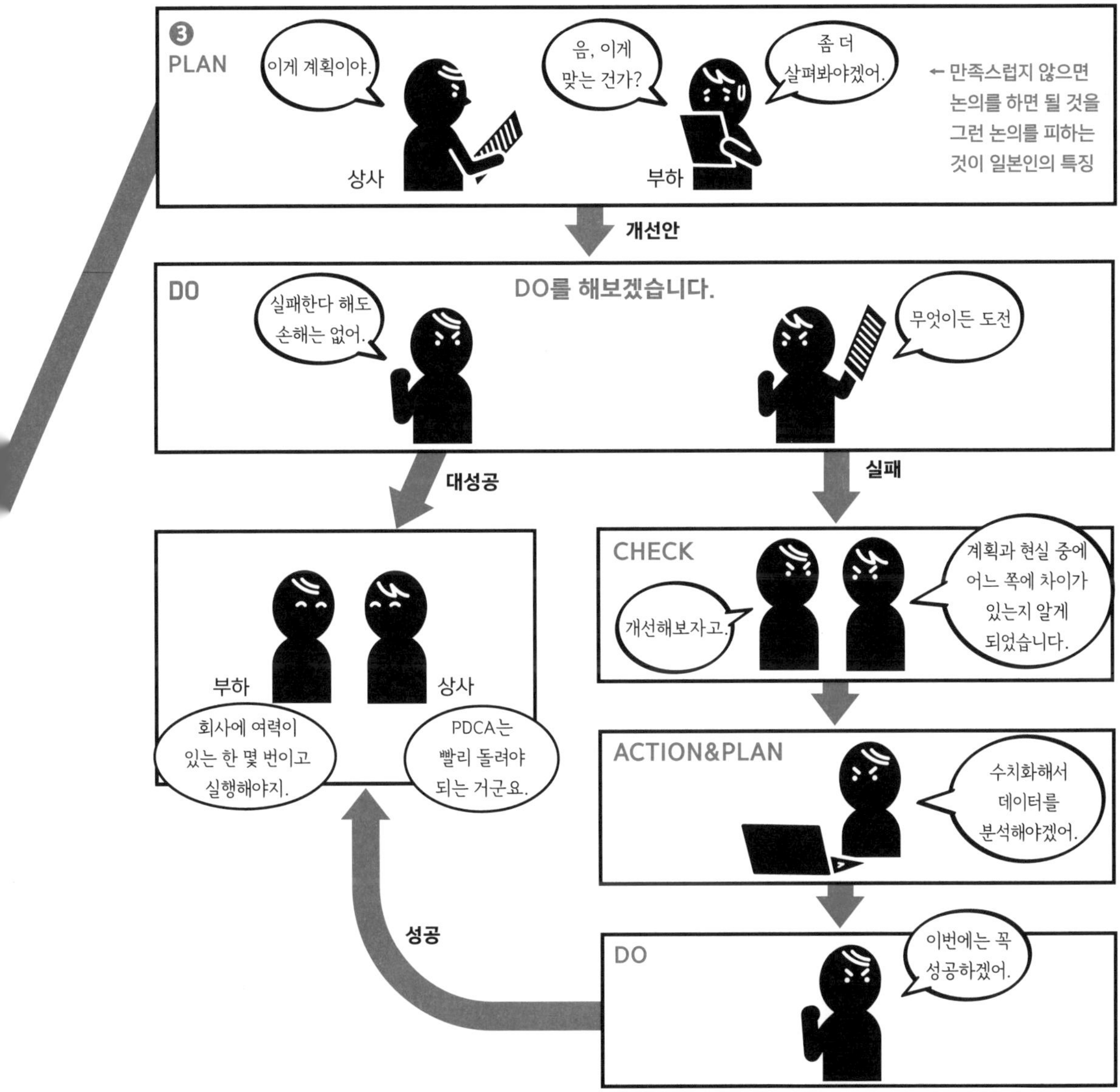
❸
PLAN
이게 계획이야.
상사
음, 이게 맞는 건가?
부하
좀 더 살펴봐야겠어.
← 만족스럽지 않으면 논의를 하면 될 것을 그런 논의를 피하는 것이 일본인의 특징
개선안
DO
DO를 해보겠습니다.
실패한다 해도 손해는 없어.
무엇이든 도전
대성공
실패
부하
상사
회사에 여력이 있는 한 몇 번이고 실행해야지.
PDCA는 빨리 돌려야 되는 거군요.
CHECK
개선해보자고.
계획과 현실 중에 어느 쪽에 차이가 있는지 알게 되었습니다.
ACTION&PLAN
수치화해서 데이터를 분석해야겠어.
성공
DO
이번에는 꼭 성공하겠어.

07 행동량을 늘리기 위해서는 수치화를 이용하라

최근 사원의 수치화에 의한 달성 목표를 나타내는 개념으로 KPI가 주목받고 있습니다. 이는 Key Performance Indicator의 약자로 '중요 업적 평가 지표'라고도 합니다. 목표 달성을 위해 수치화된 지표인 셈입니다.

P(계획)는 기본적으로 톱다운 방식으로 위에서 아래로 흘러갑니다. 달성 목표가 숫자로 나타나는 것은 그 전형적인 예입니다. 이에 대한 해답도 구체적인 숫자가 아니면 안 됩니다. 예를 들어 "영업 이익을 20% 높일 것"이라고 하는 목표가 제시되었을 때 "다양한 아이디어를 통해 매출을 높이고 비용을 절감한다."라고 하는 대답은 상사의 요구를 만족시키지 못합니다. 숫자가 없기 때문입니다. 이런 이유로 KPI가 주목받고 있습니다. 중요 업적 평가 지표로 불리는 KPI야말로 목표 달성을 위해 수치화된 지표입니다. 수치화에 의해 행동량도 자연히 증가합니다. 예를 들어 영어 회화 능력을 높이려고 하는 경우 막연하게

KPI를 이해하는 사람과 이해하지 못한 사람의 차이

KPI를 이해하지 못한 사람
영업 이익을 20% 올리도록.
숫자로 나타내라고.
매출을 올리고 쓸데없는 비용도 줄일 수 있도록 노력하겠습니다.
KPI를 이해하는 사람
영업 이익을 20% 올리도록.
알기 쉽군. 열심히 하도록!
매출을 500만 엔 (한화 5000만 원) 올리는 것과 동시에 비용도 500만 엔 줄이겠습니다.

영어 단어를 암기해도 의미가 없습니다. 영어 학원에 주 1회 다닌다거나 매일 30분 라디오 영어 회화 강좌를 듣는다든가 등 숫자로 나타나는 구체적인 목표를 세워야 합니다. 이렇게 자신에게 과업을 부여함으로써 아무것도 수치화하지 않는 것보다 확실하게 진보할 수 있습니다. 물론 영어 학원에 다닌다고 해도 모두가 영어 회화를 잘할 수 있는 것은 아니므로 새로운 수치화가 필요하기도 합니다. 그럼에도 불구하고 KPI는 하루 단위, 1주 단위 목표를 세울 수 있는 획기적인 존재입니다. 또 KPI는 감정 등도 수치화하는 것을 인정하고 있습니다. 예를 들자면 다른 사람으로부터 부정적인 평가를 들었을 때 그 사실을 기록함으로써 객관적으로 볼 수 있게 됩니다. 그리고 자신을 잘 제어하여 긍정적인 자세로 임할 수 있게 해줍니다.

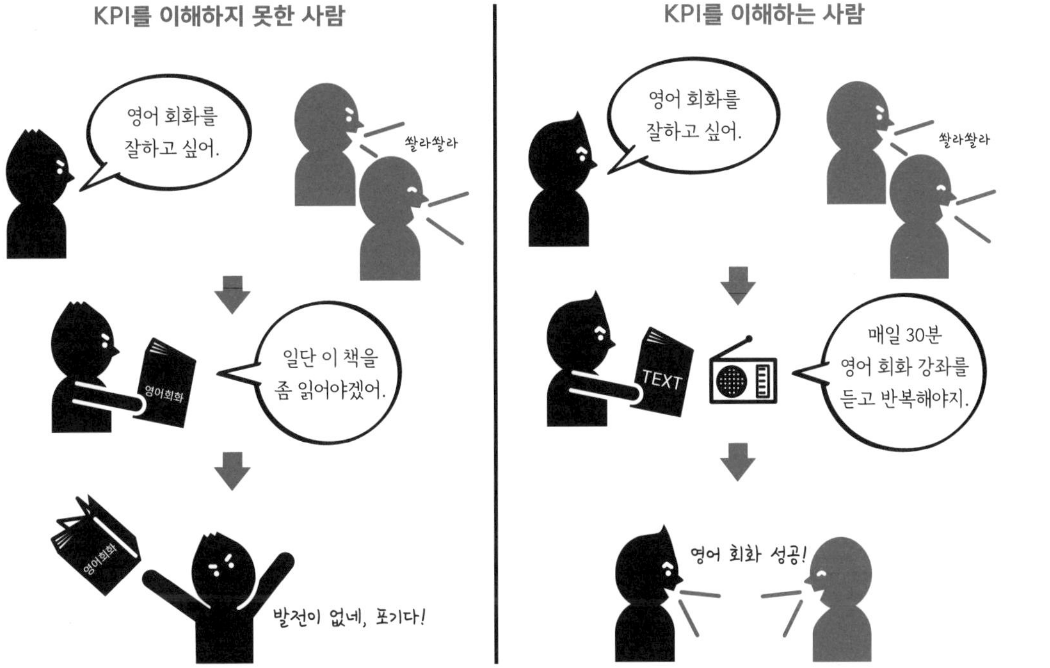
KPI를 이해하지 못한 사람
영어 회화를 잘하고 싶어.
쏼라쏼라
일단 이 책을 좀 읽어야겠어.
영어회화
영어회화
발전이 없네, 포기다!
KPI를 이해하는 사람
영어 회화를 잘하고 싶어.
쏼라쏼라
TEXT
매일 30분 영어 회화 강좌를 듣고 반복해야지.
영어 회화 성공!

마이너스 감정도 수치화할 것
구체안은 어떻게 되었지?
마이너스 4포인트
아직 여유가 있어.
구체안이 완성되었습니다.
수고했어.
이 바보 같은 놈!
이것으로 마이너스 10포인트. 이렇게 저주를 하는 수밖에는….
↑이러면 안 됨

08 수치화에 의해 사업 환경의 변화를 더 빨리 알아차릴 수 있다

만물은 유전한다. 고대 그리스 철학자의 말을 인용할 것도 없이 비즈니스 환경도 시시각각 변화합니다. 이에 대해 어떻게 대처하면 좋을까요? 안테나를 세워 정보를 얻는 것도 효과적입니다만 실은 더 좋은 방법도 있습니다.

수치화에 의해 과제를 달성하더라도 그것으로 끝이 아닙니다. 자본주의 사회에서 기업의 성장은 계속 필수인 이상 한 차례 목표를 달성하여도 더 높은 다음 목표가 제시됩니다. 축구 일본 국가 대표 감독이었던 이비차 오심은 "한계에 한계는 없다."라고 말했습니다. 한계를 넘으면 다시 새로운 한계가 나타난다는 말이죠. 축구 선수뿐 아니라 직장인들도 은퇴할 때까지 새로운 수치화→그 달성을 계속하지 않으면 안 됩니다. 한편 시대는 계속 변화합니다. 과거와 똑같은 방법을 계속 사용하면 성공한다는 보장이 없으므로 시대에 맞는 새로운 방법을 사용할 필요가 있습니다.

항상 비즈니스 환경을 숫자로 파악하고 성장을 계속할 것

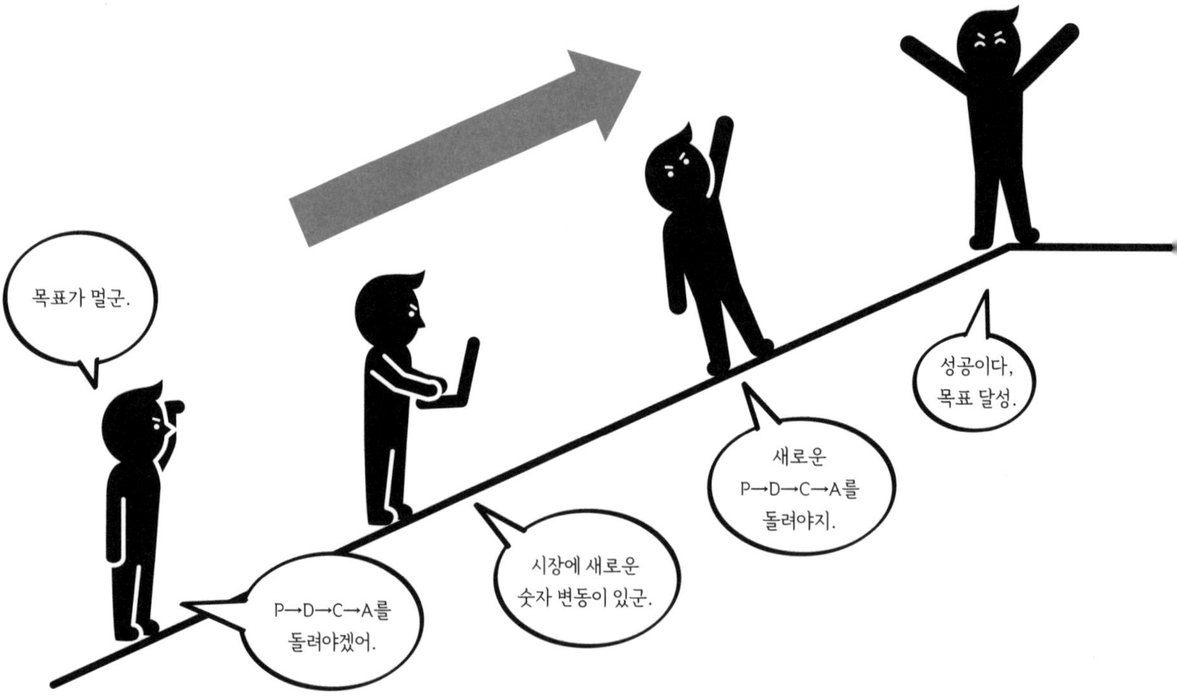
목표가 멀군.
P→D→C→A를 돌려야겠어.
시장에 새로운 숫자 변동이 있군.
새로운 P→D→C→A를 돌려야지.
성공이다, 목표 달성.

예를 들어 스마트폰이 처음 보급될 무렵에는 스마트폰 시장을 경시하고 가정용 컴퓨터를 중시하는 전략을 채택했던 기업이 많았습니다. 그러나 금세 스마트폰을 통한 사이트 열람 회수도 서비스 이용 수도 급증한 까닭에 그런 기업은 시장을 선점당하고 업적을 높이지 못했습니다. 이러한 사업 환경의 변화를 알아차리기 위해서는 어떻게 하면 좋을까요? 정답은 역시나 숫자를 감시하는 것입니다. 숫자를 평소보다 면밀하게 체크했다면 스마트폰의 대두를 무시하지 않았을 것입니다. 이처럼 사업이 변화한 현실을 숫자를 기반으로 알아차릴 수 있다면 그 뒤에 해야 할 일은 간단합니다. 분석 및 전략을 짜고 P(계획)를 세우면 됩니다. 그리고 PDCA를 고속으로 돌리면 다른 회사를 추월하는 일은 가능합니다. 숫자를 일상적으로 보면서 변화를 알아차리는 일. 그것이 비즈니스 필승법인 것입니다.

한계에 한계는 없다
시장 숫자를 계속 체크해서 비즈니스 환경의 변화를 알아내야지.
새로운 변동에 맞춰 분석하고 새롭게 P→D→C→A를 돌려야지.
좋아, 목표 달성!
또 새로운 목표가 생겼군….

PDCA를 돌려야겠어.
다시 새로운 목표가 나타났군.

자본주의의 영속적인 발전은 가능할까?

이번 분기 목표는 저번 분기보다 매출 20% 증가다.

일단 사업을 시작하면 기본적으로 매출을 계속 증대시키지 않으면 현상 유지조차 어려운 것이 자본주의 사회입니다. 피곤하다고 해서 멈출 수는 없습니다. 이런 자본주의 사회의 한계를 지적하는 의견도 있습니다. 자본주의 사회가 영속적으로 발전할지 다른 경제 시스템이 나타날지 알 수는 없지만 당분간은 완전히 끝나지 않을 것 같습니다.

KEY WORD → ☑ 고객 수, 고객 단가, 잔존 기간, 고객 획득 코스트, 고객 유지 코스트

09 기업 경영에 꼭 필요한 다섯 개의 숫자란?

사원 한 사람 한 사람이 추구하는 숫자는 최종적으로 기업 경영의 숫자가 됩니다. 기업을 경영하는 데 있어 중요한 숫자는 주로 다섯 가지입니다. 즉 개인의 숫자는 다섯 개의 요소에 집약되어 이익을 추구하는 기업을 움직이게 하는 것입니다.

지금까지 사원 한 사람 한 사람이 숫자를 중요하게 생각해야 된다고 설명했습니다만 이번에는 경영자의 입장에서 생각해보겠습니다. 개인이 창출한 숫자는 최종적으로 기업의 숫자가 됩니다. 숫자는 다양하게 있지만 경영의 기본이 되는 숫자는 다섯 개뿐입니다. 그 다섯 개는 고객 수, 고객 단가, 잔존 기간(고객으로 있어 주는 기간), 고객 획득 코스트, 고객 유지 코스트입니다. 그렇다면 이들 숫자는 어떻게 이용되는 걸까요? 기업에 있어 가장 중요한 것은 이익입니다. 이익을 나타내는 수식을 이 다섯 개의 숫자를 사용해서 나타내면 이익=(고객 수×고객 단가×잔존 기간)-(고객 획득 코스트+고객 유지 코스트)가 됩니다.

다섯 개의 숫자와 수수께끼

다섯 개의 숫자와 수수께끼
다섯 개의 숫자 아닌가? 홈즈?
혹은 내 개의 서명이거나
이거 실례했군 이건 기업 경영에 있어 가장 중요한 숫자였어.
그랬었군 홈즈.
앞의 세 개를 높이고 뒤의 두 개를 줄이면
☆다섯 개의 숫자
고객 수
고객 단가
잔존 기간
고객 획득 코스트
고객 유지 코스트
☆기업의 이익을 구하는 수식
이익=(고객 수 × 고객 단가 × 잔존 기간) − (고객 획득 코스트 + 고객 유지 코스트)
이익이 최대화되겠군!

이익의 최대화를 실현하기 위해서는 앞의 세 개의 숫자를 늘리고 뒤의 두 개의 숫자를 줄이는 일이 중요합니다. 사원 개인에게 목표로 부여되는 숫자도 이익을 위해서입니다. 기업의 숫자는 개인의 숫자의 총합이므로 사원 한 사람 한 사람이 경영과 관련하여 의식을 가지는 일이 요구됩니다.

한편 현대의 비즈니스에서는 잔존 기간이 중요합니다. LTV(라이프 타임 밸류)라고 표현하기도 합니다만 이는 고객이 생애를 통해 기업에 주는 이익을 말합니다. LTV를 높이기 위해 상품 구입 뒤에도 정기적으로 메일로 소식을 전하거나 서브 스크립션(구독료를 지불하면 해당 제품에 기술 지원을 하는 일) 같은 서비스를 하는 기업도 늘었습니다. 상품을 한번 팔면 그것으로 끝이 아니라 그 뒤에도 인터넷 등으로 고객과 계속 연결되는 비즈니스 모델로 이행되고 있는 것입니다.

10 '변수'를 발견하는 것은 업무 성과에 직결된다

어려운 숫자는 관계없다고 하는 이 책에서도 변수라고 하는 단어는 나옵니다. 변하지 않는 정수에 비해 조건에 따라 숫자가 달라지는 것이 변수입니다. 사업에서는 변수를 발견하고 그것을 개선하는 것이 성공의 길과 연결됩니다.

숫자에는 항상 일정한 값이 있는 정수와 다양한 값을 취하는 변수가 있습니다. 사업에서 좋은 숫자를 만들기 위해서는 정수가 아닌 변수를 바꾸는 일이 필요하며 그 변수를 발견하는 일이 중요합니다. y=ax+b라고 하는 1차 방정식이 있습니다. 중학교 때 배운 방정식은 사업에서도 의미를 가집니다. 여기서 a와 b는 정수이고 변하지 않는 숫자입니다. 하지만 x와 y는 변수로 이들 숫자는 어떠한 숫자로도 변할 수 있습니다. y는 결과입니다. 이를 높이기 위해서는 x를 바꾸는 수밖에 없습니다.

예를 들어 상품 서비스라는 매출을 확보하기 위해 메일 매거진을 도입하여 자주 발송했다고 합시다.

변하지 않는 정수는 포기하고 변수를 바꾸는 노력을 하라

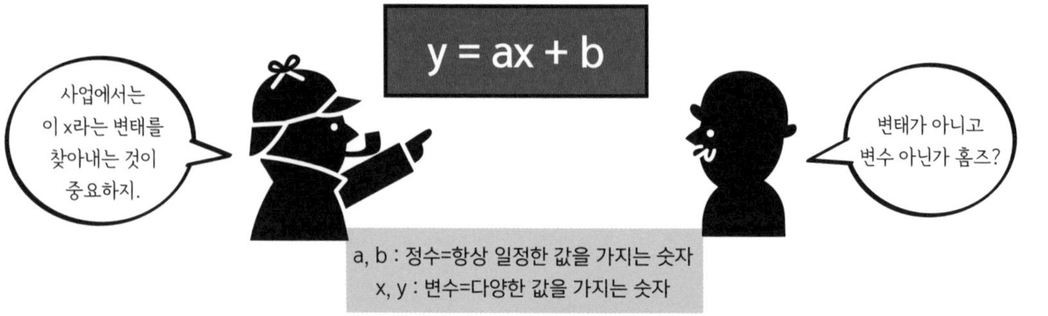

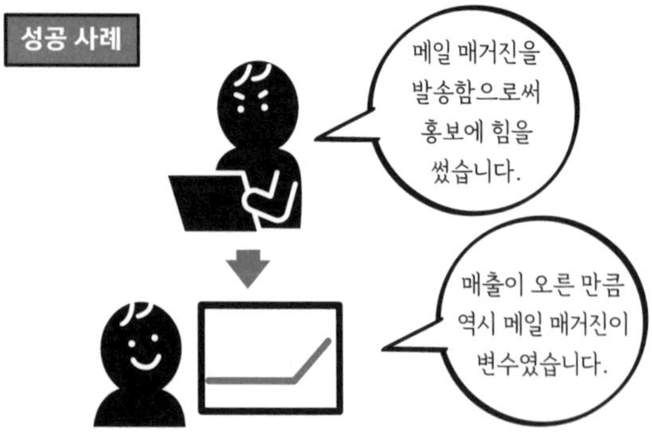

변수에 대해 대책을 세우고 그것이 적합하면 실적이 오름

정수에 대책을 세운들 도움이 되지 않음

그 결과 매출이 올랐다면 그것은 메일 매거진에 의한 광고가 변수였다는 뜻이 되고 이를 추진하게 하는 것이 앞으로의 비즈니스 전략에 도움이 된다는 뜻입니다. 그러나 메일 매거진의 발송이 매출에 도움이 되지 않는다면 어떻게 해야 할까요. 메일 매거진은 변수가 아닌 것이 되기 때문에 다른 변수를 발견하기 위한 시행 착오가 되는 것이고 최종적으로 올바른 변수 x를 찾을 수밖에 없습니다. 이 세상 역시 정수와 변수에 의해 성립되어 있다고 할 수 있습니다.

정수는 모두 자신이 생각한 대로 되지 않습니다. 그러나 변수만 찾아낸다면 당신의 용기와 노력에 따라 커다란 변혁이 이어집니다. 결코 당신은 무력하지 않습니다. 변수를 찾아내봅시다.

소매점에서의 변수의 발견

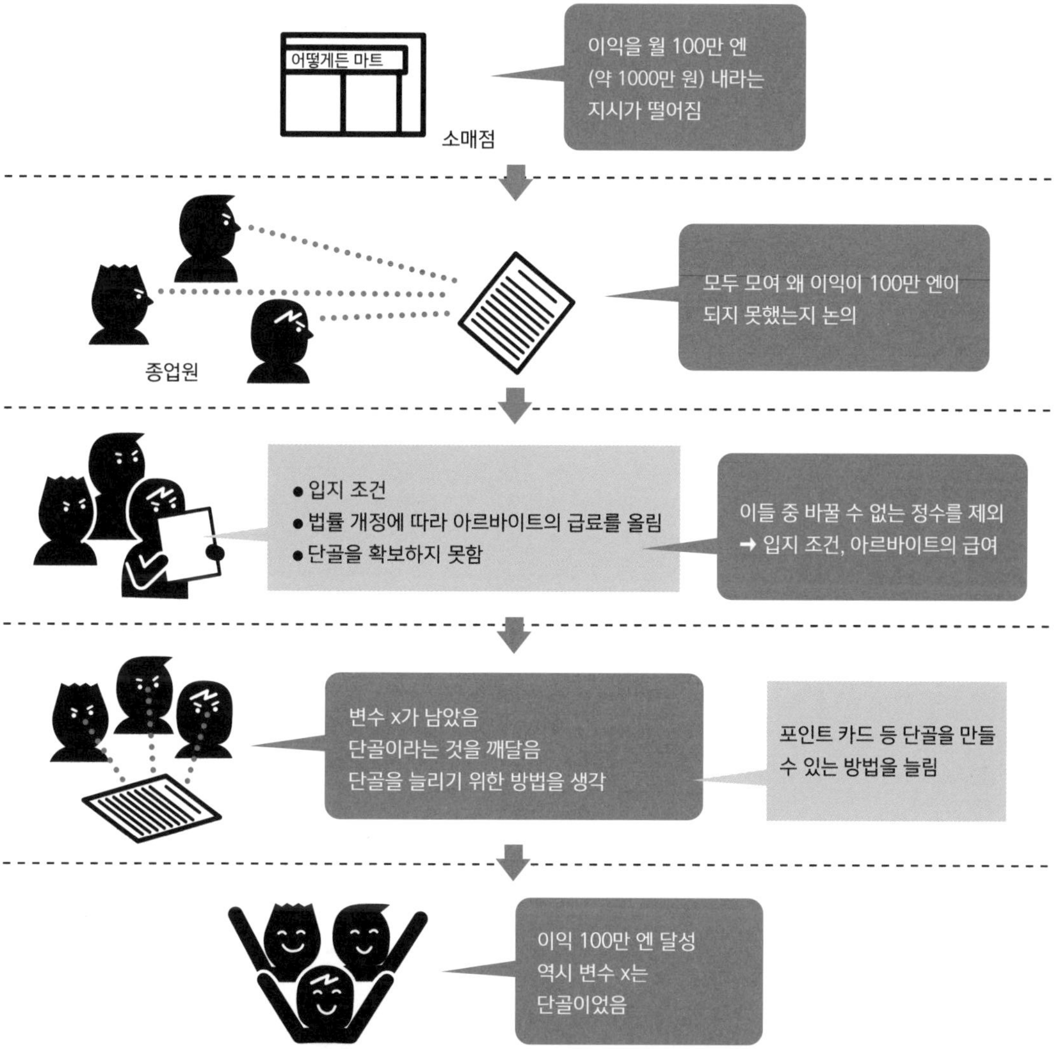

변수 X를 발견하고 그 대책에 따라 업적을 높일 수 있었음

11 변수를 발견하기 위해서는 공정을 시계열로 정리하는 것이 좋다

'변수를 찾아내라고 한들 그렇게 간단하게 찾을 수는 없어.' 그렇게 생각하는 사람도 분명 있겠지요. 확실히 변수를 발견하는 데는 요령이 필요합니다. 구체적으로 말하자면 자신의 작업 공정을 시계열로 재검토할 필요가 있습니다.

성공하는 사람은 변수를 일찍 찾아내어 분석하고 대책을 세웁니다. 그렇지 못한 사람은 변수를 찾지 못하고 시행 착오를 거듭합니다. 사실 변수를 쉽게 찾기 위해서는 요령이 필요합니다. 그 요령이란 자신의 작업 공정을 시계열로 정리하는 것입니다. 예를 들자면 자사가 개발한 시스템을 판매하는 업무를 담당한다고 합시다. 이를 PDCA로 전환해보겠습니다. P(계획)는 매월 3건의 계약을 한다, D(실행)는 하루 다섯 건 이상 법인과 미팅 약속을 잡는다가 됩니다. 이를 이번에는 시계열로 정리하면 ①약속을 잡는다, ② 시스템을 일정 기간 동안 시험 삼아 사용하게 한다, ③계약한다 등 세 가지로 나눌 수 있습니다.

변수를 제대로 활용하기 위한 힌트 1

변수가 중요하다는 것은 알겠네, 홈즈. 그렇지만 어떻게 해야 찾을 수 있는 거지?
간단하다네, 왓슨. 자신의 작업 공정을 정리해서 살피는 거야.

A씨

A씨(영업부)의 작업 내용과 작업 공정

- **PDCA로 보는 작업**

P(계획) : 수주 월 3건, D(실행) : 하루 5건의 미팅 약속 잡기

- **시계열로 보는 작업 공정**

① 미팅 약속을 잡는다
② 시스템을 시용 기간 동안 사용하게 한다
③ 계약을 한다

P를 실현하기 위해서는? →

간단하잖나, 홈즈. ① 미팅 약속을 늘리면 되는 거 아냐?
그렇게 생각하나? 해답은 A, B, C 세 가지로 나눌 수 있다네.

이런 흐름이라면 우선 가능한 일은 ①약속의 수를 늘이는 것입니다. 하지만 열심히 약속을 잡았음에도 ②시용 기간 동안 사용으로 연결되지 않는다면 ①과 ② 사이에는 변수가 있다는 것입니다. 예를 들자면 시용 시스템의 도입 절차가 번거롭다거나 하는 경우겠죠. 그렇다면 그에 대한 대책을 세워야 합니다. 하지만 만약 ①도 ②도 증가했는데 ③의 계약 수만 증가하지 않았다면 어떻게 생각해야 할까요? 이때는 고객에게 왜 채용하지 않았는지 의견을 구하는 일이 중요합니다. 만약 '사용하기 불편하다'와 같은 대답이 나오면 영업부만의 힘으로는 시스템 개량 등이 불가능하므로 다른 부서의 지원을 받을 수 있다는 식으로 대처해야 합니다. 이러한 지원에 의해 계약 수가 증가한다고 하면 사용의 편의성과 기업 차원의 지원이 변수라는 것을 알 수 있습니다.

해답

A : ①을 늘리면 ②와 ③도 증가하는 케이스

➡ 미팅 약속이 부족했던 것뿐으로 성실하게 영업 활동을 하면 됨

해답은
간단한 거였어!

B : ①을 늘렸는데도 ②가 늘어나지 않는(당연히 ③도 늘어나지 않는) 케이스

➡ 시용 시스템의 도입이 번거로울 수 있다는 이유 등을 생각할 수 있다.
그 외에 다른 이유가 없다면 고객에게 이유를 물어보는 것도 괜찮음.
요인을 개선하고 쉽게 사용할 수 있는 분위기를 구축할 것.

간단하게
인스톨할
수 있다니까요!

C : ①과 ②는 늘었는데 ③만 늘어나지 않은 케이스

➡ ②와 ③ 사이에 변수가 있다는 의미. 고객에게 이유를 물어볼 것.
'사용이 불편하다'라는 의견이 나온다면 기업 전체적으로 지원할 태세가 갖춰져 있음을 알린다.

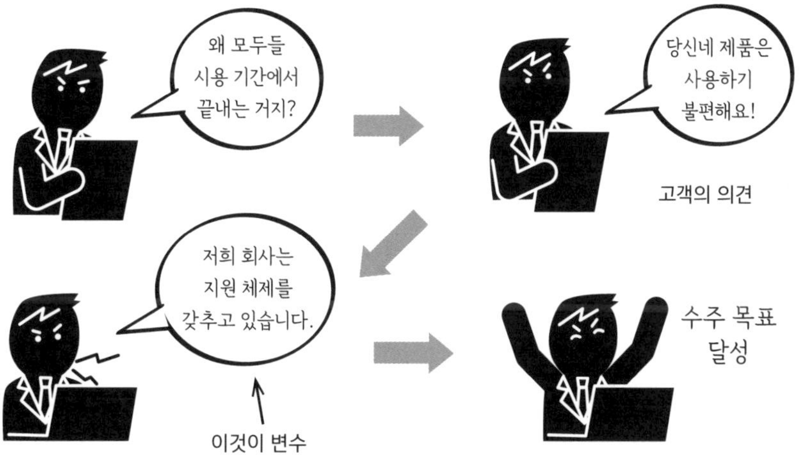
왜 모두들
시용 기간에서
끝내는 거지?
당신네 제품은
사용하기
불편해요!
고객의 의견
저희 회사는
지원 체제를
갖추고 있습니다.
이것이 변수
수주 목표
달성

12 변수가 아닌 것은 배제하라

변수를 찾는 일은 사업의 핵심이라고 할 수 있습니다. 그만큼 어렵고 실수하기도 쉬워 정수나 변수가 아닌 것을 변수라고 생각하는 경우도 있습니다. 변수인지 아닌지 알 수 있는 핵심은 수치화할 수 있는가 아닌가입니다. 변수화할 수 없는 것은 배제하도록 합니다.

사업에서 정확하게 변수를 발견하는 일은 간단하지 않으며 서두르다 보면 잘못된 변수를 찾기도 합니다. 예를 들어 기획서 작성을 변수라고 생각한 경우 '기획서를 열 장 작성했다'는 열 장이라는 숫자가 나오는 만큼 헷갈리기 쉽습니다. 그러나 내용까지 확인해보면 '그저 떠오른 기획을 조사도 하지 않고 만들었다', '잘 나가는 상품을 보고 흉내를 냈다' 하는 식으로 구체적인 숫자가 없습니다. 예를 들어 '과거에 히트한 상품 A의 흉내를 낸 상품 B가 A의 50%의 매출을 기록해 막대한 이익이 되었다. 따라서 같은 조건으로 지금 흉내를 낸 상품을 발표하면 동등한 매출이 예상된다.'라는 이유라면 수치화가 된 것입니다.

변수를 제대로 활용하기 위한 힌트 2

배제 사례 ① 기획서

10건을 작성했다(←이것은 OK)

기획의 내용 '그저 생각난 것을 조사도 없이 만들었음',

'잘 나가는 상품을 흉내냄'

수치화되지 않음

배제

배제

배제 사례 ② 회의를 열었다

'자신이 하고 싶은 말을 해서 만족, 나는 대단하다고 생각',

'모두의 생각을 듣고 안심함'

수치화되지 않은 의견밖에 없음

결국 이건
×의 비극이군.

키포인트 ①

변수 ×는 수치화할 수 있는 것 → 할 수 없다면 변수가 아님

변수는 어디까지나 숫자입니다. 반대로 말하면 수치화할 수 없는 것은 변수가 아닙니다. 그런 것을 배제하면서 행동 목표를 만드는 일이 중요합니다. 또 예쁘게 단장한 홈페이지를 만들면 고객이 모일 거라는 의견이 있다고 합시다. 그러나 여기에는 어떻게 고객을 늘릴까 하는 숫자의 검증이 없습니다. 한편 실행한 결과가 변수인지 아닌지를 확인하는 것이 PDCA의 C와 A입니다. C는 상사가 행하는 일이 많지만 KPI의 관점에서 본인도 할 수 있습니다. 예를 들어 목표 달성을 위한 행동을 몇 번이나 했는가 하는 검증이 C이고 그것을 토대로 A의 개선책을 생각할 수 있습니다. C로 원활하게 진행되면 그 기세를 몰아 더욱 공격적으로 나아가고 실패하면 다른 방법을 모색합니다. C가 자신에게 너무 후하지 않은지 주의하면서 앞으로 나가는 일이 중요합니다.

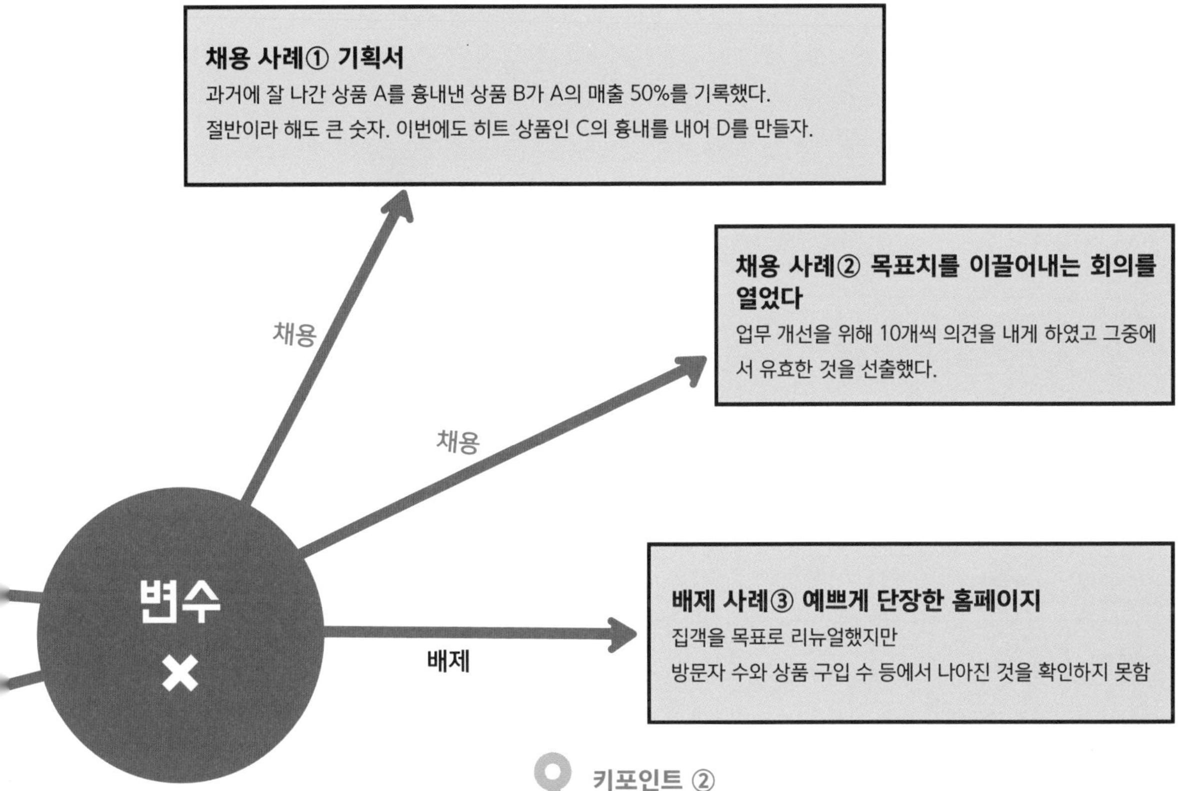
채용 사례① 기획서
과거에 잘 나간 상품 A를 흉내낸 상품 B가 A의 매출 50%를 기록했다.
절반이라 해도 큰 숫자. 이번에도 히트 상품인 C의 흉내를 내어 D를 만들자.
채용 사례② 목표치를 이끌어내는 회의를 열었다
업무 개선을 위해 10개씩 의견을 내게 하였고 그중에서 유효한 것을 선출했다.
채용
채용
배제 사례③ 예쁘게 단장한 홈페이지
집객을 목표로 리뉴얼했지만
방문자 수와 상품 구입 수 등에서 나아진 것을 확인하지 못함
변수
배제

키포인트 ②

PDCA의 C와 A를 스스로 해볼 것

원래 상사가 행하는 C와 A를 KPI를 기반으로 자신이 평가 → 목표 달성을 위한 행동을 몇 번 했는가 등을 분석

목표 달성으로 이어지는 업무를 몇 시간 했는지 등을 카운트 할 것 → C의 도중에 자신에게 후해지는 자기 평가를 피할 것. 객관성을 중시하고 그것이 가능했을 때 다음 단계로 진행할 수 있음

그건 엘러리 퀸의 작품이잖나. 다른 사람 흉내는 내지 말라고, 홈즈.

13 변수의 수가 증가하면 줄이든가 하나로 압축하라

엔트로피 증가의 법칙에 따라 사업도 그냥 내버려두면 변수는 늘어납니다. 업무에 다양한 문제가 발생하고 각각의 변수를 찾고자 해도 변수가 늘어나기만 합니다. 그런 까닭에 변수를 줄일 필요도 있는 것입니다.

변수를 적극적으로 찾아내는 자세도 중요하지만 문제가 발생할 때마다 그 대책으로 변수를 설정하다 보면 변수가 너무 많아집니다. 모든 것을 해결하려고 해도 무리가 발생하고 전체적인 퍼포먼스도 떨어집니다. KPI나 변수가 너무 많은 까닭에 쓸데없는 것을 생각해야 하는 시간이 늘어나기 때문입니다. 또 관리 코스트도 증가하고 상사가 매니지먼트 해야 하는 노동량도 증가합니다. 그렇게 되지 않기 위해서는 변수를 줄이는 수밖에 없습니다. 변수가 아니라도 해야 할 일이 많으면 어디서부터 시작해야 할지 모르게 되는 경우가 있습니다. 그럴 때는 해야 할 일 10개 항목을 적은 다음 랭킹을 정합니다. 그리고 상위

변수를 제대로 활용하기 위한 힌트 3

START
A씨의 일상
변수 혹은 KPI로 계획이나 목표를 세운다
상사나 동료로부터 다양한 변수를 받는다
변수의 엄청난 증가
생각해야 할 일이 너무 많아짐.
야근 시간이 늘어나게 됨.
우울증에 걸림

엔트로피는 시간과 함께 증가한다. 즉 모든 일은 가만 놓아두면 난잡해지며 무질서한 방향으로 움직입니다.

세 개 항목을 택하고 나머지 일곱 개는 버립니다. 상위 세 개 항목이 해결되면 버렸던 일곱 개 항목 중 또 상위 세 개 항목을 처리하면 됩니다. 이런 발상을 통해 변수도 줄입시다. 또한 모든 것을 수치화하겠다는 생각을 일단 중단하는 것도 필요합니다. 변수를 찾아내기 위해 세 개 정도로 압축하고 최종적으로는 하나로 줄이는 것도 한 가지 방법입니다. 그것이 진짜 변수인 동시에 가장 중요한 업무가 됩니다. 진짜 변수라고 생각하면 남은 것은 D라는 실행뿐입니다. 그것이 옳을지 아닌지는 C나 A로 생각하면 됩니다. 예를 들어 라멘집을 경영하는 경우라면 수프가 중요한지, 면이 중요한지, 건더기가 중요한지 혹은 가게의 인테리어가 중요한지 등을 생각해볼 수 있습니다. 이들 중에서 진짜 변수는 수프라는 것을 숫자로 밝혀낸다면 그것에 따른 D를 계속하는 수밖에 없는 것입니다.

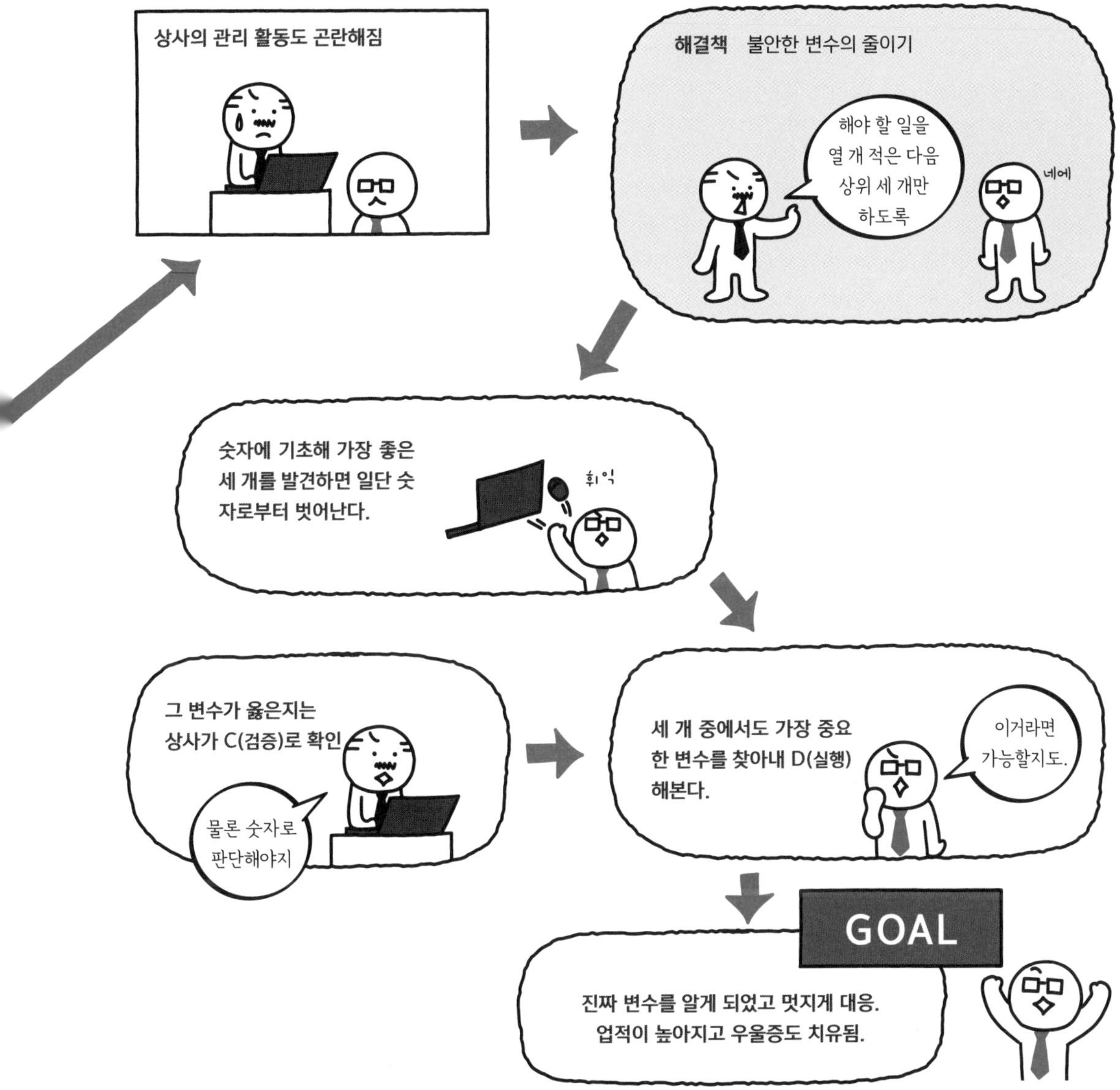
상사의 관리 활동도 곤란해짐
해결책 불안한 변수의 줄이기
해야 할 일을 열 개 적은 다음 상위 세 개만 하도록
네에
숫자에 기초해 가장 좋은 세 개를 발견하면 일단 숫자로부터 벗어난다.
휘익
그 변수가 옳은지는 상사가 C(검증)로 확인
물론 숫자로 판단해야지
세 개 중에서도 가장 중요한 변수를 찾아내 D(실행) 해본다.
이거라면 가능할지도.
GOAL
진짜 변수를 알게 되었고 멋지게 대응. 업적이 높아지고 우울증도 치유됨.

14 사내의 '사람'이 변수가 된 경우는 그것을 제거하라

부하는 상사를 고를 수 없습니다. 자신을 이해해주고 성장을 도와주는 상사도 있는 반면 반대로 자신을 높게 평가하지 않고 하고 싶은 일을 하게 해주지 않는 상사도 있습니다. 경영자는 그런 경향을 주시할 필요가 있습니다.

변수의 설정에서 중요한 것은 상사 등 '사람'을 변수로 해서는 안 된다는 것입니다. 그러나 기업뿐 아니라 어떤 조직이든 사람이 변수가 되는 일이 있습니다. 실제로 무능한 인물이 있기 마련인 것입니다. 부하나 학생인 당신이 상사나 선생님을 바꿀 수는 거의 없습니다. 선생님은 차치하더라도 좋은 상사를 만난다면 좋겠지만 나쁜 상사를 만난다면 그 상사가 떠날 때까지 힘든 하루하루를 보내야 합니다. 사업은 사내의 사람에 의한 변수를 최대한 배제하지 않으면 제대로 기능하지 않습니다. 상사는 평등하고 공평한 직장을 만들지 않으면 안 됩니다. 상사에게 아부하면 출세할 수 있다고 생각하는 사람이 변수가 되는 조

회사를 위협하는 예기치 않은 변수 '사람'을 어떻게 대처할 것인가

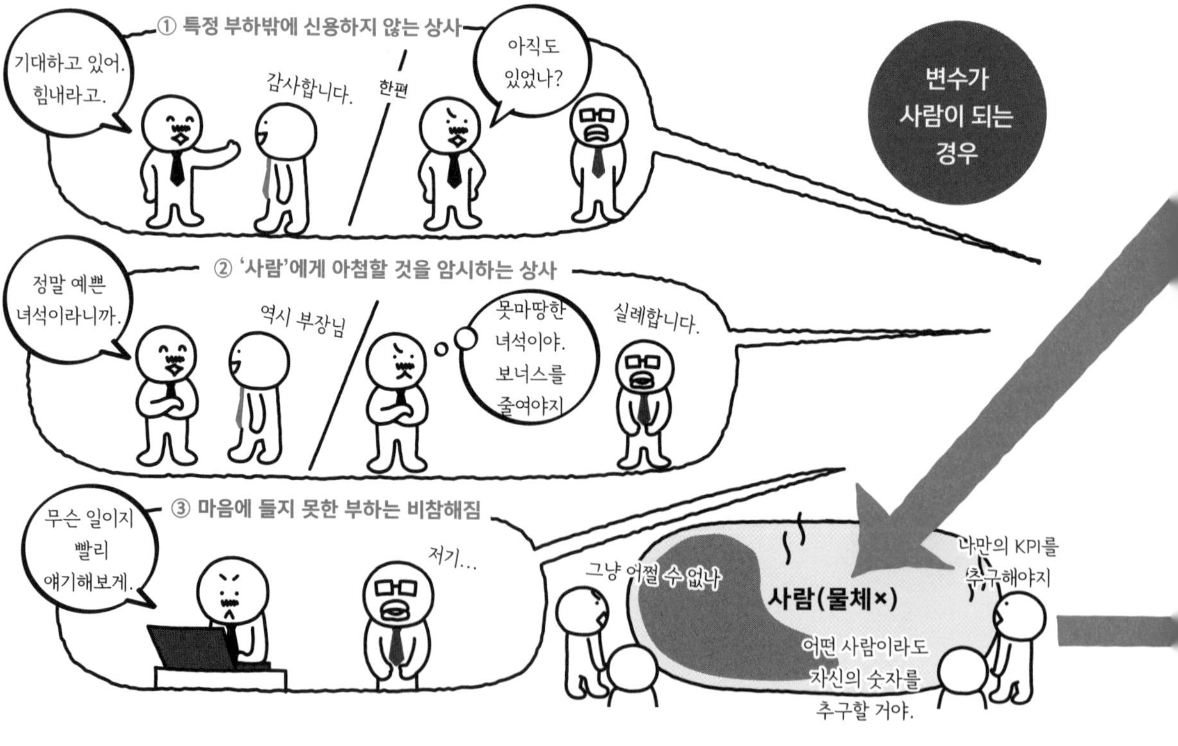
① 특정 부하밖에 신용하지 않는 상사
기대하고 있어. 힘내라고.
감사합니다.
한편
아직도 있었나?
변수가 사람이 되는 경우
② '사람'에게 아첨할 것을 암시하는 상사
정말 예쁜 녀석이라니까.
역시 부장님
못마땅한 녀석이야. 보너스를 줄여야지
실례합니다.
③ 마음에 들지 못한 부하는 비참해짐
무슨 일이지 빨리 얘기해보게.
저기…
그냥 어쩔 수 없나
사람(물체×)
나만의 KPI를 추구해야지
어떤 사람이라도 자신의 숫자를 추구할 거야.

직은 사람을 변수로 하지 않는 조직에 비해 업적이 떨어질 수밖에 없습니다.

경영자의 시점으로 돌아가서 A와 B라는 두 개의 부서가 있고 거의 같은 인원임에도 매출은 A가 B의 다섯 배라면 어떻게 생각해야 할까요. 거기에 사람이라는 변수가 존재하지 않는지 의심하는 것이 당연합니다. 따라서 경영자의 입장에서 보면 B를 개선할 필요가 있습니다. 그러나 A 부서 부장의 방식을 강요하면 B 부서의 부장은 반발하게 됩니다. A와 B 양쪽의 장점을 취합하고 A의 더 좋은 부분을 B에서도 실천하도록 의뢰할 필요가 있습니다. 능력으로 인정받지 못하는 사원이 있으면 인사 이동도 생각해야 합니다. 기업은 최종적으로 하나의 팀입니다. 경영자의 시점에서 보면 모든 부서가 모두 목표 이상의 결과를 창출하는 것이 이상적이기 때문입니다.

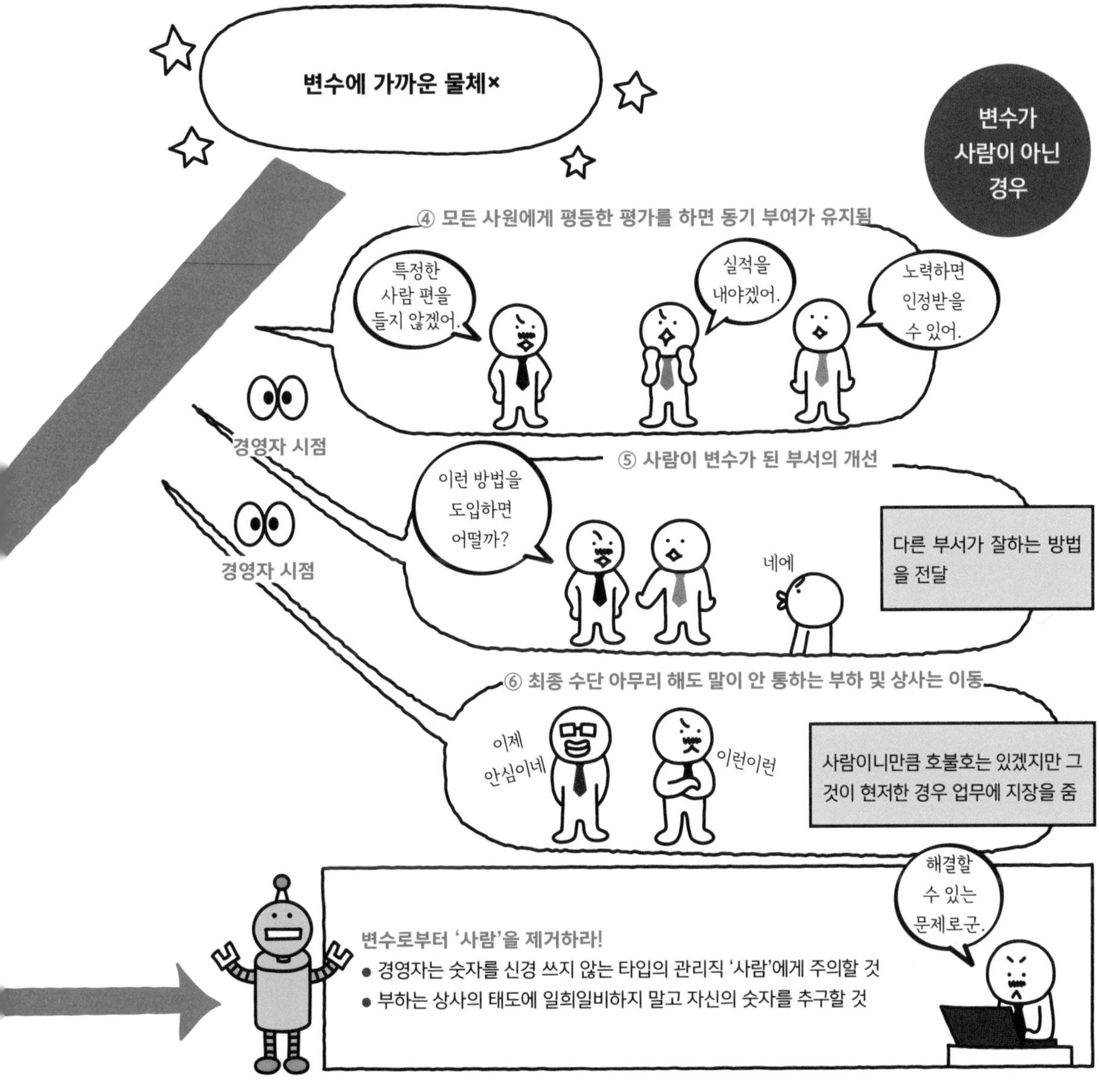
변수에 가까운 물체×
변수가 사람이 아닌 경우
④ 모든 사원에게 평등한 평가를 하면 동기 부여가 유지됨
특정한 사람 편을 들지 않겠어.
실적을 내야겠어.
노력하면 인정받을 수 있어.
경영자 시점
⑤ 사람이 변수가 된 부서의 개선
이런 방법을 도입하면 어떨까?
네에
다른 부서가 잘하는 방법을 전달
경영자 시점
⑥ 최종 수단 아무리 해도 말이 안 통하는 부하 및 상사는 이동
이제 안심이네
이런이런
사람이니만큼 호불호는 있겠지만 그것이 현저한 경우 업무에 지장을 줌
해결할 수 있는 문제로군.
변수로부터 '사람'을 제거하라!
● 경영자는 숫자를 신경 쓰지 않는 타입의 관리직 '사람'에게 주의할 것
● 부하는 상사의 태도에 일희일비하지 말고 자신의 숫자를 추구할 것

15 '가중치 평가'를 사용해 수치화하라

복수의 후보 중에서 선택이 필요한 경우 요소를 수치화함으로써 선택을 쉽게 할 수 있으며 빠르게 판단할 수 있습니다. 가중치 평가는 그 효과를 더욱 높일 수 있는 무척이나 의미가 있는 방법입니다.

'가중치 평가'는 어떤 경우에 도움이 될까요. 예를 들어 어느 이어폰 제조사에서 새로운 상품을 판매한다고 합시다. 그 후보가 된 것은 ①젊은 사람들에게 특화된 이어폰, ②해외 시장에 특화된 이어폰, ③인터넷 판매에 특화된 이어폰 세 가지입니다. 그러나 이것만으로는 어떤 게 좋을지 결정할 요소가 부족합니다. 그러므로 우선 후보군의 (A)이익, (B)장래성, (C)본업과의 상승 효과 등의 시점을 통해 우선 순위를 정하고 차이화를 만듭니다. 그리고 어떤 후보가 지금 이 기업에 있어 가장 필요한 것인지를 수치화하게 됩니다만 A~C의 숫자 합이 ①이 7점(3, 3, 1), ②가 7점(2, 2, 3), ③이 4점(1, 1, 2)이였다고 합시다.

정량화로 정보를 구체적으로, 판단은 심플하게

사장님께서 사업 확대를 위해 그 세 가지 안을 검토하라고 했지만 어려운 문제네.
확실히 ① 젊은이들에게 특화된 이어폰 ② 해외 시장에 특화된 이어폰 ③ 인터넷 판매에 특화된 이어폰이니 그럴 수밖에
이렇게 판단이 어려울 때는 우선 항목별로 차이화를 둬야지.

이러면 ①과 ②가 동점이 되므로 어떤 후보가 중요한지 알 수 없습니다. 이런 경우 가중치가 유효합니다. (A), (B), (C)에 이익(×1), 장래성(×2), 상승 효과(×3)을 추가하는 식으로 말입니다. 그렇게 하면 ①은 이익 3(3×1), 장래성 6(3×2), 상승 효과 3(1×3)이 되어 총점이 12점이 되고, ②는 이익 2(2×1), 장래성 4(2×2), 상승 효과 9(3×3)가 되어 총점 15점, ③은 이익 1(1×1), 장래성 2(1×2), 상승 효과 6(2×3)이 되어 총점 9점이 되므로 ②가 가장 중요한 선택이라는 것을 숫자를 통해 판단할 수 있습니다. 이런 식으로 수치화한 뒤 가중치를 둠으로써 빠른 판단을 할 수 있고 설득하지 않으면 안 되는 상사가 있어도 확실하게 근거를 제시하여 납득시킬 수 있습니다.

차이화하기

	이익	장래성	본업과의 상승 효과	종합 평가
①	3	3	1	7
②	2	2	3	7
③	1	1	2	4

거기에 ➡

가중치 평가를 할 것

	이익 (×1)	장래성 (×2)	본업과의 상승 효과 (×3)	종합 평가
①	3 (3×1)	6 (3×2)	3 (1×3)	12 (3+6+3)
②	2 (2×1)	4 (2×2)	9 (3×3)	15 (2+4+9)
③	1 (1×1)	2 (1×2)	6 (2×3)	9 (1+2+6)

❶ '이익', '시장의 장래성', '본업과의 상승 효과'를 항목별로 상대 평가를 행함

❷ 중요도를 '이익' < '시장의 장래성' < '본업과의 상승 효과' 순으로 생각할 것(가중치 평가)

❸ '이익', '시장의 장래성', '본업과의 상승 효과'의 점수를 합산하여 총점을 산출할 것

그렇구나. 이러면 애매했던 정보가 순식간에 구체적인 정보가 되네.
가중치 평가를 함으로써 냉정하게 판단할 수 있게 되었네.

16 시장 규모를 대략적으로 파악하는 데는 '작은 상자'를 사용하라

줌인·줌아웃 법은 전체에서 일정 부분 즉 '커다란 상자'에서 '작은 상자'를 골라 그 '작은 상자' 안의 결과를 근거로 전체를 측정하는 방법입니다. 상품 시장 규모를 파악하는 데 무척이나 도움이 되는 방법이라 할 수 있습니다.

특정 상품이 얼마나 많은 사람들에게 팔릴까 하는 추측을 한 번에 하기란 쉽지 않습니다. 그러나 '커다란 상자'라 할 수 있는 전체를 일단 '작은 상자' 수준에서 생각한 뒤 다시 한 번 전체로 되돌리면 추측은 용이해집니다. 예를 들어 사원이 1000명인 기업에서 넥타이를 하고 있는 사람의 비율을 알아보려고 합니다. 그런 경우는 우선 200명씩 있는 다섯 개 부서 중 영업부는 몇 명이나 하고 있는지를 셉니다. 45명이 하고 있다고 하면 45명 × 다섯 개 부서이므로 225명이 되고 22.5%라는 숫자가 나옵니다. 하지만 영업부는 다른 부서보다 넥타이의 사용률이 높은 만큼 미조정을 하면 20%라는 값을 낼 수 있습니다.

크게 파악할 것이 아니라 작게 파악할 것

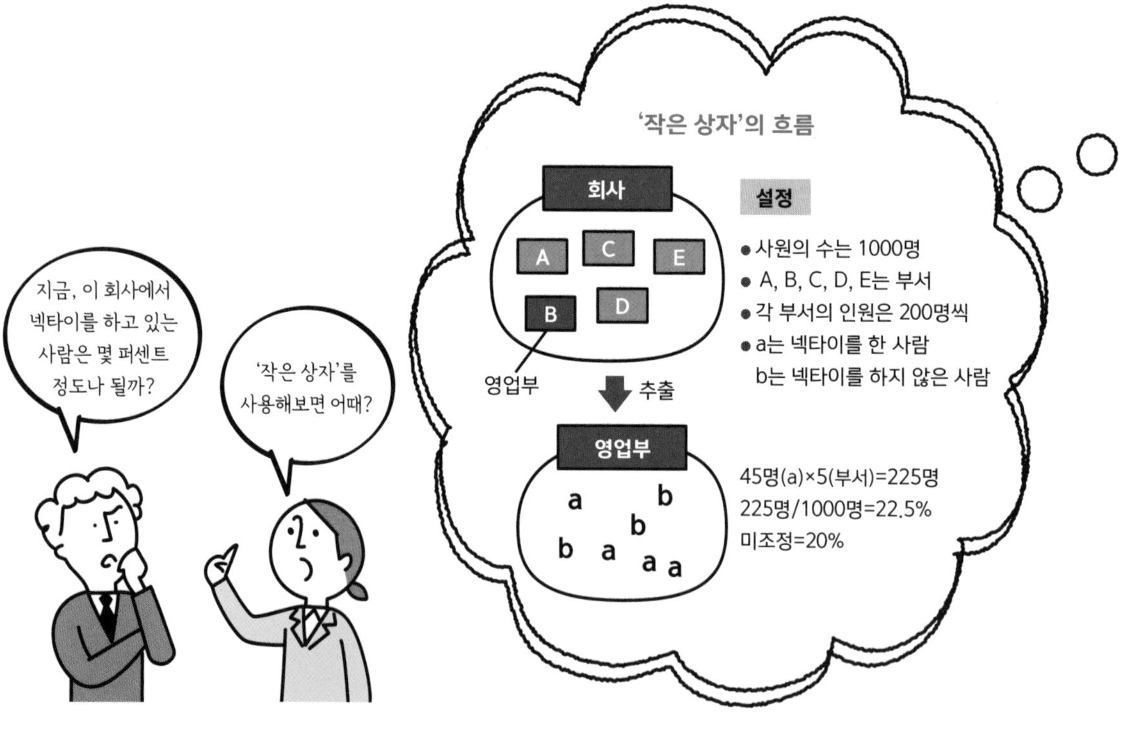
지금, 이 회사에서 넥타이를 하고 있는 사람은 몇 퍼센트 정도나 될까?
'작은 상자'를 사용해보면 어때?
'작은 상자'의 흐름
회사
A
C
E
B
D
영업부
추출
영업부
a b b b a a a
설정
• 사원의 수는 1000명
• A, B, C, D, E는 부서
• 각 부서의 인원은 200명씩
• a는 넥타이를 한 사람
b는 넥타이를 하지 않은 사람
45명(a)×5(부서)=225명
225명/1000명=22.5%
미조정=20%

이 방법은 줌인 줌아웃 법이라 불리는 것으로 전체에서 특정 부분의 집합체를 골라(줌인) 그 집합체의 숫자를 알아내고 다시 줌아웃을 해 전체 숫자를 도출하는 것입니다. 넥타이의 예에서 볼 수 있듯이 숫자가 다른 집합체보다 높다고 생각되는 경우는 미조정을 해서 숫자를 결정합니다. 이 방법은 시장의 규모를 조사하는 데 무척 유효한 방법입니다. 예를 들어 전국에서 A라고 하는 상품 시장 수요를 조사하는 경우 전국민에게 물어보는 일은 불가능하므로 특정 지역을 골라 조사한 결과를 근거로 전국의 시장 규모를 추측할 수 있습니다. 그 숫자는 정확한 것은 아니지만 대략적인 계산이라는 의미에서는 중요한 결과를 얻을 수 있습니다.

'줌인 · 줌아웃'법

전체의 수를 알아내기 위해 부분(영업부)의 인수를 파악하고 그것을 근거로 전체의 숫자와 비율을 이끌어낸 뒤 미조정을 해야겠군.
회사에서 넥타이를 하고 있는 사람의 비율은?
줌인
갑자기 추측하는 일은 어려움!
영업부에서 넥타이를 하고 있는 사람의 수
줌아웃
회사에서 넥타이를 하고 있는 사람의 비율은?
미조정
회사에서 넥타이를 하고 있는 사람의 비율은?

시장 조사에도 적용 가능!!

그렇군~ 큰 상자로 파악하는 것이 아니라 작은 상자로 파악하는 거였어.
이런 식으로 하면 구하고 싶은 숫자를 쉽게 구할 수 있지.

17 단시간에 재빨리 가게 매출을 예상할 수 있는 '곱셈 사고'

특정 기간의 매출을 알고 싶을 때, '곱셈 사고'는 무척이나 편리합니다. 어려운 계산을 할 필요 없이 필요한 항목을 곱하는 것만으로 매출을 눈 깜짝할 사이에 알 수 있는 굉장히 멋진 방법이라 할 수 있습니다.

대략적인 매출을 산출하기 위해서는 곱셈을 효과적으로 사용하는 '곱셈 사고'가 편리합니다. 예를 들어 어느 편의점의 14시부터 16시까지 두 시간 동안의 대략적인 매출을 알고 싶은 경우, 14시에서 14시 10분까지의 고객 수는 10명(A)이고 시간은 120분(2시간)÷10분=12(B), 평균 구입률을 90%(C), 객 단가를 500엔(D)이라고 합시다. (A)×(B)×(C)×(D)=10×12×0.9×500이므로 정답은 54000엔이 됩니다. 이처럼 곱셈 사고는 굳이 오랜 시간을 들여 고객의 수를 관찰하지 않아도 쉽게 점포의 대략적인 매출을 알 수 있는 무척 편리한 방법입니다.

곱셈 사고로 간단히 숫자를 알아내자

이 점포의
2시간 매출은
어느 정도이려나?
500
10
곱셈 사고를
이용해보면 어때?

곱셈 사고의 기본 패턴은 필요한 항목을 만들고 그것을 곱하는 것뿐입니다. 경영 전략을 생각하는 경우에는 정확한 숫자가 필요하지만 대략적인 계산으로 충분한 경우도 많이 있습니다. 대략적인 계산으로 괜찮은 경우는 이 곱셈 사고가 도움이 많이 됩니다. 우리들은 '모든 것을 관찰하고 숫자를 이끌어내야만 한다'라고 착각하기 쉽습니다만 그 결과 시간을 쓸데없이 낭비하는 경우도 적지 않습니다. 그런 까닭에 정확한 숫자가 필요한 경우와 대략적인 계산으로도 괜찮은 사례를 나눠서 후자의 경우는 곱셈 사고를 활용하면 문제는 없습니다. 그렇게 하는 것이 합리적인 경영 전략이며 그렇게 나누어 하는 것에 의해 보다 빠르게 보다 간단하게 경영상의 문제를 해결할 수 있게 되는 것입니다.

14시부터 10분간 찾은 고객 수가 10명일 때, 14시부터 16시까지 두 시간 동안의 매출은 어느 정도일까 생각해보자.

① 우선 평균 구입률을 90%, 객 단가를 500엔을 하여 2시간 동안의 매출을 구하는 것으로 한다.

② 10분 동안 온 고객의 수 × 2시간을 10분으로 나눈 수 × 구입률 × 고객 단가

10 × 12 × 0.9 × 500

= 54,000엔
(2시간 동안의 매출)

곱셈 사고법

Ⓐ × Ⓑ × Ⓒ × Ⓓ = **정답** (엔)

단시간에 매출을 알아내는 것에는 곱셈 사고가 도움이 돼.

그렇게 하면 경영상의 판단도 빠르게 할 수 있겠군.

18 '나눗셈 사고'로 임팩트를 주었던 잡스의 놀라운 프리젠테이션

특정 상품의 저렴함이나 인기도를 알리기 위해 그 상품이 '100만 개 팔렸다'든가 '판매 20만 대 돌파'라고 많이 말을 하지만 그것만으로는 이미지가 잘 떠오르지 않는 경우가 많이 있습니다. 이럴 때 중요한 발상이 '나눗셈 사고'입니다.

2008년 애플의 창업자인 잡스는 프리젠테이션 도중 "지금까지 팔린 iPhone(초기모델)은 400만 대다. 기쁘다. (중략) 400만 대를 200일로 나누면 하루 평균 2만 대의 iPhone이 팔렸다."라고 말했습니다. 잡스의 이 말은 나눗셈 사고를 통해 듣는 사람에게 임팩트를 가한 전설의 프리젠테이션이라는 평가를 사람들로부터 들었습니다. '나눗셈 사고'는 단순히 숫자를 제시하는 것이 아니라 작은 숫자로 바꿔 말함으로써 듣는 사람이 숫자를 쉽게 이미지 할 수 있는 커다란 장점이 있습니다. 결국 숫자를 이야기할 때는 듣는 사람이 쉽게 이해할 수 있도록 전하는 것이 중요하다는 것입니다. 여기에서 봉지에 든 녹즙을 팔기

'OO당'을 사용해 이해하기 쉬운 숫자로

내일 프리젠테이션에서 그 상품의 장점을 어떻게 전하지?
잡스의 프리젠테이션을 참고로 하면 어떨까? 그는 '나눗셈 사고'로 멋지게 사원들의 마음을 잡았지.

위한 캐치프레이즈를 생각해 봅시다. 예를 들어 캐치프레이즈를 "건강 녹즙! 무려 100봉지가 1900엔, 10월 말까지!"라고 했다고 합시다. 하지만 이 경우는 숫자가 너무 커서 싸다고 하는 이미지를 고객에게 전하기가 어렵습니다. 그러므로 이 캐치프레이즈를 나눗셈 사고를 이용해 "건강 녹즙! 믿기 어렵겠지만 한 봉지당 19엔!"이라고 나눗셈에 의해 작은 숫자로 바꾸면 20엔도 하지 않는다는 싸다는 이미지가 강조됩니다. 저렴함은 고객이 특정 상품을 사는 하나의 커다란 계기가 되는 요소입니다. 이 요소를 어떻게 호소할까에 따라 같은 상품이라도 매출이 크게 바뀌는 일이 많이 있습니다. 이러한 경영 전략에 의해 강력한 우군이 되는 수법이 '나눗셈 사고'라고 할 수 있습니다.

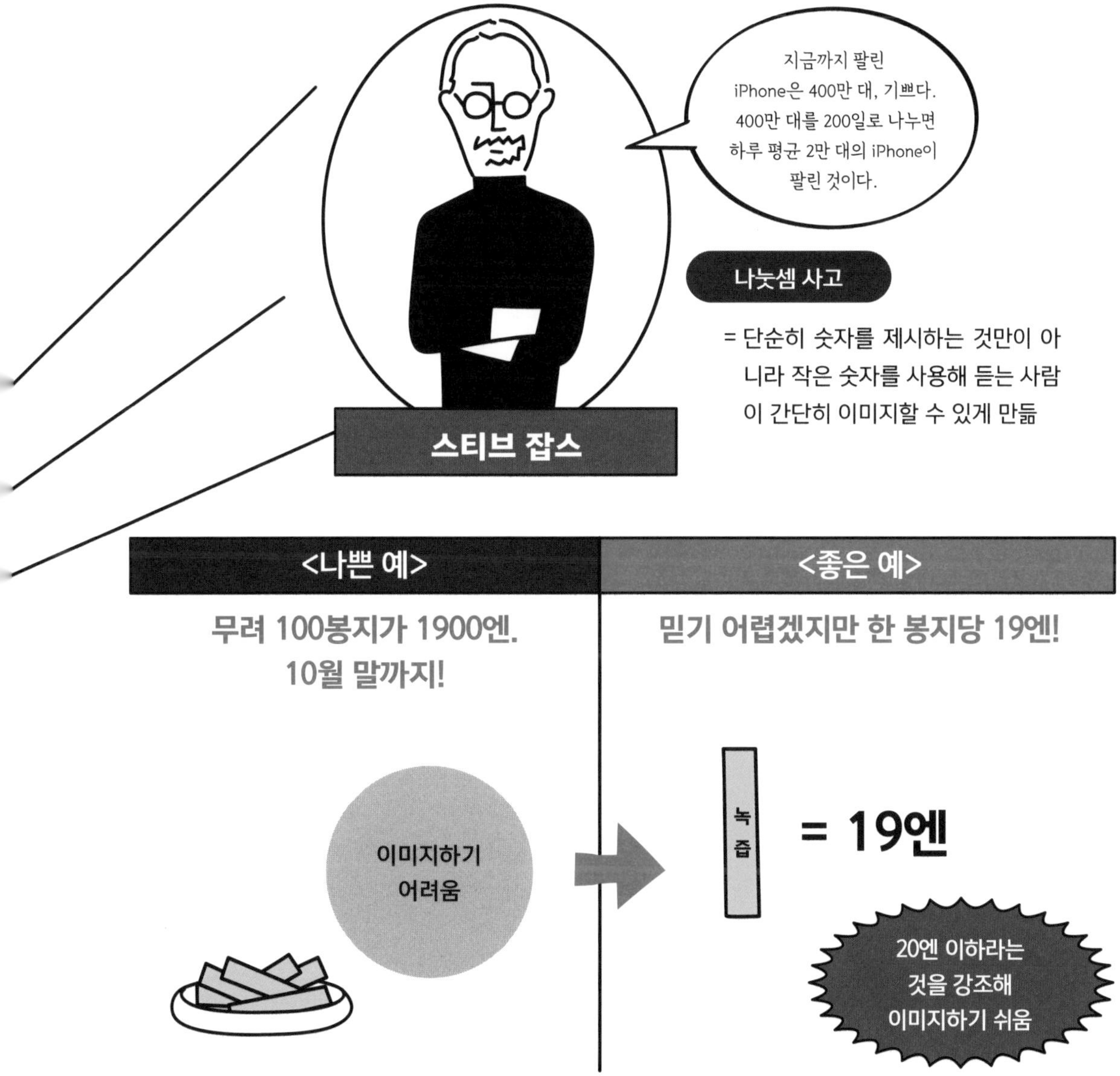
지금까지 팔린
iPhone은 400만 대, 기쁘다.
400만 대를 200일로 나누면
하루 평균 2만 대의 iPhone이
팔린 것이다.
나눗셈 사고
= 단순히 숫자를 제시하는 것만이 아니라 작은 숫자를 사용해 듣는 사람이 간단히 이미지할 수 있게 만듦
스티브 잡스
<나쁜 예>
<좋은 예>
무려 100봉지가 1900엔.
10월 말까지!
믿기 어렵겠지만 한 봉지당 19엔!
이미지하기
어려움
녹
즙
= 19엔
20엔 이하라는
것을 강조해
이미지하기 쉬움

19 숫자를 그래프화할 때는 조금 더 아이디어를 추가하라

필요한 숫자를 그래프화하는 경우 각각의 숫자를 토대로 단순히 그래프화해서는 이해를 얻지 못하는 경우가 많습니다. 하지만 단순화 등 아이디어를 추가함으로써 제시하는 그래프는 훨씬 이해하기 쉬운 것으로 바꿀 수 있습니다.

특정 숫자를 사용해서 프리젠테이션을 하는 경우 숫자가 적힌 표를 단순히 그래프화하는 것으로는 정보의 양이 너무 많아 상대의 이해를 방해하는 경우가 많습니다. 예를 들어 월요일에 18만 엔(a), 화요일에 17만 엔(b), 수요일에 16만 엔(c), 목요일에 15만 엔(d), 금요일에 13만엔(e), 토요일에 12만 엔(f), 일요일에 9만 엔(g)을 기록하는 어떤 편의점에서 ①'토요일과 일요일보다 평일 매출이 많다', ②'일주일 동안의 매출은 평일이 대부분을 차지한다'라는 사실을 그래프를 사용해 표시하고 싶다고 합시다. 이 경우 그래프를 어떻게 보여주느냐에 따라 듣는 사람의 이해도는 크게 달라집니다. 나쁜 예와 좋은 예를 들어 설명

A 점포의 1주일간 매출액

A 점포의 1주일간 매출액							
	월요일	화요일	수요일	목요일	금요일	토요일	일요일
매출액 (엔)	18만	17만	16만	15만	13만	12만	9만

이 표를
그래프로 만들어
①토요일 일요일보다
평일 매출이 많다
②1주일간의 매출은 평일이
대부분을 차지한다는
사실을 알려야겠어.

해 보겠습니다.

나쁜 예는 ①의 그래프도 ②의 그래프도 각 요일별 매출을 단순하게 그래프로 나타내는 방법입니다. 이런 그래프로는 월요일부터 일요일까지 각 요일별 매출과 전체 매출에서 차지하는 비율은 이해할 수 있지만 불필요한 정보가 많은 까닭에 ①과 ②를 보여주는 목적을 충분히 달성하기 어렵습니다. 그런 만큼 이 두 개의 그래프에 아이디어를 추가한 더 좋은 예를 살펴보도록 하겠습니다. ①은 평일의 평균 매출과 토요일, 일요일의 평균 매출을 그래프로 나타냄으로써 확실하게 평일 매출이 많다는 것을 알 수 있습니다. ②는 평일의 매출과 토요일 및 일요일의 매출을 나눠서 표시함으로써 전체 매출 중에서 평일 매출이 차지하는 비율이 많다는 것을 명확하게 설명할 수 있습니다. 이처럼 단순화하면 듣는 사람이 훨씬 쉽게 이해할 수 있는 것입니다.

1

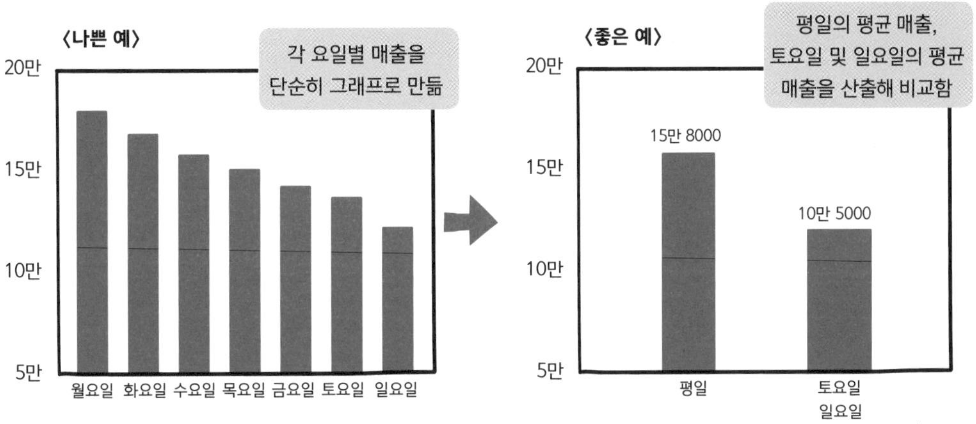

2

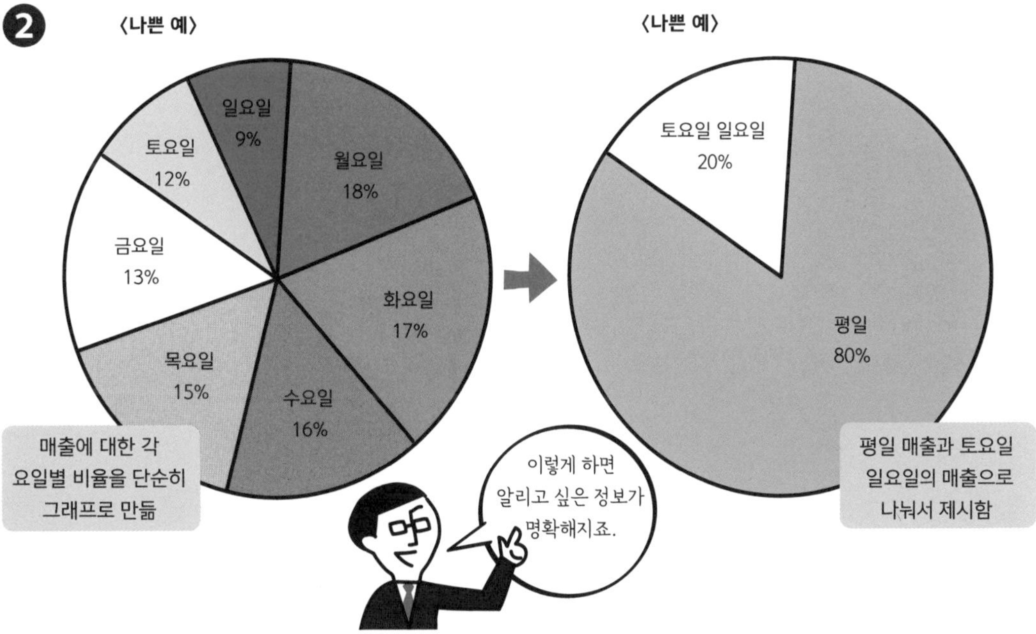

20 데이터 분석의 일곱 가지 도구 ① 프로세스 분석

현대는 다양한 데이터를 모으기 쉽게 되었지만 그런 데이터를 어떻게 분석해서 사업에 활용할지 아는 것은 어려운 일입니다. 그런 까닭에 여기에서는 데이터 분석에 도움이 되는 일곱 가지 도구를 소개합니다. 첫 번째는 '프로세스 분석'입니다.

업무를 하다 보년 생각처럼 성과가 나오지 않는 일도 있습니다. 그럴 때 효과를 발휘하는 것이 프로세스 분석입니다. 이 방법은 업무의 시점부터 종점까지를 프로세스로 나눠 프로세스별 수치를 계측하고 해결책의 가설을 세워서 실행, 그 결과를 다시 검증한다는 사이클을 고속으로 돌리는 것입니다. 심플하면서도 간단한 수법으로 엑셀을 사용하는 편이 편하긴 하지만 노트에 손으로 기록하는 것만으로도 효과는 있습니다. 지금부터 소개하는 일곱 가지 도구 중에서도 확연하게 효과가 보이는 수법이므로 꼭 사용해 보시길 바랍니다. 프로세스 분석에서 가장 먼저 해야 할 일은 업무 내용을 프로세스로 나누는 일입니다.

프로세스 분석으로 문제를 명확히 할 것

① 업무의 시점부터 종점까지를 결정할 것

② 업무를 프로세르별로 나눌 것

예를 들어 자동차를 판매하는 경우 고객이 점포를 찾는 것이 시점이 되고 계약을 하는 것이 종점이 됩니다. 이에 따라 ①내점, ②설명, 시승 등, ③구입 신청, ④대출 심사, ⑤계약 등으로 나눌 수 있습니다. 그 다음으로 프로세스별로 진행된 사람의 수를 기록합니다. 이 사람의 수를 수율이라고 합니다. 이 수율을 통해 문제의 원인을 찾아내는 것입니다. A씨는 ①이 100건, ②가 50건, ③이 5건, ④가 3건, ⑤가 1건이었습니다. 여기서 가장 수율이 낮아지는 ②와 ③ 사이에 원인이 있다고 보는 것은 너무 빠른 판단입니다. 비싼 상품을 사는 데에는 나름대로 주저하기 마련이므로 개선해야 할 것은 ①과 ② 사이입니다. 그 외에는 '내점한 고객에게 꼭 인사를 하자' 등의 중간 목표를 정하고 실행하는 것만으로도 확실한 결과와 함께 매일 달성감을 얻을 수 있을 것입니다.

21 데이터 분석의 일곱 가지 도구 ② 산포도와 단일 회귀 분석

특정 요소가 업무의 성과와 관련 있다는 것을 경험으로 알고 있다고 해도 숫자로 나타내는 일은 어려워서 답답했던 적은 없으신가요. 그런 고충을 없앨 수 있는 것이 일곱 가지 도구 중 두 번째 산포도와 단일 회귀 분석입니다.

사람이 많은 번화가에 위치한 점포 쪽이 높은 매출을 기록하는 것은 누구든 경험을 통해 알 수 있습니다. 그 인과 관계를 구체적으로 숫자로 표시할 수 있는 것이 '회귀 분석'으로, 일차 방정식($y=ax+b$)으로 복수의 변수 관계를 나타내는 분석 방식입니다. 예측하고 싶은 변수를 목적 변수라고 하고, 목적 변수와의 인과 관계를 찾기 위해 이용하는 변수를 설명 변수라고 합니다. 설명 변수가 하나인 것을 '단일 회귀 분석', 복수인 것을 '다중 회귀 분석'이라고 부릅니다만 여기에서는 우선 단일 회귀 분석을 실천해보겠습니다.

산포도와 단일 회귀 분석으로 인과 관계를 명확히 하기

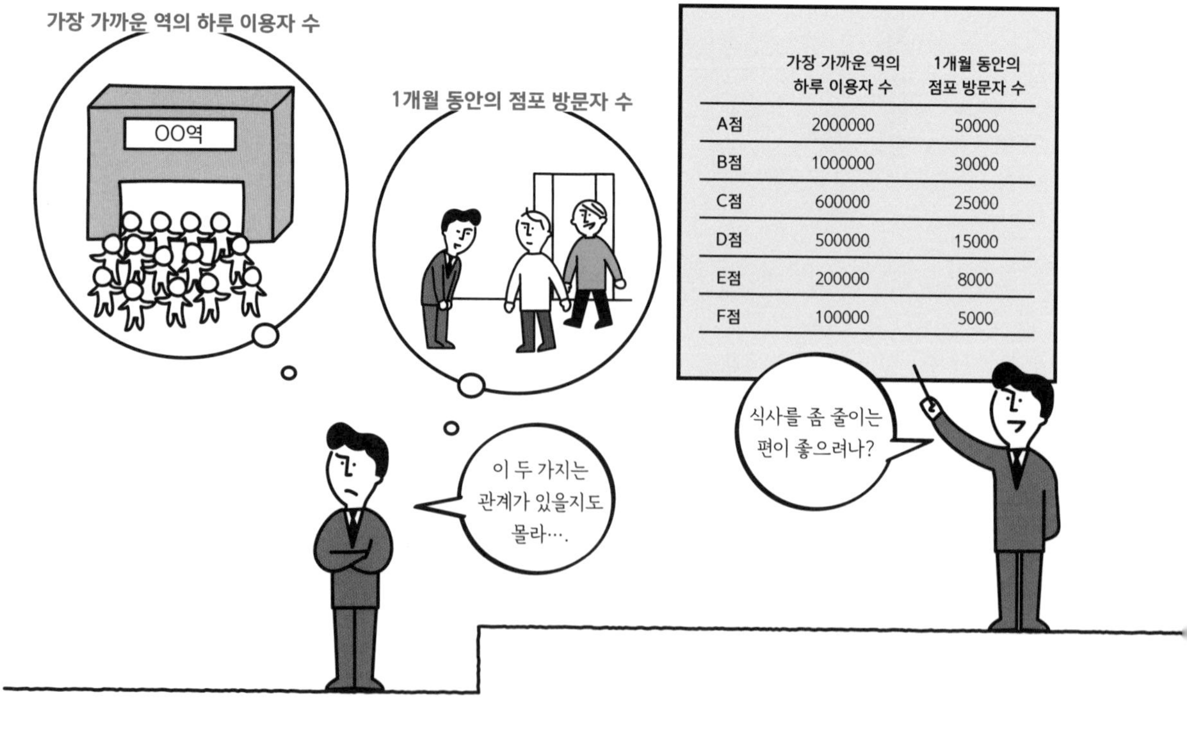
가장 가까운 역의 하루 이용자 수
OO역
1개월 동안의 점포 방문자 수
이 두 가지는 관계가 있을지도 몰라….
식사를 좀 줄이는 편이 좋으려나?

	가장 가까운 역의 하루 이용자 수	1개월 동안의 점포 방문자 수
A점	2000000	50000
B점	1000000	30000
C점	600000	25000
D점	500000	15000
E점	200000	8000
F점	100000	5000

예를 들어 점포에서 가장 가까운 역의 하루당 이용자 수와 1개월 동안의 점포 방문자 수의 인과 관계를 조사하고 싶은 A씨가 있다고 합시다. 각각의 수치를 엑셀의 표에 입력하고 '산포도' 그래프를 작성합니다. 두 개의 변수를 플롯으로 한 산포도가 완성되면 '그래프 요소의 추가'에서 '근사 곡선'의 '선형'을 클릭합니다. 그러면 각 변수의 관계성을 나타내는 근사 곡선이 그려집니다. 이 직선이 우상향을 그리는 경우 각 변수는 플러스적인 상관 관계가 되고 우하향을 그리는 경우는 마이너스 상관 관계가 됩니다. 하지만 이 근사 곡선을 바로 믿어서는 안 됩니다. 아무 관계도 없는 변수라 할지라도 직선이 그려지므로 이 근사 곡선이 적정한지 어떤지 확인할 필요가 있습니다. 근사 곡선의 옵션에 있는 '그래프에 수식을 표시하기'와 '그래프에 R-2 제곱값 표시하기'에 체크합니다. 이 R-2 제곱값이 1에 가까울수록 실제 분포와 유사하고 0.5 이상이라면 적합도가 좋다고 말할 수 있습니다.

0.9623은 거의 1에 가까우므로 신뢰성이 상당히 높군!
y=0.0235x+4968.5
R²=0.9623
600000
500000
400000
300000
200000
100000
0
500000 1000000 1500000 2000000 2500000
근사 곡선이 정확한지 어떤지 정확히 확인해야지.
산포도로 만들어보았지만 잘 모르겠군.
직선이 우상향을 그리고 있으므로 플러스 상관 관계일지도 모르겠군.

22 데이터 분석의 일곱 가지 도구 ③ 다중 회귀 분석

단일 회귀 분석에 의해 하나의 요소가 결과에 끼치는 영향을 계산해보았습니다만 실제 사업에서 영향을 끼치는 요소는 하나만이 아닙니다. 그렇게 복수개 있는 요소의 상관 관계를 분명히 하는 것이 일곱 가지 도구의 세 번째인 '다중 회귀 분석'입니다.

복수개 존재하는 요소의 상관 관계를 분명히 하고 싶을 때는 다중 회귀 분석을 사용합니다. 얼핏 보기에 어려운 계산이 필요할 것처럼 보이지만 엑셀을 사용하면 자동으로 계산해줍니다. 단 많은 경우 사전에 엑셀의 애드인을 유효하게 만들 필요가 있습니다. 엑셀의 '파일'에서 '옵션', '애드인'으로 진행한 뒤 '설정'을 클릭하면 나오는 팝업의 '분석 도구'에 체크를 하고 'OK'를 클릭합니다. 그러면 '데이터'의 탭에 지금까지 없었던 '데이터 분석이' 표시됩니다. 이것으로 다중 회귀 분석을 액셀에서 할 수 있는 준비가 된 것입니다. 먼저 단일 회귀 분석과 마찬가지로 데이터를 표로 정리합니다. 이때 복수는 가로 각각의 수치

다중 회귀 분석으로 복수로 존재하는 요소의 상관 관계를 명확히 하자

점포 면적
소속 정사원 수
주차장의 유무
런치 영업
개실 유무
계수는 각 설명 변수가 목적 변수에게 끼치는 영향, P-값은 높을수록 식을 불안정하게 만드는 요소를 포함하고 있음을 나타냄
계수
-400.29
21.3689
59/3206
-409.49
31.4229
161.276
P-값
0.5121
0.02859
0.44621
0.0188
0.85044
0.31880
매출에 가장 영향을 주는 것은 어떤 것일까?
우선은 각각의 데이터를 표로 정리해야겠어.
데이터를 분석해봤더니 P-값이 높은 설명 변수가 있군.

점포명	평균 월매출(만엔)	점포 면적(평)	소속 정사원 수	주차장 유무	런치 영업	
A점	730	44	5	1	1	
D점	1270	56	6	0	1	
E점	660	42	6	0	1	
F점	970	57	7	1	1	
G점	410	42	4	1	0	1
H점	590	62	6	1	0	0
I점	870	50	6	1	0	1
J점	1100	70	7	0	1	0
K점	530	60	5	1	0	1
L점	830	47	6	1	1	1
M점	640	33	5	0	0	1
N점	1180	49	5	0	1	1
O점	490	44	7	1	0	0
P점	660	50	7	1	0	1
Q점	1650	55	5	0	1	1
R점	760	50	6	1	0	0
S점	790	54	7	1	0	0
T점	1020	54	4	0	0	1
			4	0	0	1
				1	0	0
				1	0	1
				1	0	0
			4	0	0	1
Z점	2380	59	6	0	0	1
점	490	39	5	1		

개요

회귀 통계	
다중 상관 R	0.69341
다중 결정 R2	0.48082
보정 R2	0.34419
표준 오차	339.079
관측수	25

분산 분석표

	자유도	변동	분산	관측된 분산비	유의 F
회귀	5	[illegible]	404620	[illegible]	0.02026
잔차	19	[illegible]	114974		
합계	24	4207616			

	계수	표준 오차	t	P-값	하한 95%	상한 95%	하한 95%	상한 95%
평균 월매출	-400.29	599.1844	-0.6680	0.5121	-1654.4	853.816	-1654.4	853.816
점포 면적(평)	21.3689	9.0206	2.36890	0.02859	2.488587	40.2493	2.488587	40.2493
소속 정사원 수	59.3206	76.2580	0.77789	0.44621	-100.289	218.930	-100.289	218.930
주차장 유무	-409.49	159.466	-2.5678	0.0188	-743.259	-75.723	-743.259	-75.723
런치 영업	31.4229	164.399	0.19113	0.85044	-312.669	375.515	-312.669	375.515
개실 유무	161.276	157.533	1.02375	0.31880	[illegible]	490.998	-168.446	490.998

는 세로로 정렬합니다. 데이터가 완성되면 '데이터 분석'을 클릭하고 '회귀 분석'을 선택합니다. '입력하는 Y의 범위'에 목적 변수를 '입력하는 X의 범위'에 설명 변수를 범위 지정하고 '라벨', '신규 워크 시트'를 선택하여 'OK'를 클릭하면 분석 결과가 작성됩니다. 여기서 중요한 것이 '계수'의 열입니다. 이 수치는 각 설명 변수가 목적 변수에 끼치는 영향을 나타내고 있습니다. 또한 'P-값'이 높을수록 식을 불안정하게 만드는 요소가 많으므로 설명 변수를 제거하여 분석하고 고쳐야 합니다. 또 식의 현실성은 「Ru값{1-(1-'다중 상관 R'의 2승)×('관측값'+'회귀 · 자유도'+2)/('관측값'-'회귀 · 자유도'-1}」로 구해지므로 높은 쪽이 현실적입니다.

점포 면적이 넓은 쪽이 매출이 높다는 걸 알게 되었군.
결국 설명 변수가 하나밖에 안 남았네.
계수
-176.527
20.7609
계수
0.72643
0.04164
'1-(1-'다중 상관 R'의 2승)×('관측값'+'회귀 · 자유도'+2)/('관측값'-'회귀 · 자유도'-1'로 식이 현실에 적용되는지를 나타내는 'RU값'
설명 변수를 줄이면 각각의 수치도 바뀜
계수
89.4552
20.6552
-434.29
계수
0.83604
0.01816
0.00374
P-값이 높은 설명 변수를 삭제하고 표를 다시 만들어야겠어.
RU값이 낮으니까 또 설명 변수의 선별이 필요하겠어.

개요

회귀 통계	
다중 상관 R	0.41029
다중 결정 R2	0.16834
보정 R2	0.13218
표준 오차	390.056
관측수	25

분산 분석표

	자유도	동	분산	관 분산값	유의 F
회귀	1	708311	708311	5554	0.04164
잔차	23	3499305	152144		
합계	24	4207616			

	계수	표준 오차	t	P-값	하한 95%	상한 95%	하한 95%	상한 95%
평균 월매출	-176.527	498.399	-0.35419	0.72643	-1207.54	854.491	-1207.54	854.491
점포 면적(평)	20.7609	9.62189	2.15767	0.04164	0.85647	40.6653	0.85647	40.6653

점포명	평균 월매출(만엔)	점포면적(평)	주차장 유무
A점	30	44	1
D점	1,270	56	0
E점	660	42	0
F점	970	57	1
G점	410	42	1
H점	590	62	1
I점	870	50	1
J점	1,100	70	0
K점	530	60	1
L점	830	47	1
M점	640	33	0
N점	1,180	49	0
O점	490	44	1
P점	660	50	1
Q점	1,650	55	0
R점	750	50	1
S점	790	54	1
T점	1,020	54	0
U점	700	52	0
V점	870	53	1
W점	1,040	58	1
X점	650	57	1
Y점	870	42	0
Z점	2,380	59	0
점	490	39	1

개요

회귀 통계	
다중 상관 R	0.66128
다중 결정 R2	0.43729
보정 R2	0.38613
표준 오차	328.058
관측수	25

분산 분석표

	자유도	동	분산	관측 산값	유의 F
회귀	2	39938	919969	4817	0.00179
잔차	22	2367678	107622		
합계	24	4207616			

	계수	표준 오차	t	P-값	하한 95%	상한 95%	하한 95%	상한 95%
평균 월매출	89.4552	427.13	0.20943	0.83604	-796.358	975.268	-796.358	975.268
점포 면적(평)	20.6552	8.09258	2.55236	0.01816	3.87218	37.4382	3.87218	37.4382
주차장 유무	-434.29	133.93	-3.24266	0.00374	-712.043	-156.536	-712.043	-156.536

23 데이터 분석의 일곱 가지 도구 ④ 팔레트도 분석

업무를 하다 보면 다양한 문제에 직면하게 됩니다. 문제는 당연히 해결해야겠지만 어떤 문제를 먼저 해결할 것인지 판단하는 일은 쉽지가 않습니다. 이럴 때 도움이 되는 것이 데이터 분석의 일곱 가지 도구 중 네 번째인 '팔레트도 분석'입니다.

문제의 우선도는 입장이나 사람마다 다르며 최종적으로는 상사의 말에 의해 방침이 정해지는 일도 종종 있습니다. 그 지시가 적확하다면 문제가 없지만 반드시 그렇다고도 단언할 수는 없습니다. 이럴 때 팔레트도를 사용하면 문제의 우선도를 한눈에 알 수 있습니다. 팔레트도는 데이터의 숫자가 큰 순으로 복수의 항목을 나열한 막대 그래프와 누적 비율의 꺾은선 그래프에서 만들어지는 그림입니다. 팔레트도를 만들기 위해 우선 문제를 종류별로 분류할 필요가 있습니다. 문제를 모두 열거하여 일곱 가지 기준으로 분류합니다. 우선도를 알아보는 것이 목적이므로 분류하는 방식은 그다지 중요하지 않습니다. 다음으로

팔레트도 분석으로 문제의 우선도를 명확히 할 것

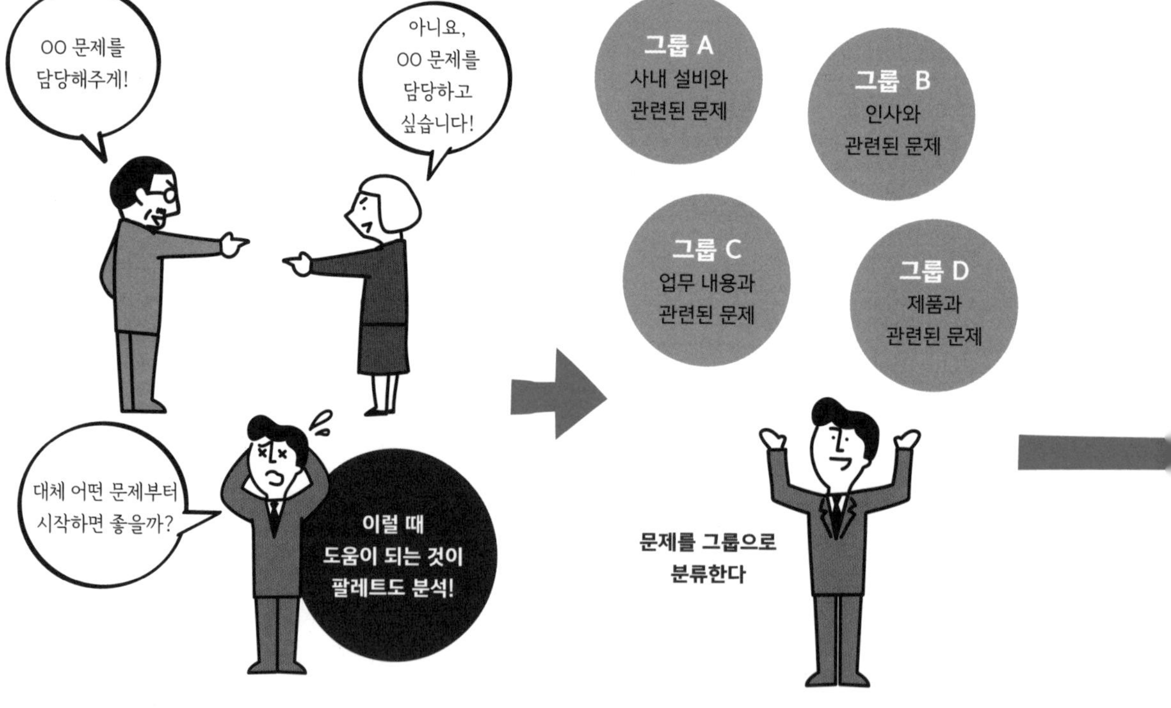
OO 문제를
담당해주게!
아니요,
OO 문제를
담당하고
싶습니다!
대체 어떤 문제부터
시작하면 좋을까?
이럴 때
도움이 되는 것이
팔레트도 분석!
그룹 A
사내 설비와
관련된 문제
그룹 B
인사와
관련된 문제
그룹 C
업무 내용과
관련된 문제
그룹 D
제품과
관련된 문제
문제를 그룹으로
분류한다

엑셀을 열고 발생 회수가 많은 순으로 문제를 입력합니다. 그 뒤 전체에 각각이 차지하는 비율과 누적 비율을 입력합니다. 모든 입력을 마치면 '문제의 종류'와 '발생 회수', '누계 비율'을 범위 선택하여 '삽입'에서 '그래프', '세로 막대형', '집합 세로 막대형'을 선택합니다. 이어서 누적 비율의 막대 그래프를 선택 후 오른쪽 클릭 메뉴의 '계열 그래프의 종류 변경'을 선택합니다. '꺾은선'을 고른 뒤 'OK'를 하면 누적 비율이 꺾은선 그래프로 바뀝니다. 꺾은선 그래프의 축이 없으므로 꺾은선 그래프를 선택한 뒤 '데이터 계열의 서식 설정'에서 '요소의 간극'을 '없음(0%)'로 변경하면 그래프들이 달라붙습니다. 이것으로 어떤 종류의 문제가 어느 정도의 비율을 차지하고 있는지 일목요연해집니다.

문제 발생	회수	누적 비율	비율
문제 그룹 A	60	34.3%	34.3%
문제 그룹 B	45	60.0%	25.7%
문제 그룹 C	35	80.0%	20.0%
문제 그룹 D	20	91.4%	11.4%
문제 그룹 E	10	97.1%	5.7%
문제 그룹 F	5	100.0%	2.9%

표로 비율과 누적 비율을 계산합니다

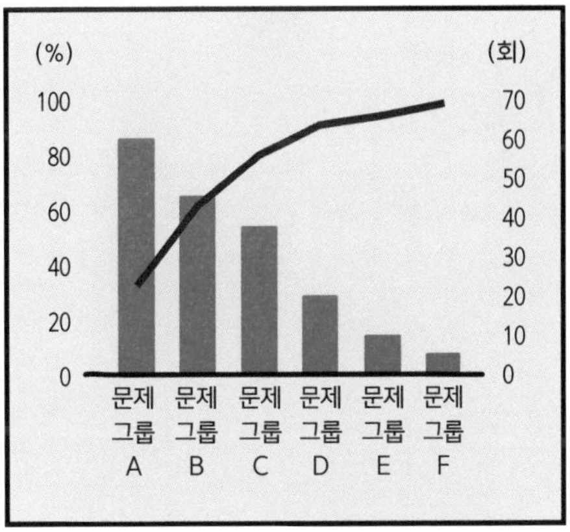

발생 회수와 누적 비율을 막대 그래프로 누적 비율을 꺾은선 그래프로 변경한다

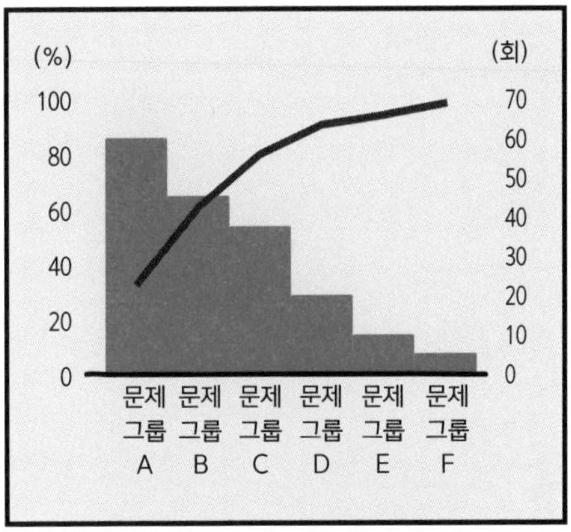

막대 그래프 사이의 간격을 지움으로써 막대 그래프의 빈틈을 없앤다.

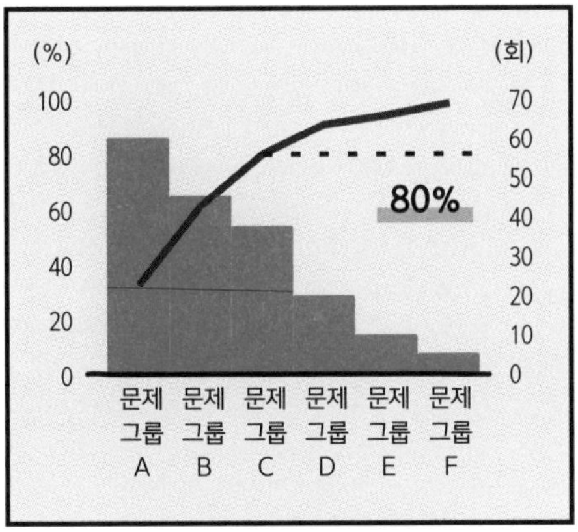

80% 이상을 차지하는 문제를 우선적으로 해결해야 함!

24 데이터 분석의 일곱 가지 도구 ⑤ T 감정

열심히 하는데도 업무가 정체될 수 있습니다. 그것은 전체의 능률과 성과에 영향을 미치는 문제(보틀넥)이 있다는 증거입니다. 그 문제가 어디에 있는지 밝히는 것이 일곱 가지 도구 중 다섯 번째 T 감정입니다.

보틀 넥은 처리해야 하는 건수가 너무 많거나 애당초 업무 플로가 복잡하면 판단하기 어렵습니다. 그럴 때 도움이 되는 것이 T 감정입니다. 이는 '들어온 숫자'와 '나간 숫자'를 한눈에 알 수 있도록 정리하여 '현재 수중에 남아 있는 숫자'를 관리하는 수법입니다. 예를 들어 어떤 부서에서는 ①고객이 보내온 설문 용지가 쌓여 있다, ② 질문 항목이 많아 데이터 입력에 시간이 걸린다, ③ 설문 용지에 기입의 누락이 많다, ④ 참가 특전에 대한 수속이 늦어 클레임이 많다 등의 문제가 있다고 합시다. 이때 A4 용지에 크게 T를 그리고 T자의 왼쪽 상단에 '어제까지 처리하지 못하고 남은 설문 용지 숫자'를 기입하고 왼쪽 하단에

'들어온 수'와 '나간 수'를 기록하는 T 감정

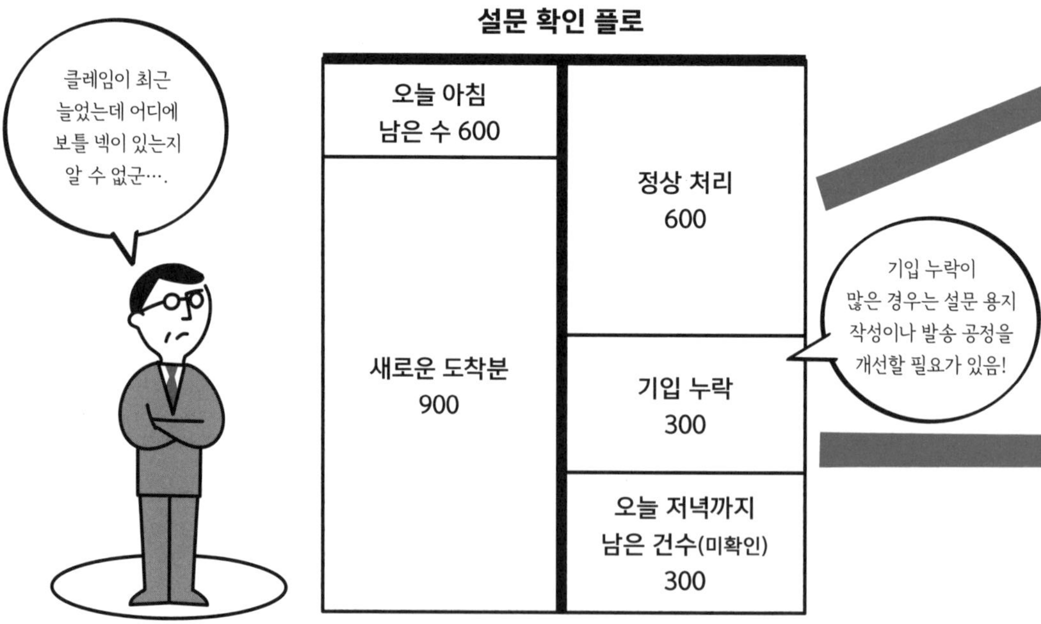
설문 확인 플로
클레임이 최근 늘었는데 어디에 보틀 넥이 있는지 알 수 없군….
오늘 아침 남은 수 600
새로운 도착분 900
정상 처리 600
기입 누락 300
오늘 저녁까지 남은 건수(미확인) 300
기입 누락이 많은 경우는 설문 용지 작성이나 발송 공정을 개선할 필요가 있음!

는 '새롭게 도착한 설문 용지의 숫자'를 기입합니다. 이 두 개를 합한 것이 그날 아침에 들어온 설문 용지의 숫자가 되는 것입니다. 그리고 그날이 종료한 시점에 T자의 오른쪽에 '정상으로 처리한 설문 용지의 숫자'와 '기입의 누락'을 기재하고 그 둘을 아침에 들어온 설문 용지의 숫자에서 빼면 '저녁 시점에 처리하지 못한 설문 용지의 숫자'가 됩니다. 이를 업무 프로세스별로 실시합니다. 그리고 각각을 매일 체크했을 때 이상하게 재고가 많이 싸인 부분이 있다면 그곳이 보틀 넥이라고 할 수 있습니다. 이 보틀 넥을 밝혀내는 것이 개선책을 찾아내는 것입니다. 이때 T자의 오른쪽과 왼쪽은 반드시 동등해지므로 주의해주십시오.

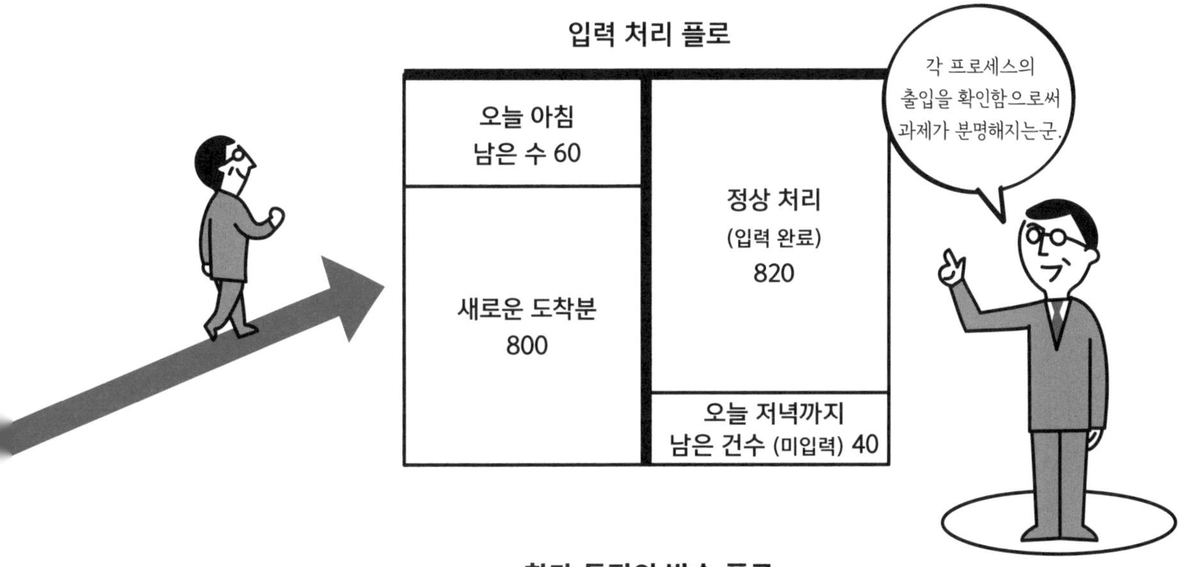

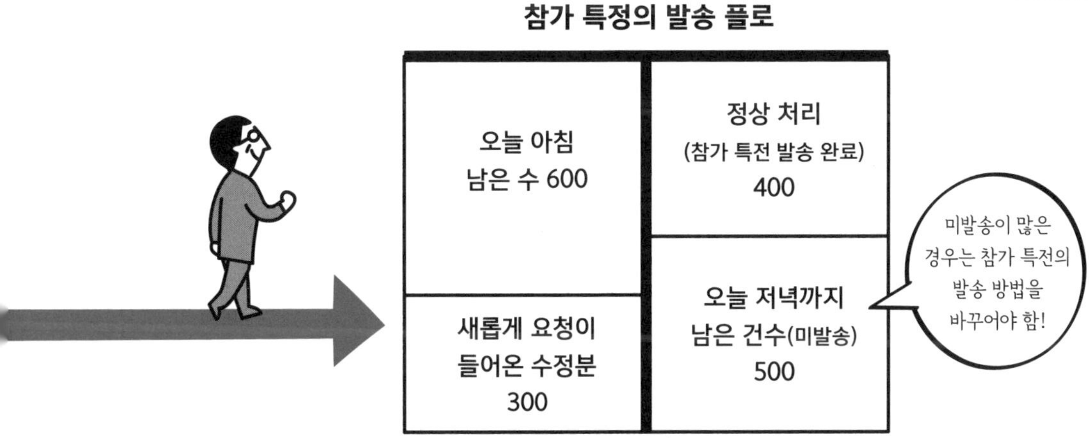

25 데이터 분석의 일곱 가지 도구 ⑥ 차이 분석

사업을 하다 보면 계획보다 예산과 원가가 오버하는 경우가 종종 있습니다. 중요한 것은 그 원인을 찾아내는 것으로 그때 활약하는 것이 일곱 가지 도구 중 여섯 번째 차이 분석입니다.

PDCA를 고속으로 돌리는 경우 D(실행) 뒤 빠르게 C(검증)을 행하고 A(개선책)을 찾아 재실행해야 할 필요가 있습니다. 그러나 P(계획)과 실제 결과에 차이가 있는 경우 대부분 복수의 요소가 영향을 주고 있는 까닭에 전체 결과만 본들 왜 차이가 발생했는지 판단할 수가 없습니다. 바로 이럴 때 차이 분석이 도움이 됩니다. 예를 들어 새로운 상품을 PR하기 위해 예산 100만 엔(한화 1000만 원, 클릭 단가 100엔, 클릭 수 1만 회)으로 인터넷 광고를 했다고 합시다. 그렇지만 최종적으로 122만 4000엔의 비용이 들었다고 합시다. 내역을 보면 클릭 단가가 120엔이고 클릭 수는 1만 200회였습니다. 클릭 단가뿐 아니라 클릭 수도

차이 분석으로 계획과 실제의 '차이'를 분석

예산은
100만 엔이므로
클릭 단가: 100엔,
클릭수 : 1만 회.
이 설정으로
시험해봐야겠군!
어라,
꽤 예산이
오버되었네.

계획을 초과한 것입니다. 이 사례의 광고비는 클릭 단가×클릭 수로 정해져 있으므로 계획과 실적의 차이는 클릭 단가와 클릭 수 두 개의 축으로 생각할 수 있습니다. 아래 그림을 보면 차이에는 가격 차이와 수량 차이가 있는 것을 알 수 있습니다. 클릭 단가의 차이는 20엔이고 클릭 수의 차이는 200회이므로 가격 차이는 '20엔×1만 200회=20만 4000엔'이고 수량 차이는 '120엔×200회=2만 4000엔'이 되므로 가격 차이 쪽이 수량 차이와 비교해 압도적으로 많았음을 알 수 있습니다. 따라서 예산 초과의 원인은 클릭 단가에 있다고 할 수 있습니다. 그리고 클릭 단가를 낮추기 위해 클릭률을 높여야 한다는 대책을 세울 수 있겠죠. 이처럼 계획과 실적의 차이를 분석함으로써 어떤 것을 우선 해야 할 것인지를 알 수 있고 PDCA의 스피드가 빨라질 수 있으므로 차이 분석을 꼭 활용합시다.

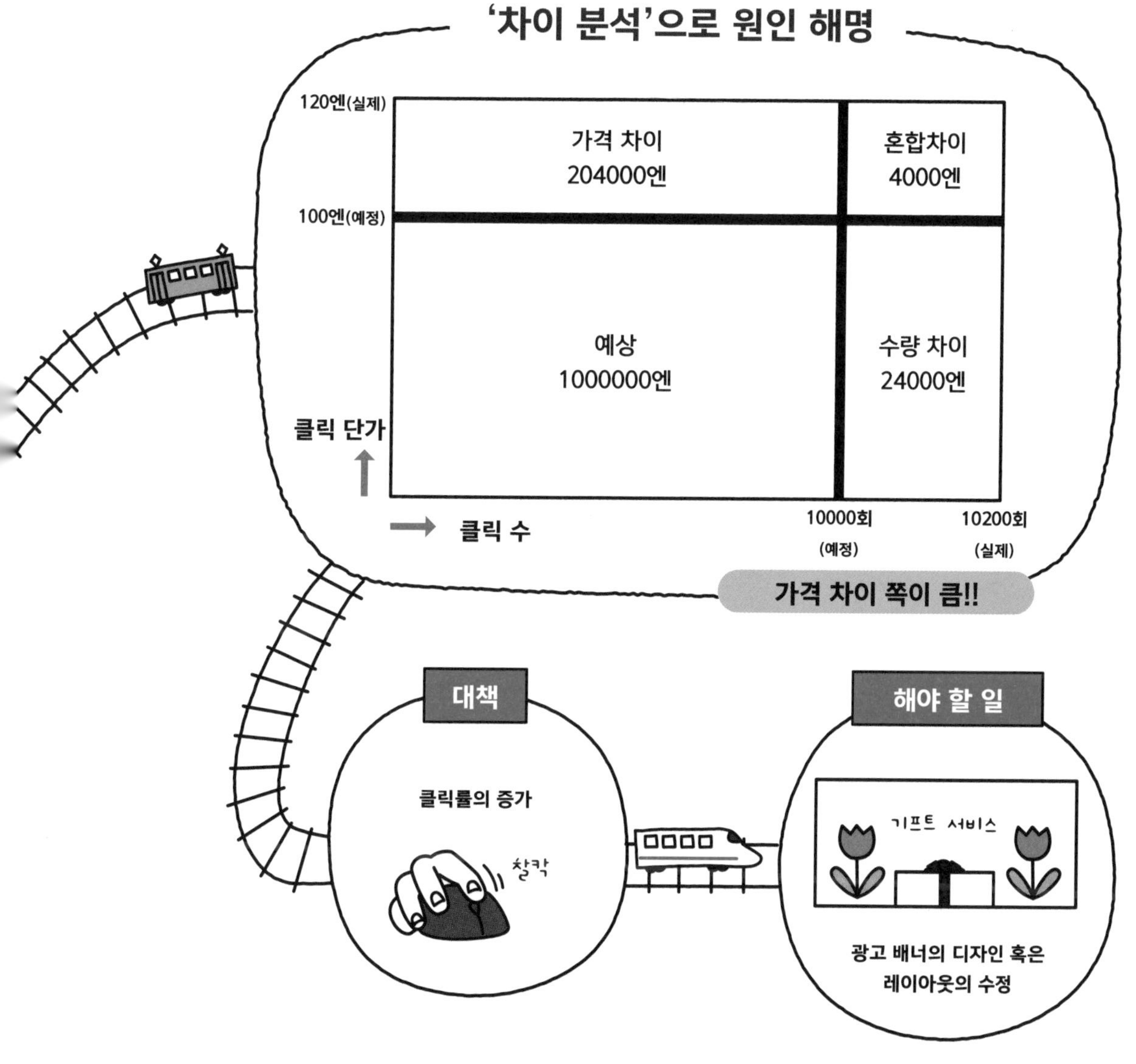

26 데이터 분석의 일곱 가지 도구 ⑦ LTV 분석

'라이브 타임 밸류(LTV)'를 의식함으로써 고객 획득 코스트를 적절하게 또 많이 사용할 수 있습니다. 이번 단원에서는 적정 코스트를 산출하고 LTV를 최대화시키는 열쇠가 되는 일곱 가지 도구 중 일곱 번째 LTV 분석에 대해 설명합니다.

특정 기업에서는 지금까지의 광고비 등 고객 획득 코스트에 '서비스 개체의 매출 15%'를 투입해 왔습니다만, 앞으로는 유저로부터의 인기가 많고 오래 지속되는 서비스에 광고비를 쓰기로 결정했다고 합시다. 하지만 어떤 서비스에 어느 정도의 고객 획득 코스트를 사용해도 좋을까요? 우선 캠페인별로 고객 획득 단가를 산출할 필요가 있습니다. 그 결과 최소가 100엔이고 최대가 1300엔으로 나왔다고 합시다. 여기서 단가 100엔짜리로 계속 광고를 하면 된다고 생각하는 것은 성급한 판단입니다. 왜냐하면 어떤 매체이든 하면 할수록 고객 획득 코스트는 올라가기 때문입니다. 또 어떤 방법이든 획득할 수 있는 고객

가장 적절한 LTV를 찾아라

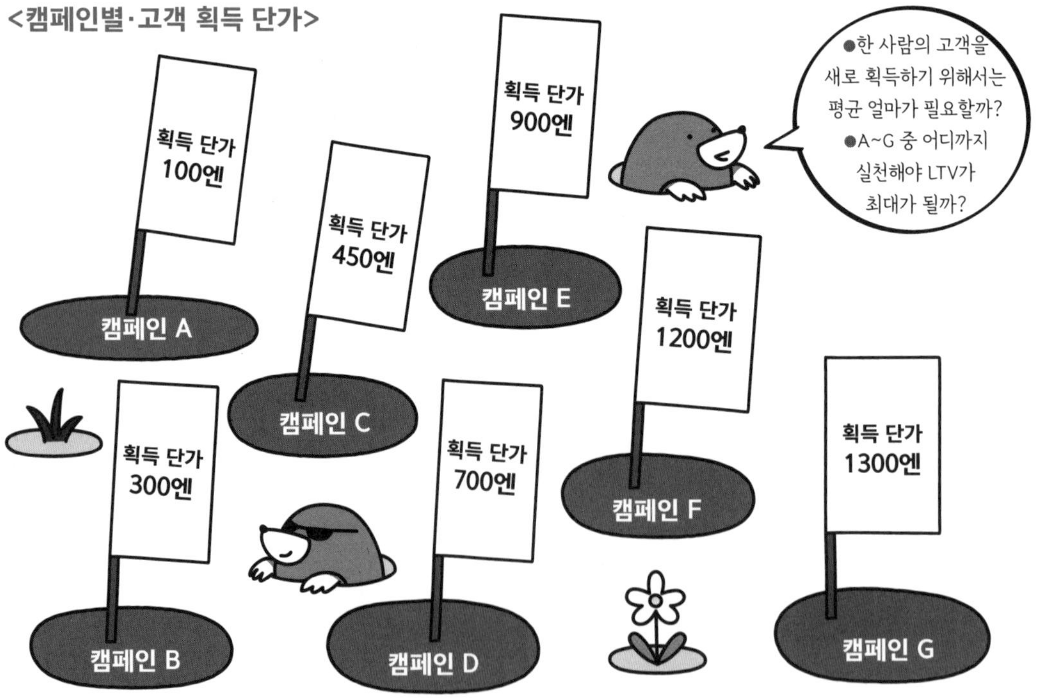

의 수에는 한계가 있습니다.

그러므로 다양한 고객 획득 방법을 시험할 필요가 있습니다. 그렇다고 해도 고객 획득 코스트가 LTV를 넘어서는 의미가 없습니다.

그러므로 고객 단가가 낮은 방법부터 시작해 어디까지 실행하면 LTV가 최대가 되는지 알 필요가 있습니다. 이때 가장 먼저 서비스별로 획득비 공제 전 LTV를 계산합니다. 이것은 광고비 등의 LTV를 빼기 전인 원래의 LTV를 말합니다. 다음으로 각각 얼마까지 획득 코스트를 추가하면 좋을지, LTV가 최대가 되는 라인을 찾아냅니다. 이번 사례의 경우 아래 그림의 F까지가 바람직하다는 결과가 나왔습니다. E까지라면 LTV는 여전히 늘릴 수 있고 G까지 하면 LTV가 감소하고 맙니다. 이렇게 계산에 의해 상품과 서비스에 대해 LTV를 최대로 할 수 있는 고객 획득 코스트의 상한선을 알 수 있습니다.

〈서비스별·획득비 공제 전 LTV〉

	획득비 공제 전 LTV	1	2	3	4	5	6	7	8	9	10	11	12
서비스(1)	1260	420	420	420									
서비스(2)	2400	200	200	200	200	200	200	200	200	200	200	200	200
서비스3)	1400	280	280	280	280	280							

<서비스(1)의 경우 상한 라인>

	획득 수	획득비	획극비 공제전 LTV	LTV	누계 LTV
캠페인 A	300	30000	378000	348000	348000
캠페인 B	200	60000	252000	192000	540000
캠페인 C	250	112500	315000	202500	742500
캠페인 D	400	280000	504000	224000	966500
캠페인 E	320	288000	403200	115200	1081700
캠페인 F	100	120000	126000	6000	1087700
캠페인 G	50	65000	63000	-2000	1085700

여기서 LTV가 최대가 됨!=캠페인 F까지 행하는 것이 최선

27 '짧은 기간'과 '긴 기간' 양쪽의 숫자를 의식할 것

'시간을 우리 편으로 만들라'라는 말은 업무에서도 유효합니다. 하루면 끝낼 수 있는 업무도 당연히 있고 이런 짧은 기간은 이미지하기 쉽습니다. 한편 긴 기간의 중요성은 의식하지 않으면 보이지 않습니다. 하지만 긴 기간은 중요한 시점입니다.

최근 코스퍼(비용 대비 효과)라는 말을 자주 접하는 것처럼 '단기적인 이익'을 중시하는 경향이 있습니다. 그렇지만 사업에서는 단기간으로는 손해인 것처럼 보여도 장기적으로 볼 때 미래에 이익이 되는 쪽을 취하는 것이 유리할 때가 많습니다. 장기적으로 본다는 것은 숫자에 나타나지 않는 가치를 인정하는 것처럼 생각될지도 모르겠습니다. 이 시점에서 단기적인 매출을 추구하다 실패한 사례를 소개하겠습니다. 어느 외식 체인점은 순조롭게 매출이 오르면서 점포 전개도 확대 전국에 100개의 점포를 출점했습니다. 그러나 매출이 최고점에 이른 뒤 점차 경영이 어려워졌고 상위 70%의 점포만을 남기고 하위 30%의 점

능력 있는 사람은 장기적인 사고와 단기적인 사고를 구분한다

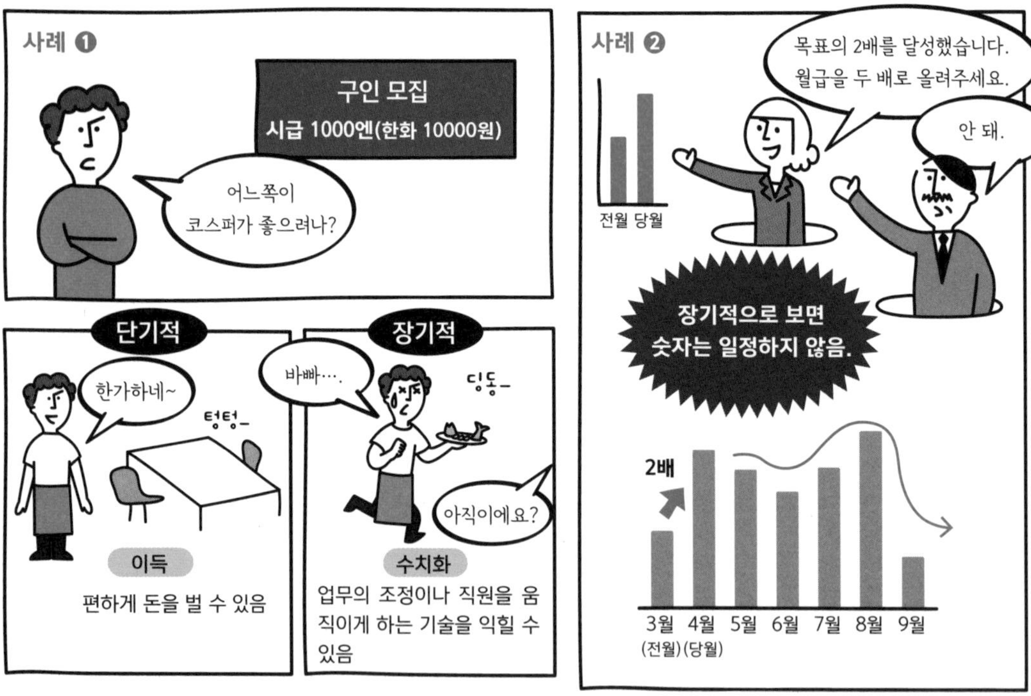
사례 ❶
구인 모집
시급 1000엔(한화 10000원)
어느쪽이 코스퍼가 좋으려나?
단기적
한가하네~
텅텅_
이득
편하게 돈을 벌 수 있음
장기적
바빠….
딩동_
아직이에요?
수치화
업무의 조정이나 직원을 움직이게 하는 기술을 익힐 수 있음
사례 ❷
목표의 2배를 달성했습니다. 월급을 두 배로 올려주세요.
안 돼.
전월 당월
장기적으로 보면 숫자는 일정하지 않음.
2배
3월 4월 5월 6월 7월 8월 9월
(전월)(당월)

포는 사라졌습니다. 그 결과 단기적으로는 매출이 되돌아왔습니다. 하지만 몇 개월 뒤 70개 점포 중 다시 하위 30%의 매출이 떨어졌습니다. 그 원인은 대량으로 구입해서 구입 가격을 낮추었던 식재 가격이 점포 숫자가 줄면서 비싸졌기 때문입니다. 이처럼 사업을 하다 보면 단기적으로는 이득이라도 장기적으로는 손해거나 그 반대의 경우도 일어날 수 있습니다. 이런 사태를 피하기 위해서는 시간 축과 세트로 기업의 상황 및 시장을 시뮬레이션하는 일이 중요합니다. 쇠퇴나 성장의 조짐 등 항상 숫자의 변화를 철저하게 체크할 필요가 있습니다. 그러기 위해서는 매일, 매주별로 숫자를 파악함으로써 변화를 알아차릴 수 있도록 준비가 필요합니다. 즉 장기적으로 볼 때 역시 수치화해서 생각한다는 시점에는 변화가 없는 것입니다.

사례 ❸

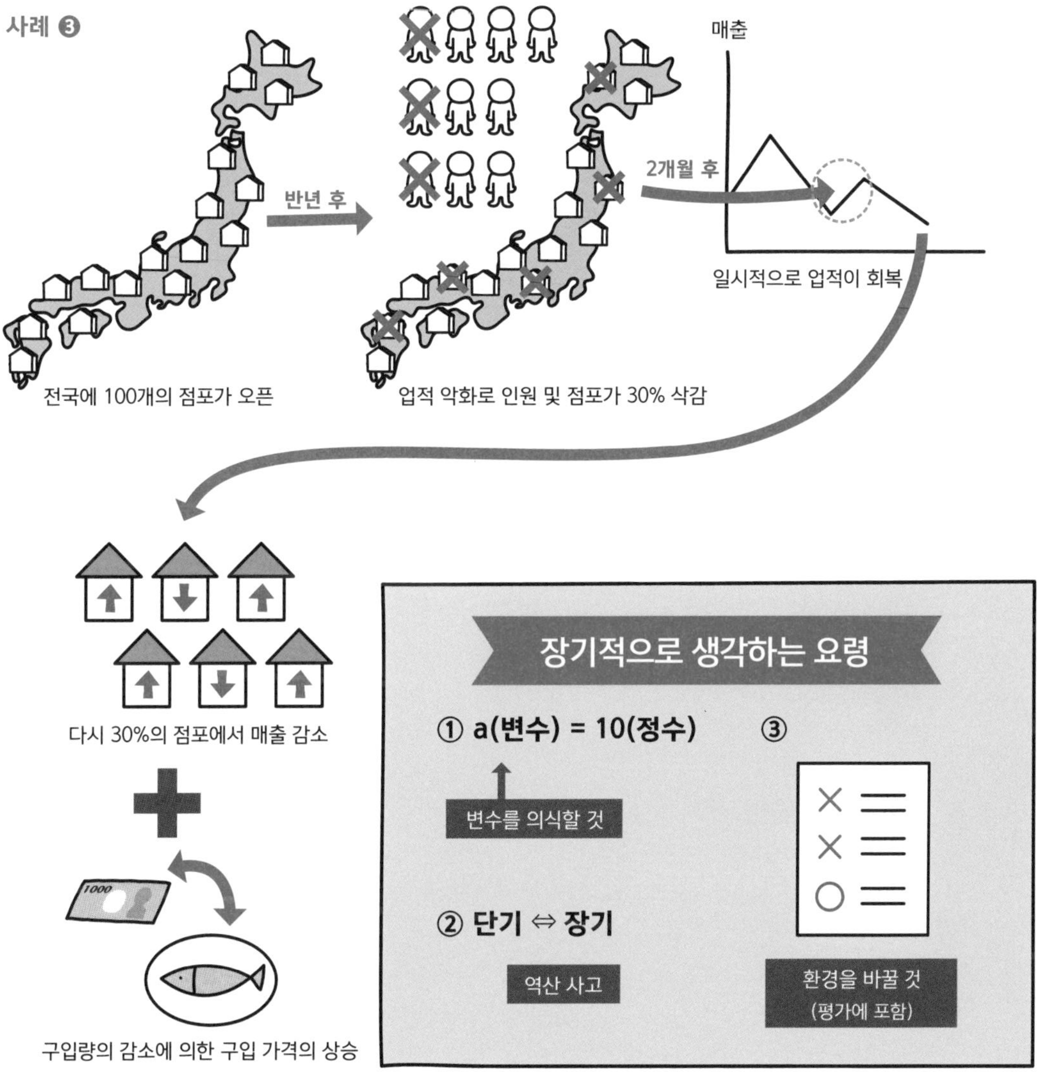

Column

외워두면 도움이 되는 수치화 생각법 용어집①

1. PDCA 사이클(P44)

PDCA 사이클이 도입된 지도 오래 되었습니다. 지금은 맞지 않는다는 의견도 있습니다만 여전히 PDCA 사이클은 의미를 가지고 있습니다. P(PLAN)는 계획이라는 의미. D(DO)는 실행. C(CHECK)는 검증. A(ACTION)는 개선입니다. 개인 및 기업이 목표를 파악하면 조직 전체적으로 PDCA를 순서대로 돌리는 일을 생각해야 합니다. 분석에 의해 세운 사업 계획에 근거해 실행하고, 그 결과를 검증. 이것이 잘되면 그 방침을 더욱 철저히 진행해야 하고 잘되지 않으면 새로운 안을 생각해야 합니다. 이것이 PDCA 사이클입니다. PDCA는 고속으로 돌리면 돌릴수록 고객의 기호를 적확하게 파악할 수 있으며 다른 회사보다 먼저 새로운 서비스를 창출할 수 있습니다.

2. KPI(P48)

KPI란 Key Performance Indicator를 줄인 것으로 번역하면 중요 업적 평가 지표가 됩니다. 이와 비슷한 개념으로 조직과 개인이 목표로 해야 하는 KGI가 있습니다. 나중에 설명하겠지만 기업과 개인의 최종 목표 숫자입니다. KGI를 달성하기 위해서는 자신에게 주어진 수치화된 중간 지수인 KPI를 달성하는 것이 중요합니다. 예를 들어 한 달에 10만 명의 유저가 방문하는 웹페이지에서 5000개의 상품이 팔린다고 합시다. 이 매출을 50% 늘리고 싶은 경우 방문하는 유저의 수를 15만으로 늘리는 것이 하나의 방법이 됩니다. 이처럼 KPI를 수치로 설정하고 그 달성을 목표로 하는 것이 현대의 매니지먼트에서는 중요합니다.

3. 고객 단가(P52)

고객 한 사람이 기업에 가져다주는 매출. 기본적으로 기업의 매출은 고객×고객 단가라는 계산식으로 표시할 수 있습니다. 원래라면 고객의 수를 늘려 폭 넓은 지지를 받으며 안정된 이익을 올리는 것이 좋습니다만 인구 감소 등에 따라 고객 수로 전략을 세우는 것보다 고객 단가로 전략을 세우는 편이 더 낫다는 경향이 강해지고 있습니다. 고객 단가를 높인다고 해도 상품의 가격을 높이자는 말은 아닙니다. 복수의 고객에게 조금씩 지지받는 것보다 안정된 한 사람의 고객에게 오래도록 지지받고 더 많은 상품을 구입하게끔 하자는 생각입니다. 뒤에 나오는 LTV(고객 생애 가치)의 중요성도 그런 경향에서 비롯된 것입니다. 다른 회사보다 자사를 지지해주는 고객, 그것도 장기간 동안 지지하게 하는 것은 경영 전략상 무척 중요합니다. 이처럼 오래도록 자사 상품을 구입해주는 고객을 중시하는 고객 단가 이익의 신장을 목표로 하는 기업이 늘고 있습니다.

4. 고객 획득 코스트(P52)

사업에서는 신규로 고객을 획득하는 일이 중요합니다. 그때 필요한 코스트가 고객 획득 코스트입니다. 이는 안정된 단골 고객을 얻는 것과 비슷한 정도로 중요하다고 할 수 있습니다. 고객 획득 코스트에는 계산법이 있습니다. 고객 획득 코스트=신규 고객 획득과 관련된 비용의 합계÷신규 고객 획득 수입니다. 이를 통해 새로운 고객을 획득했을 때의 손익을 알 수 있습니다. 고객 획득 코스트를 낮추기 위해서는 컴퓨터에 의한 자동화와 광고의 최적화, 컨버젼율(사이트에서 구입까지 이르는 비율)을 높일 필요가 있습니다. 결국 고객이 많다는 것만으로는 안정된 이익을 얻을 수 없습니다. 이런 의미에서 고객 획득 코스트부터 고객 유지 코스트 등까지도 잘 생각하지 않으면 안 됩니다.

5. LTV(P53)

LTV는 Lifetime Value의 줄임말로 고객 생애 가치라고 번역할 수 있습니다. 고객 단가 항목에서 언급한 바 있는 이 단어는 한 사람의 고객이 그 기업에 투자하는 금액(가치)을 의미합니다. 미키마우스를 너무 좋아해 어릴 때부터 90대가 될 때까지 미키마우스를 계속 구입한다면 이는 LTV를 완성했다고 할 수 있습니다. 상품을 포함해 기업에 대한 애착을 얼마나 가지고 있는가를 의미한다고도 할 수 있습니다. 간단히 이를 계산식으로 하면 LTV=평균 고객 단가×수익률×구매 빈도×유지 기간이 됩니다. 고객 획득 리스트나 고객 유지 코스트와도 비슷한 느낌이 듭니다만 유지 기간이라고 하는 LTV에서의 핵심 사항을 어떻게 높이는가가 수익의 최대화에 연결되는 것이 사실입니다. 오래 사랑받는 상품의 개발은 기업으로서는 최선의 방안입니다.

6. 경영 전략(P69)

경영 전략이란 기업 간 경쟁에 있어 경영 목적을 달성하기 위해 행하는 방책 전반을 가리킵니다. 특히 기업의 근간을 형성하는 전체적인 활동 방침과 이를 현실화시키기 위한 체제 구축을 의미합니다. 동시에 기업의 지속적 성장을 의식해서 만들어진 것들도 경영 전략이라 부릅니다. 이를 위해서는 자사의 강점과 특성을 잘 판단하고 시장에서 현재 무엇이 중요한지 자사가 원하는 것은 무엇인지를 파악하고 우선 순위를 정하면서 만들어야 합니다. 경영 전략에는 다각화와 차별화, 글로벌화, 또 가격의 기준이 되는 코스트 리더십 등 전략이 중요합니다. 한편 시장의 움직임이 빠른 만큼 이에 대응할 수 있는 빠르고 임기응변이 가능한 경영 전략을 세우는 일도 필수적입니다.

7. 보틀 넥(P82)

문제 혹은 장애로 번역되는 보틀 넥은 비즈니스에서는 진행을 방해하는 일을 의미합니다. 비즈니스 현장에서는 다양한 보틀 넥이 나타납니다. 예를 들어 제조업에서는 생산 공정 중에서 속도가 떨어져 전체의 생산 효율을 저하시키는 공정이 보틀 넥이 됩니다. IT 업계에서는 시스템 처리에서 통신 속도를 늦게 만드는 부분이 보틀 넥입니다. 또 경영 관리에서는 경영 전략에 지장을 초래하는 부분이 보틀 넥이 됩니다. 이를 해결하기 위해 TOC 이론(제약 조건 이론)이 있습니다.

8. 클릭 단가(P84)

CPC(Cost per Click)라고도 하는 클릭 단가. 리스팅 광고(인터넷에서 검색 엔진을 사용했을 때 표시되는 광고)에서 광고가 한 번 클릭되었을 때 들어가는 비용을 가리킵니다. 이는 클릭 단가=광고비÷클릭 수에 의해 표시됩니다. 기업으로서는 당연히 클릭 단가가 낮을수록 광고에 드는 비용 대비 효과가 높다고 판단할 수 있습니다. 예를 들어 광고비가 1만 엔에 광고가 500회 클릭된 경우, 클릭 단가는 20엔이 됩니다. 얼마나 클릭 단가를 낮추느냐가 기업의 과제가 됩니다.

Chapter 3

뛰어난 직장인은 '수치화된 지표=KPI'를 활용한다

성과를 내기 위한 툴로 최근 직장인에게 가장 중시되고 있는 'KPI 매니지먼트'.
이 KPI 매니지먼트를 효과적으로 실천하는 방법을 설명합니다.

일 월 화 수 목 금 토
1 2 3 4 5 6 7

01 가장 먼저 KPI란 무엇일까?

KPI는 사업을 성공시키기 위한 목표가 되는 '열쇠'를 수치화한 것입니다. 최종적으로 도달해야 할 목표(KGI)를 정하고, 그것을 달성하기 위한 명확한 수단을 결정한 뒤 숫자로 컨트롤함으로써 목표 달성과 사업 성공을 실현하는 것입니다.

KPI 매니지먼트는 기업 등의 조직이 사업 성공을 위해 정한 '열쇠'를 수치화해서 보다 구체적인 목적성을 지니게 한 것입니다. KPI의 숫자를 컨트롤함으로써 사업의 성공률이 크게 바뀐다고 해도 과언이 아닙니다. KPI 숫자가 악화되면 신속하게 문제점을 찾아 대책을 세울 수 있고 순조롭게 진행되는 경우에도 순조로운 요인을 수치화함으로써 미래의 전개를 예측 가능한 것으로 만듭니다. 즉 KPI 매니지먼트를 이해하고 올바르게 사용하면 조직을 성공으로 이끄는 리더로 인정받을 수 있습니다. 그렇다면 KPI란 어떤 구조를 가지고 있을까요.

KPI 매니지먼트의 흐름을 파악해보자

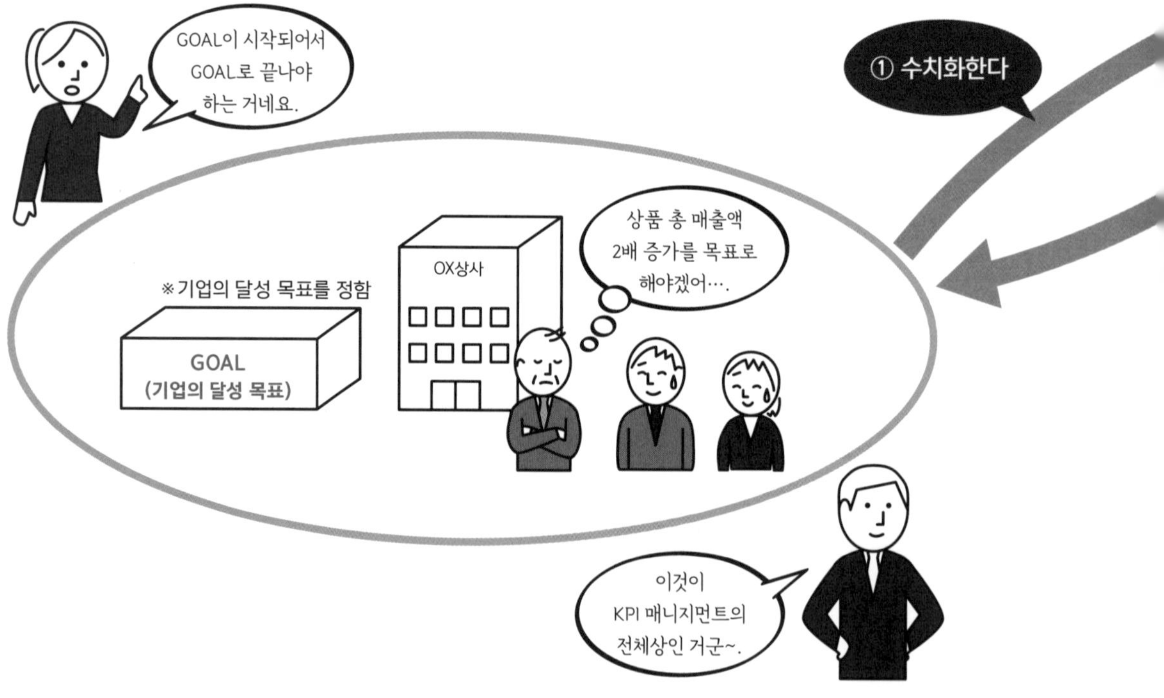
GOAL이 시작되어서 GOAL로 끝나야 하는 거네요.
① 수치화한다
※기업의 달성 목표를 정함
GOAL
(기업의 달성 목표)
OX상사
상품 총 매출액 2배 증가를 목표로 해야겠어….
이것이 KPI 매니지먼트의 전체상인 거군~.

우선 기업이 추구하는 목표인 GOAL을 생각해야 합니다. 매출 목표 지수와 이익, 신규 고객수, 집객수 등 업종에 따라 또 각 기업의 사정에 따라 무수하게 많이 존재하는 선택지 중 하나를 고릅니다. 만약 작년 대비 두 배의 매출을 GOAL로 정한다면 작년의 매출이 100억 엔(한화 약 1000억 원)인 경우 KGI(중요 목표 달성 지표)는 200억 엔이 됩니다. 이 증가된 매출을 실현시키기 위해서 가장 중요한 프로세스가 CSF(중요 성공 요인)입니다. 여기서 CSF로 시장 확대를 선택한다면 예를 들어 항공로에서의 판매 확대 100억 엔, 육로에서 25억 엔, 해로에서 75억 엔 하는 식으로 수치화를 실행해서 컨트롤합니다. 이것이 KPI입니다.

따라서 최종적으로 KPI와 KGI는 일치해야 합니다. 일치하면 기업이 목표를 달성한 것이 되는 것입니다.

작년 총 매출이 100억 엔이었으니까 목표는 200억 엔이네…
KGI*
(중요 목표 달성 지표)
※Key Goal Indicator
② 가장 중요한 프로세스를 결정한다
여기서 목표를 결정하는 거구나.
가격 인상
시장 확대
고객 수의 상승
CSF*
(중요 성공 요인)
'시장 확대'로 진행해야겠어.
※Critical Success Factor
③ 수치화한다
여기서 산출한 숫자가 KGI와 일치하지 않으면 안 되는군.
100억 엔
25억 엔
75억 엔
전세계로 시장을 확장하십시오!
KPI
(CSF의 수치화)
④ 목표 달성을 컨트롤
⑤ 목표의 달성

02 제어가 불가능한 지표는 KPI로 사용해서는 안 됨

KPI 매니지먼트가 실패한 사례가 많은 것은 자사에서 제어가 불가능한 지표를 수치화하는 경우 때문입니다. 예를 들자면 막연한 조건하에서 쉽게 지표를 설정한 경우 유감스러운 결과로 이어질 공산이 높습니다.

KPI 설정에는 수치화한 대상이 필요합니다. KPI가 확정되고 CSF도 결정된 단계에서 생각해야 할 것은 어떤 데이터에 기반해서 수치화를 할 것인가입니다. 시장에 있는 데이터의 수집은 시간과 수고가 뒤따르고 분석도 힘듭니다.

그래서 주목해야 할 것이 정부가 발표하는 GDP나 유효 구인 배율, 경기 동향 지수 등 다양한 통계 수치입니다. 막대한 분석이 불필요한 데이터이므로 쉽게 지표로 사용하는 경우가 많습니다다만 전형적인 실패 사례로 가기 쉽습니다. 왜냐하면 GDP 같은 거대 데이터는 자사의 힘으로 제어가 불가능하기 때문

자사에서 문제를 해결할 수 없는 수치는 NG

환율로 KPI를 만들죠.
GDP로 KPI를 만듭시다.
자사의 매출 범위로 KPI를 만들죠.
두 사람 모두 틀렸습니다.
당신은 OK.
정부 데이터보다 신뢰할 수 있는 정보는 없어요.
이해가 안 됩니다. 왜죠?
이쪽을 보세요.
♪

입니다. 또 발표 시기가 1~2개월 뒤라는 것도 치명적입니다. 그리고 환율 등도 위험합니다. 환율이 떨어질 것을 예상하고 수출 매출액을 KPI로 설정한들 달러가 비싸지면서 급등한 재료비를 훗날 청구받으면 적자가 될 가능성이 있기 때문입니다. 그 외에 상품의 매출이 호조인 것은 광고 효과일 것이라 짐작하고 광고비에 따른 KPI를 설정했을 때 역시 매출과 광고의 관련성이 없다는 사실이 밝혀지면 시간과 비용을 낭비할 수밖에 없어집니다.

KGI의 달성을 위한 방법이 CSF이고 그 수치화가 KPI인 만큼 자사에서 올바르게 제어할 수 있는 수치화가 전제가 됩니다. 정부의 통계수치나 환율은 애초에 대책을 세우기가 어려운 까닭에 KPI의 도중 변경, 즉 실패할 가능성이 높습니다. 또한 자사의 매출 제품이 잘 팔리는 요인을 착각한 경우도 마찬가지입니다. 자사에서 제어할 수 있는 지표로 수치화를 할 것 그리고 올바른 지표를 조사하는 일이 KPI의 기본이 됩니다.

GDP로 KPI를 작성
순조롭게 가고 있군.
어라? GDP가 하락하는데 손 쓸 방법이 없잖아.
목표 달성이 어렵습니다….
결과는 실패
환율로 KPI를 작성
계속 매출이 오르는군.
환율 하락
어라라! 원재료비도 올라서 이익이 없잖아.
달러화 상승
KGI 수치를 고치는 수밖에는…
결과는 실패
자사 매출 범위에서 작성
데이터 수집이 힘들지만 열심히 해야지.
문제점도 사내에서 해결했어.
불황
코로나
환율 하락
전쟁
기타
KPI 목표를 달성했습니다.
KPI 성공

03 쓸 수 없는 KPI를 판별하는 방법

진행 중인 KPI 매니지먼트가 문제없이 운용되고 있는지 어떤지 확인하는 일은 중요합니다. 문제가 있으면 재검토 등의 대처가 가능하기 때문입니다. 그렇다면 숫자가 복잡하게 얽혀 있는 KPI가 문제는 없는지 확인하는 방법에는 어떤 것이 있을까요?

KPI 매니지먼트는 기업에 있어 사업의 성패 여부를 좌지우지하는 중요한 지표입니다. 골(목표)이 잘못되거나 CSF에 착각이 있었거나 KPI에 사용한 숫자 그 자체가 부적절했다면 경제적 손실도 크고 귀중한 시간도 날리게 됩니다. 따라서 경영자를 비롯해 경영의 중추에 있는 사람일수록 많은 관심을 가지고 있으며 현재 진행 중인 KPI가 올바른지 아닌지 알고 싶어 합니다. 하지만 복잡한 숫자를 갑자기 들이대 본들 이해도 하기 어려우며 적절한 질문을 하는 것도 쉽지 않습니다. 그렇지만 정말 간단한 판별 방법이 있습니다.

딱 한 통의 메일로 판별!

2~3일 정도면 조사할 수 있습니다.
아직 숫자가 나오기에는 시간이 걸립니다.
KPI는 잘 진행되고 있습니까?
이 사람, 회의 중에 전화기를 보고 있어요!
사장
KPI가 올바르게 진행되고 있는지 확인하고 있는 거예요.

그 방법은 한 통의 메일을 보내는 것입니다. 그것도 20자 정도면 충분합니다. 어떤 메일이기에 그런 간단한 방법으로 복잡한 KPI의 진행 상황을 어떻게 알 수 있을까요. 메일의 내용은 바로 "KPI 매니지먼트 자료를 보내주세요."입니다. 이를 KPI 담당자에게 메일을 보낸다면 담당자의 회신이 도착하면 바로 알 수 있습니다.

회신에 엑셀 데이터 등 첨부 자료가 있고 또 본문에 KPI에 대한 설명이 없는 경우, 그 KPI는 잘못된 것입니다. 또 무엇이 잘못된 것인지도 예상 가능합니다. 왜냐하면 엑셀은 표계산 소프트웨어로 복수의 데이터를 관리하는 것이 목적이므로 하나의 목표를 달성하기 위한 KPI에는 불필요합니다. 반면 회신 내용이 현재의 KPI의 숫자 동향을 설명하고 있다면 그 KPI는 순조롭게 진행 중이라 할 수 있습니다.

KPI 매니지먼트 자료를 보내면 되는 건가?
KPI 매니지먼트 자료를 본사 기획실로 보내주십시오.
기획부 E님께 자료를 보냈습니다. 첨부하는 엑셀 파일을 참고해주십시오.
기획부 E님께 KPI 매니지먼트의 현황은 CSF가 집객 수의 증가로 3월기는 작년비 75% 증가했습니다. KPI는 순조롭게 진행되고 있습니다.
이렇게 메일을 한 통 보내고 회신을 받아보면
KPI 담당자님
흐음~ 이렇게 간단한 거였군.
메일 본문에 KPI 내용이 적혀 있지 않는 경우는 잘못되고 있는 거죠.
미안해요~

04 꼭 보아야 할 '신호=KPI'는 하나밖에 없다

목표 달성을 위한 중요 프로세스의 수치화인 KPI 지표는 하나로 해야 할 필요가 있습니다. 신호와 마찬가지로 '하나'밖에 없기 때문에 문제가 생겼을 때 판단할 수 있습니다.

KPI가 여러 개 있는 쪽이 편리하지 않을까 하고 생각하는 사람도 있지 않을까요? 그렇지만 그것은 KPI 매니지먼트에서 실패하는 전형적인 사례 중 하나입니다. 복수의 데이터를 분석하는 수법에는 Indicator 매니지먼트가 있습니다만 그 목적은 KPI와는 완전히 다른 것이므로 혼동하면 위험합니다.

우선 GOAL이 목적지라고 하면 KGI는 거리나 방향입니다. 그리고 CSF는 가는 길의 순서이고 KPI는 그곳을 운행하는 운전자라고 할 수 있습니다. 속도와 안전성, 연비 등을 계산하면서 달리는 운전자에게 있어 보아야 할 신호는 오직 하나입니다.

판단을 잘못하지 않기 위한 신호가 KPI

봐야 할 신호는
딱 하나야.
우리 회사 신호는
어떤 거지?
신호를 착각하면
큰일나지.
●●로지스틱스

실제 교차로에도 다수의 신호가 있습니다. 자신이 봐야 할 바로 앞의 신호 외에도 보행자용 신호, 다른 차선용 신호가 있으며 운전자는 그중 하나만 골라 목적지로 향합니다. 올바른 신호를 선택하면 안전하게 운전할 수 있는 것과 마찬가지로 KPI 역시 목표를 향해 올바른 지침을 표시하는 존재입니다.

신호가 청색일 때는 GO입니다. 모든 것이 순조로우므로 KPI 역시 그대로 진행해도 괜찮습니다. 신호가 황색일 때는 CAUTION(주의)으로 KPI가 미달성된 상태입니다. 무엇이 문제인지 원인을 규명할 필요가 있습니다. 그리고 신호가 적색일 때는 STOP입니다. KPI의 달성이 어려워졌다고 생각할 수 있으므로 빠르게 대응책을 마련해야 합니다. 경우에 따라서는 되돌아가야 할=중지해야 할 가능성도 있습니다.

청색
청색=GO
※숫자가 적정치를 유지
좋아! KPI 수치가 순조롭군.
황색=CAUTION
※목표 숫자가 미달성
KPI를 달성하지 못했군…. 뭐가 문제인 거지?
적색=STOP
※목표 숫자 달성이 곤란하므로 검토 요망
어라? 근원적인 재검토가 필요할지 몰라.
●●로지스틱스
신호를 잘 보고 올바른 KPI로 진행해주세요.

05 부정적인 인식을 유발하는 KPI는 피해라

KPI 설정에서는 다양한 지표의 수치화를 생각할 수 있습니다. 그러나 기업 혹은 종업원에게 있어 가장 적합한 KPI라도 고객의 니즈와 일치한다고 할 수만은 없습니다. 경우에 따라서는 부정적인 인식으로 이어지고 역효과가 나는 경우도 있습니다.

KPI 매니지먼트의 최종 목표는 기업의 이익이라고 할 수 있습니다. 필연적으로 KPI 역시 조금이라도 더 큰 이익을 낼 수 있는 수치를 설정하는 경우가 많습니다. 그러나 매니지먼트란 기업과 고객 혹은 기업과 클라이언트가 서로를 필요로 하는 관계성 위에 성립하는 것입니다. 따라서 자사만의 사정이나 이익을 고려한 KPI는 상황에 따라 커다란 마이너스 요인이 될 수 있습니다. 힘들게 비용과 시간을 들였는데 부정적인 이미지만 만들고 이익이 감소해서는 안 될 것입니다. 과연 어떤 경우가 그런 경우인 것일까요.

예를 들면 한 백화점이 고객 단가의 25% 증가를 KPI로 설정했다고 합시다. 수익을 올리기 위해서는

부정적인 이미지를 주지 않는 KPI를 생각할 것

KPI는 고객 단가를
25% 올리는 것입니다.
OO 백화점
고객 단가
이익
KPI는
잘 진행되는데…
이익이 떨어지다니
이상해요.
KPI 같은 걸
괜히 했나?
컨설턴트입니다.
화상으로
실례하겠습니다.

박리다매보다 고객 단가를 올리는 쪽이 효율적이라 생각한 것입니다. 그리하여 가구와 가전, 화장품, 의복 등 고가 상품을 우선 판매하고 음식점도 고급 레스토랑 등을 늘렸습니다. 그 결과 분명 예전과 비해 고가 품목의 판매량은 올랐습니다만 동시에 백화점을 찾아오는 고객의 수는 점차 떨어졌고 단골의 발길도 멀어졌습니다. KPI는 종업원들에게도 전해졌고 모두들 열심히 판매 활동을 했습니다. 상품도 금액에 맞는 우수한 것들을 준비했기에 KPI는 순조로웠습니다. 하지만 대부분의 고객은 자신이 원하는 상품을 스스로 고르는 자유를 원했습니다. 결국 그 점포에 대한 부정적인 이미지가 확산되었고 매출도 떨어지고 말았습니다. 자사의 사정만 생각하고 고객의 생각을 하지 않아 실패한 사례입니다.

확실히 고객 단가는 증가했습니다만…
고급 가전
브랜드 의복
고급 가구
고급 레스토랑
뭐야, 이 가게는?
OO 백화점
고객 이탈로 고객 수가 줄어든 결과 매출까지 줄었습니다.
고객에게 부정적인 이미지를 줄 수 있는 KPI는 설정을 재검토해야 합니다.
그렇구나….
KPI를 다시 설정해야겠어.
고객의 시선으로 다시 한번 생각해보자고.

06 옵션을 충분히 고려해서 KPI를 설정할 것

KPI에 사용하는 숫자는 하나입니다. 그러나 그 하나는 옵션이라 불리는 복수 후보 중에서 검토한 뒤 선택할 필요가 있습니다. 너무 쉽게 KPI를 설정하면 KGI와 관련이 없는 숫자에 구애받게 되고 예산과 시간을 낭비하게 됩니다.

KPI는 복수의 옵션(비교 대상으로 사용되는 KPI 후보)에서 하나만 선택할 필요가 있습니다. 그 선택 기준은 원래 KGI를 달성하기 위해 가장 적절한 것을 조사한 뒤 결정하게 됩니다만 엄선한 KPI 중에는 데이터의 수집이 어려운 것이나 이해하기 어려운 것도 있습니다. 하지만 이는 KGI 달성에 필요하다고 생각했기 때문에 설정된 것이고 데이터의 난이도도 잘 고려해서 실행하지 않으면 안 됩니다. 또 옵션을 충분히 검토하지 않고 데이터 수집이나 분석이 편할 것 같다는 이유로 KPI를 결정하는 경우가 있습니다만 그래서는 확실하게 실패하게 됩니다. 옵션의 검토라는 것은 자사에서 실행이 가능한지 어떤지를 숫자로

잘못된 KPI를 설정해서는 안 된다

KGI=매출 50억 엔 증가
옵션에서 하나를 선택
A 판매망의 확대
B 고객 단가의 증대
C 상품 제조의 외주화
D 고객 수의 증가
E 원재료의 삭감
매출에 가장 관련이 있는 것은…
데이터 입수 방법도 중요해.
복수 옵션을 고려해야지.
A가 좋지 않아? 많이 팔면 좋은 거니까.
D도 괜찮아! 집객률이 오르면 매출도 오르겠지.
좀 더 다각적으로 검토하자고.

확인하는 것입니다. 그리고 실행(KGI 달성)이 불가능한 옵션은 소거합니다. 남은 실행 가능한 옵션에서 가장 적절한 것이 KPI로 설정되는 것입니다. 만약 실행 불가능한 숫자를 설정했다면 어떻게 될까요?

매출 증가가 KGI라면 매출과 이어지지 않는 KPI는 모두틀린 것으로 재검토해야 합니다. 매출에 직결된다고 하더라도 그것이 KGI를 달성하는 숫자와 관련된 옵션이라고는 단정할 수 없습니다. 예를 들어 매출 자체는 증가하여도 KGI 숫자에 도달하지 않으면 KPI는 실패가 되기 때문에 더욱 신중하게 조사하여 옵션을 결정하지 않으면 안 되는 것입니다. 하물며 KPI 데이터 취득을 귀찮아하는 것은 그 이전의 문제이므로 다시 KPI에 대해 공부할 필요가 있습니다.

A라면…
점포의 재고 처리능력에 한계가 있어.
D라면…
박리다매는 리스크가 많아서….
데이터 입수는 편할 것 같은데.
C라면…
싸다고.
비용은 절감되겠네.
그렇지만 일시적이지 않을까.
KPI로는 어울리지 않아.
E라면…
국내 저가 상품
해외 수주
열화 소재
상품의 질을 낮추는 거야?
괜찮지 않아?
장기적으로는 위험해.
B라면…
이런 것도 있습니다.
이것이라면 괜찮을 것 같아.
한 단계만 비싼 상품을 팔 수 있다면….
다른 상품을 권유하면 되겠지.
KPI 달성!
매출 50억 엔 증가
고객 단가 20000엔× 고객 수 50만 명
현재
고객 단가 10000엔× 고객수 50만 명

07 경쟁 환경이 바뀌면 KPI도 변한다

KPI를 설정하여 목표 달성에 성공하더라도 모든 것이 끝난 것은 아닙니다. 자사의 경쟁 환경이 바뀌면 GOAL도 바뀌는 까닭에 KPI 역시 새롭게 설정해야 합니다. 새롭게 설정하지 않는 경우 사업이 어려워지거나 기회 손실로 이어질 수 있습니다.

KPI 매니지먼트는 계속 이어감으로써 보다 큰 성과를 가져다줍니다. 하나의 GOAL을 클리어하더라도 다시 다음 GOAL이 나타나게 되며 그럴 때마다 KGI의 설정을 하고 CSF를 결정하여 KPI를 실행하는 루틴이 확립됩니다. 하지만 가끔은 초기 설정한 KPI를 그대로 바꾸지 않고 운용을 계속하는 잘못된 사례도 볼 수 있습니다. 왜 KPI를 계속 바꾸지 않으면 안 될까요? 그것은 기업을 둘러싼 경쟁 환경이 시간과 함께 변하기 때문입니다. 기업은 경영 방침을 대폭적으로 바꾸는데 비해 KPI가 그대로라면 기회의 손실로 이어집니다.

경쟁 환경에 따라 KPI는 변화한다

경합 타사
경합 타사
우선은 신규 고객의 획득을 목표로 하자고.
KPI는 매월 30% 증대로 가면 되겠지.
신규 참가하는 거니까 박리다매로 하겠습니다.
A사
순조롭게 점유율이 높아지고 있군.
신규 고객
6개월 이상이나 계속되고 있어.
KPI도 성공이네요.
이대로 계속하면……
새로운 KPI를 설정하면……

예를 들어 특정 기업이 처음으로 시장에 참가했다고 합시다. 신규 참가이므로 이익률보다 박리다매로 인지성을 높이고 신규 고객을 모으는 것이 기업의 방침이 되었습니다. 예상 고객을 1만 명으로 상정하고 KGI는 고객 수 3만 명으로, KPI는 매월 30% 고객 증가로 설정했습니다. 6개월 뒤 KPI는 순조롭게 진행되고 고객의 수도 대폭 증가했지만 이익률은 거의 오르지 않았습니다. 몇 개월 상황을 지켜봐도 마찬가지입니다. 그 이유는 KPI가 빠른 단계에서 KGI를 달성했기 때문입니다. 이미 일정 부분 시장 점유율을 차지한 이 기업은 경쟁 환경이 바뀌었습니다. 원래라면 고객 획득 및 매출과 이익 증대에 따라 KPI를 바꿔야 했지만 그대로 두었기 때문에 숫자는 괜찮은데 이익으로 이어지지 않았던 것입니다. KPI는 경쟁 환경에 맞춰 계속해서 재설정해야 하는 지표인 것입니다.

신규 고객
이익률
뭐야, 이상하네.
드디어 검토
KPI는 순조로운데…
이익률이 오르지 않으면 의미가 없잖아.
혹시 KPI의 변경이 필요한 것 아닐까요?
시간과 경비가 낭비됨
신규 고객 획득 성공
고객 단가 증가
해약률 감소
외주화
코스트 다운
옵션비교
5000엔 →10000엔으로.
경쟁 환경이 바뀌었던 거군.
다음 KPI도 순조롭게 달성할 것 같아.
고객 단가 증가로 매출도 늘어났네요.

08 KPI를 종업원 전체가 공유하는 비결

KPI는 경영자와 일부 관리직만 이해해야 하는 것이 아닙니다. 왜냐하면 운용 중에 숫자가 악화된 사례라고 해도 종업원 전체가 KPI를 공유한다면 하나의 목표를 향해 대책을 실행할 수 있기 때문입니다.

많은 기업에서는 KPI 매니지먼트는 기업의 경영자와 일부 관리직에서만 파악하면 된다고 생각하고 있습니다. 확실히 경영의 전체상을 이해하고 있는 것은 기업의 상층부 사람이므로 KPI 설정에 대해서는 맡기는 것이 맞습니다. 하지만 결정된 KPI를 일부 사람만이 아는 상황은 솔직히 아깝다고밖에 말할 수 없습니다. 왜냐하면 목표 숫자를 종업원 모두에게 주지시킨다면 KPI에 예상 밖의 사태가 생겼을 때 상층부에서 각 종업원에게 지시를 내리기 쉽고 종업원들 역시 취해야 할 대책을 신속하게 실행할 수 있기 때문입니다.

KPI를 주시시키는 방법은?

KPI는
우리 상층부만
이해하면 되는
거겠지?
아니요, 가능하면
모든 종업원들이
공유해야 합니다.

문제는 종업원들에게 주지시키는 방법입니다. 기업 상층부가 종업원에게 가장 먼저 전해야 할 것은 무엇일까요? 그것은 가장 중요한 프로세스인 CSF입니다. 무엇이 기업에 가장 중요한 것인지 이해하는 일이 가장 먼저인 거죠. 하지만 여기에도 문제는 있습니다. 그 문제란 CSF가 얼마나 이해하기 쉬운가입니다. 예를 들어 이익률이 CSF라고 하는 경우 고객 수×단가-비용=이익률이 됩니다. 이를 말로 해본들 종업원은 이해하기 어렵습니다. 이런 경우는 이해하기 쉽게 '이익'이라고 해야 문제가 없습니다. 또한 KPI의 숫자 역시 마찬가지로 원주율 같은 숫자가 이어지면 아무도 외우려고 들지 않습니다. 이런 경우는 '100만 엔(한화 약 1000만 원)'처럼 간단 명료한 숫자를 제시하는 쪽이 쉽게 이해할 수 있습니다. 정확한 숫자는 경영자와 관리직만 이해하면 된다는 생각을 하면서 모두가 KPI를 공유하는 것입니다.

그럴 필요가 있을까? 우리가 지시만 내려주면 될 텐데.
모두에게 이해시키는 건 쉽지 않죠.
아뇨, 아뇨. KPI 수치가 악화되면 모든 종업원들이 신속하게 대처해야 하니까요.
바로 그쪽에도 연락을 해주세요.
또 교섭하고 올게요.
자료를 체크하도록 할게.
이것이 공유의 비결입니다.
CSF를 이해하기 쉽게 설정
이익률= 고객 수×단가-비용 입니다.
이익입니다!
이해하기 쉬운 숫자를 전달
하루 목표 숫자는 1,038,421 엔입니다.
하루 목표는 100만 엔입니다.

09 KPI의 계산이 분수이고 분모가 변수일 때는 요주의!

KPI 숫자를 산출할 때 분수로 계산되는 경우가 많습니다. 기본적으로 분모는 정수이고 분자는 변수 혹은 정수가 됩니다만, 분모가 변수가 되는 경우도 있습니다. 이런 경우 KPI의 숫자가 제어 불가능한 가능성이 있습니다.

분수로 KPI 숫자를 나타내는 경우 설정 내용에 따라 분모의 질이 바뀝니다. 예를 들어 달성률을 KPI의 지표로 하면 실적/목표=달성률이 됩니다. 이 경우 분모가 되는 목표는 반드시 정수가 됩니다. 목표에 구체성이 없으면 필요한 숫자가 나오지 않기 때문입니다. 목표는 1억 엔(한화 약 10억 원), 실적은 5000만 엔이면 달성률은 50%로 나오는 것이죠. 목표가 유동적이면 달성률을 설정하는 의미가 없어집니다.

즉 분자가 변수가 되는 상황은 어쩔 수 없다고 하더라도 분모는 정수인 쪽이 데이터 산출하기가 좋습니다.

분모가 분수라면 계상 방법 변경도 고려하라

◆ 분모가 정수라면 ◆

달성률 =
실적 / 목표

목표는
'고정'이니까
분모는 변동하지
않지.
10000
10000
10000

◆ 분모가 변수라면… ◆

제안율 =
제안 수 / 방문객 수

방문객 수는
미리 알 수 없으니까
변동되겠지.

그렇다면 어떤 경우일 때 분모가 변수가 되는 것일까요. 분자인 목표치를 나눔으로써 KPI 숫자를 산출할 때 분모가 되어야 할 전제되는 숫자가 유동적이면 변수가 됩니다. 알기 쉽게 예를 들어보면 KPI가 제안율이고 분자가 제안 수인 경우 분모는 방문객 수, 내방자 수, 접객 수 등이 될 수 있습니다. 이 경우 공통되는 것은 미리 숫자를 알 수 없다는 점입니다. 즉 변수인 셈이죠. 물론 영업 시간은 정해져 있으므로 접객 수에는 한계가 있을 것이고 KPI에 설정된 제안율이 할당량이라고 하면 딱 한 사람 차이로 KPI가 실패로 끝날 가능성도 있습니다. 이런 사태를 막는 방법이 있습니다. 그것은 KPI 지표를 변수인 제안율에서 정수인 제안 수로 바꾸는 것입니다. 이렇게 하면 접객 수가 많을수록 숫자가 올라가는 알기 쉬운 KPI가 됩니다.

B보험사 영업 담당 ▲▲씨의 경우
저희 회사 CSF는 '제안율'이고 목표는 전국 평균 80% (100점포·영업 담당 1000명)
나는 이번 주 100명을 만나고 80건을 제안했으니까 아슬아슬하게 세이프네.
80건 제안
100건 접객
폐점 직전에 손님이!!
접객에 성공하면 (80+1)÷(100+1) =80.1%
실패하면 80÷(100+1) =79%
KPI를 실패하겠어.
그렇지만 접객을 하지 않으면 기회를 놓치는 건데…
이렇게 되지 않기 위해 분모가 변수가 되는 사례는 정수로 합시다.
제안율(×)
제안 수

10 KPI 매니지먼트에서 극복해야만 할 두 개의 장벽

KPI와 CSF를 종업원들에게 주지시킬 때 반드시 직면하게 되는 두 개의 벽이 있습니다. 그것은 '바보의 벽'과 '불안의 벽'입니다. 양쪽 모두 KPI 매니지먼트의 본질을 이해하지 못할 때 생기는 문제로 모두 함께 극복할 필요가 있습니다.

KPI 설정은 가장 먼저 GOAL을 정한 뒤 KGI를 산출, 이에 대한 다양한 옵션을 알아본 뒤 CSF를 결정하게 됩니다. 그렇게 하여 적정한 KPI 숫자를 만들 수가 있는 것입니다. 이런 일련의 흐름은 기업의 상층부와 담당자 등 KPI 작성에 관련된 사람은 모두 이해하고 있고 CSF를 심플하게 전달할 필요성도 알고 있기 때문에 종업원들에게는 '매출고'나 '고객 단가'의 형태로 전달합니다. 그러나 종업원들의 많은 수는 CSF가 도출되기까지의 고생을 알지 못하기 때문에 단어만 듣고 그 중요성을 상상하지 못하며 오히려 부정적인 의견을 내기도 합니다. 이것이 '바보의 벽'입니다. 또한 자신의 불안감을 해소하지 못하고 쓸데

KPI 성공을 위해 극복해야 할 장벽

바보의 벽이란…
비용 절감
고객 수
매출고
고객단가
집객률
모든 옵션을 파악해서 CSF를 산출
…이상의 이유로 CSF를 매출고로 했습니다.
그건 당연한 거 아닌가요.
그렇게 시간을 들이더니 결론이 그건가?

※심플한 목표가 부정적인 의견을 낳음.

없는 행동을 하고 싶어 하는 것이 '불안의 벽'입니다. CSF를 결정한 뒤 설정 테마를 착각할지 모른다고 생각하는 사람이 있습니다. 이 역시 KPI 매니지먼트의 본질을 이해하지 못하는 사람이 실패하는 전형적인 경우입니다. 한번 벽을 느끼면 참지 못하고 중간에 CSF를 변경하는 경우도 있고 모든 옵션 데이터를 몇 번이고 확인시키는 등 혼란에 빠지게 됩니다. 최악의 경우 가장 해서는 안 될 복수의 KPI를 설정하려고도 하는 것입니다. 물론 이래서는 KPI 자체가 성립되지 않습니다. 어느 벽이든 KPI를 완벽히 이해했다면 극복할 수 있지만 내용을 이해하지 못한 사람이 충동적으로 행동하려 한다면 KPI의 구조와 효과를 인내심 강하게 이해시키는 수밖에 다른 방법은 없습니다.

불안의 벽이란…
식사를 좀 줄이는 편이 좋으려나?
매출고
비용 절감
이쪽으로 할까?
한 번 더 모든 데이터를 확인해주게.
고객 수
매출고
집객률
그래! KPI를 세 개로 해야겠어.
안 됩니다. 그래서는 KPI가 아니게 됩니다!
CSF=KPI
GOAL=KGI
왜 이렇게 된 걸까…
이 벽을 극복하지 않으면 성공은 없어.
바보의 벽
불안의 벽

11 KGI의 궁극적인 본질은 이익을 계속 창출하는 것

가장 중요한 프로세스를 수치화한 KPI 매니지먼트의 목적은 이익을 낳기 위한 방향 잡기라고 할 수 있습니다. 왜냐하면 KGI라고 하는 최종 목표의 숫자는 반드시 기업의 이익과 이어져 있기 때문입니다. 그렇다면 KGI의 본질이란 무엇일까요?

KGI란 최종 목표인 GOAL의 수치화입니다. 그리고 그 목표라는 것은 기업의 존재 의의이기도 한 이익을 계속 창출하는 일입니다. 즉 KGI의 숫자는 사업 창업기 시장 개척 등으로 인한 투자를 제외하면 반드시 기업의 이익과 이어져 있습니다. KGI는 설령 그것이 매출이나 이익 등 직접적인 것이 아니라도 그 숫자가 최종적으로 기업의 이익을 내지 않으면 안 된다는 것입니다. 이는 '고잉 컨선'이라고 불리는 이념에 잘 나타나 있습니다. 무기한으로 사업을 지속하면서 폐업이나 사업 정리를 하지 않는 것이 전제인 기업 이념으로 KPI 매니지먼트의 목적 또한 거기에 있습니다. 고잉 컨선의 구체적인 실천 방법에는 어떤 것

지속적인 이익으로 이어지는 KGI가 필수

KGI=
중요 목표 달성 지표
기업의 존재 의의=
이익을 계속 내는 것
즉 KGI는 이익을
지속적으로 창출하기
위한 수치인 것이군.
※단지 사업 초창기는 예외
우선 시장 개척과
고객 확보가
목표가 되지.
고잉 컨선
(높은 채산성이 있는 사업 및 점포)
무기한
사업을 유지
사업 정리도
안 해요.
폐업
안 합니다.
B보험
A
점포
C백화점

이 있을까요. 가장 먼저 고객의 니즈를 파악하고 계속 이용하게끔 만드는 다양한 서비스의 실천입니다. 애프터 서비스를 비롯해 수리 및 상품에 대한 상담 등을 항구적으로 계속하는 태세를 가리킵니다. 두 번째로는 조직의 개혁입니다. 첫 번째로 이야기했던 서비스를 실천할 수 있는 체제를 갖추는 일 또한 기업으로서 사명이 됩니다. 세 번째는 개발에 대한 투자입니다. 고객이 원하는 새로운 상품이나 서비스를 계속 제공하지 않으면 사업은 성립되지 않습니다. 이런 것들을 포괄적으로 포함한 KGI가 KGI의 본질인 이익과 높은 차원에서 결합시키고, 그 목표를 달성하기 위해 설정되는 것이 CSF입니다. 그리고 CSF를 수치화한 KPI에 의해 컨트롤됨으로써 지속적인 이익으로 이어지는 KGI가 실현되는 것입니다.

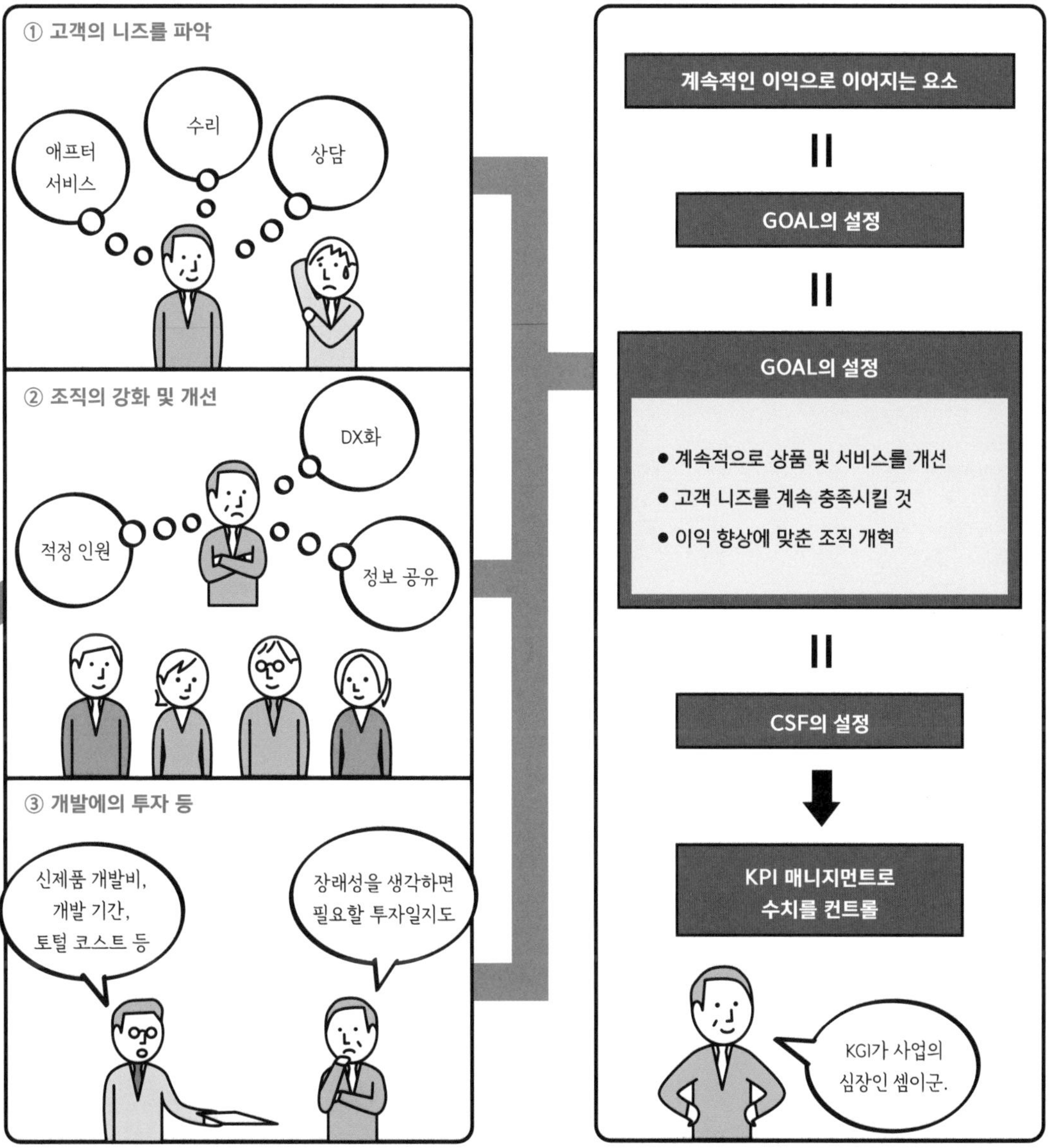
① 고객의 니즈를 파악
애프터 서비스
수리
상담
② 조직의 강화 및 개선
DX화
적정 인원
정보 공유
③ 개발에의 투자 등
신제품 개발비, 개발 기간, 토털 코스트 등
장래성을 생각하면 필요할 투자일지도
계속적인 이익으로 이어지는 요소
GOAL의 설정
GOAL의 설정
● 계속적으로 상품 및 서비스를 개선
● 고객 니즈를 계속 충족시킬 것
● 이익 향상에 맞춘 조직 개혁
CSF의 설정
KPI 매니지먼트로 수치를 컨트롤
KGI가 사업의 심장인 셈이군.

12 변수와 정수를 나누어 사용함으로써 이익의 극대화를 노려라

KGI의 본질은 '이익'입니다. 이익은 매출에서 비용을 뺀 것입니다. 따라서 이익을 올리기 위해서는 매출을 늘리든지 비용을 줄이든지 혹은 두 가지 모두를 실행하는 것도 가능합니다. 보다 높은 이익을 올리는 방법은 어떤 것이 있을까요.

기업이 마케팅을 성공시켰다는 것은 목표로 한 이익을 산출했다는 것을 의미합니다. 기업의 목적은 이익을 계속 내는 것이고 이를 위해 설정된 최종 목표 숫자가 KGI입니다. 이익이란 기업의 총 매출에서 비용을 뺀 액수를 말합니다. 즉 비용이 높으면 이익은 많지 않고 비용이 매출을 웃돌면 이익은 사라집니다. 즉 적자인 것입니다. 따라서 매출을 늘리는 것은 당연하며 비용을 줄이는 노력 또한 이익을 올리는 데 있어 중요한 활동이 됩니다. 그렇지만 막연히 비용을 줄이다가는 매출에 지장이 생길 수가 있습니다. 비용에는 원가와 판매 관리비가 있고 그중 KPI 매니지먼트로 관리가 가능한 것은 판매 관리비입니다. 판

정수의 유효 활용이 포인트

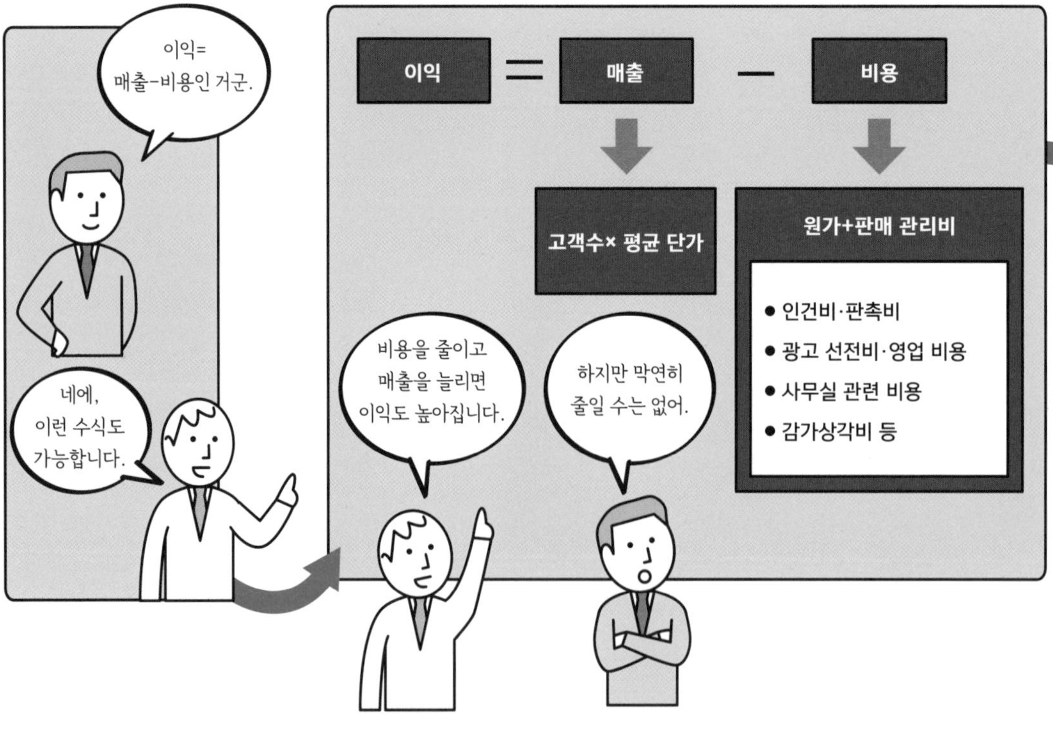
이익=
매출-비용인 거군.
이익
=
매출
-
비용
고객수× 평균 단가
원가+판매 관리비
• 인건비·판촉비
• 광고 선전비·영업 비용
• 사무실 관련 비용
• 감가상각비 등
네에,
이런 수식도
가능합니다.
비용을 줄이고
매출을 늘리면
이익도 높아집니다.
하지만 막연히
줄일 수는 없어.

매 관리비의 대다수는 유동성이 높은 변수로 되어 있어 그대로는 수치로 컨트롤하기 어려운 까닭에 비용 삭감을 실현하는 것이 어려운 것이 현실입니다.

그러나 매출과 상관관계가 있는 팩터를 정수로 함으로써 비용의 가시화가 가능해집니다. 예를 들어 인건비라면 고정급과는 별개로 잔업대 등의 할증 임금이 발생합니다. 고객 서비스상 없앨 수는 없으므로 잔업처럼 고정급으로 포함하는 수법으로 정수화가 가능합니다. 판촉비나 광고비, 영업비용 등의 비용도 모두 한 고객이나 한 점포 계산의 고정 금액=정수화함으로써 비용 컨트롤이 가능해지고 이익의 증대에 연결됩니다.

'비용'에 변수가 너무 많은걸.
그래서 '매출'과 상관 관계가 있는 팩터를 정수로 하는 겁니다.
◆ 판매 관리비 ◆
인건비=고객 서비스(잔업비 등 할증 임금)
판촉비=점포에서의 광고나 굿즈의 분포
광고 선전비=상품 및 브랜드명의 인지 활동
영업 비용=신규 고객 및 단골의 획득
이런 것들을 정수로 하면
인건비(할증 임금의 편성 고정화)
=1개월 5만 엔까지
판촉비(한 점포당 금액 고정)
=한 점포당 2만 엔까지
광고 선전비(고객 한 사람당 금액 고정)
=고객 한 사람당 1만 엔까지
영업 비용(계약 제안까지의 소요액 고정)
=고객 한 사람당 2만 엔까지
이런 느낌일까요?
고객 수 10만 명 × 평균 단가 2만 엔
합계 20억 엔
—
원가=5억 엔
판매 관리비
• 인건비 2000만 엔
• 판촉비 5000만 엔
• 광고 선전비 1억 엔
• 영업 비용 1억 엔
• 기타 8000만 엔
합계 8억 5000만 엔(한화 약 85억 원)
이익
=
합계 20억 엔
비용이 유용하게 이용되고 있군.
정수로 하니 이해하기 쉽네요.

13 KPI를 도입하기 전에 'GOAL'과 'KGI'에 차이는 없는지를 확인하라

KPI의 출발점은 사업 목표인 GOAL과 그것을 수치화한 KGI입니다. 하지만 원래라면 동일해야 할 GOAL과 KGI가 다르다면 CSF도 KPI도 올바르게 설정할 수 없습니다.

KPI 매니지먼트를 행할 때 가장 먼저 설정되는 것은 GOAL입니다. 하지만 이 단계에서 확실하게 설정하지 않고 애매하게 진행되면 반드시 커다란 실수가 일어납니다. 그렇게 실수하지 않기 위해서는 '기간', '대상', '내용'을 확실히 결정해야 합니다. 언제까지 할 것인지, 무엇에 대해, 어떻게 실행할 것인지를 확실하게 정하지 않고 적당히 진행시키면 KGI 설정과의 인식이 왜곡됩니다. 경우에 따라서는 사내 멤버 간의 생각이 달라짐으로써 복수의 KGI가 만들어지는 사태가 일어날 수도 있습니다. KPI가 하나인 만큼 KGI가 여러 개 존재하는 사태는 일어나서는 안 됩니다. KPI 매니지먼트는 네 개의 메인 챕터(Main

MC4의 핵심이라 할 수 있는 GOAL과 KGI의 설정

② KGI를 확정할 것
대상
기간
내용
KGI
수치화를 했습니다.
① GOAL을 애매하게 설정하지 말 것
기간은?
내용은?
대상은?
구체적으로 검증해야 돼.
※의견 일치가 어중간한 경우…
1년이 지났는데….
매출에 변화가 왜 없지?
애당초 왜 이렇게 만든 거야?

Chapter) 즉 MC4('GOAL', 'KGI', 'CSF', 'KPI')라는 각 단계를 거쳐야만 성공할 수 있습니다. 출발 지점인 GOAL이 잘못되어 있어서는 올바르게 출발할 수 없습니다. '기간', '대상', '내용'을 결정할 때도 왜 그렇게 되는 것인지 구성원 전체가 공유하는 것이 필수로, 잘 이해하지 못한 채 동의 한 뒤 KGI 설정 단계에서 '더 좋은 방법이 있다'고 마음대로 숫자를 바꾸는 사례도 일어날 수 있습니다. KGI는 GOAL의 수치화이므로 GOAL과 상이한 숫자가 있어서는 안 됩니다. 그럼에도 불구하고 납득이 되지 않는 경우에는 GOAL의 설정까지 모든 구성원이 함께 처음부터 재검토할 필요가 있습니다. GOAL과 KGI가 결정되면 CSF의 설정도 가능해지고 그것을 수치화한 KPI 지표도 정해지므로, 그때는 GOAL을 향한 구체적인 매니지먼트를 진행할 수 있게 됩니다.

③ CSF를 설정하라
가장 중요한 프로세스는…
고객 수로 갈까요?
⑤ KPI 달성=KGI 달성
GOAL에 도착했네요.
④ KPI의 결정
고객 수 1만 명 증가로 하겠습니다.
MC4의 핵심이라 할 수 있는 GOAL의 설정이 가장 중요합니다.

14 사업의 성장 시나리오를 그려주는 G-POP

새로운 사업을 시작하거나 기존의 시장에 신규 진입하는 경우에 가장 적절한 것이 KPI 매니지먼트입니다. 'G-POP'라고 불리는 일련의 단계에 의해 전체의 흐름을 시뮬레이션함으로써 운용을 보다 효과적으로 할 수 있습니다.

KPI 매니지먼트에는 G-POP이라고 하는 것이 있습니다. 블루 오션 시장에서 신규 사업을 시작하는 경우나 기존 시장에 새로 참가할 때 도움이 되는, 사업을 착실하게 진행시키기 위한 시나리오 작성법입니다. 스텝 1은 G입니다. 이는 GOAL과 KGI를 설정하는 것으로 통상적인 KPI 매니지먼트와 다르지 않습니다만 새로운 시장에 참가하는 것이므로 그 뒤의 전략을 전체에 이해시킨다는 목표가 됩니다. 스텝 2는 2단계가 있습니다. 첫 번째 단계는 Pre(사전 준비)로 '무엇을', '어디서', '어느 정도' 판매하겠다고 하는 CSF 확정을 위한 다양한 조사를 하는 것을 말합니다. 스텝 2의 두 번째 단계는 Pre(현상 파악)으로 CSF

GOAL부터 역산한 스텝(G-POP)

STEP-1
G=GOAL
전통과자를 미국에서 팔기로 결정했습니다.
3년간 100억 엔의 매출을 기대하고 있습니다.
과자 메이커 C사
GOAL=KGI를 결정
STEP-2A
Pre=사전 준비
무엇을 팔지?
어디서 팔까?
N.Y.
L.A.
시카고
우선 시장을 조사해보겠습니다.
CSF 확정을 위한 조사를 행한다

를 수치화합니다. 즉 KPI를 설정하는 것입니다. 불확정 요소가 많은 가운데 지표를 결정해야 하므로 CSF로 되돌아가 다시 생각해야 하는 사례도 있습니다. 스텝 3은 On(개입)입니다. 이는 종래의 KPI와 다른 부분으로 인원 활동의 확보라고 하는 생산력을 확보하는 팩터가 됩니다. 이 부분이 무너지면 모든 것이 와해되므로 실현시키는 방법은 모두가 함께 생각해야 합니다. 스텝 4는 Post(돌아보기)입니다. 모든 마케팅 활동을 한 차례 마치고 KPI 매니지먼트가 어땠는지를 확인합니다. 이러한 일련의 흐름이 G-POP입니다. 하나하나 문제점을 현실 데이터와 비교해 시뮬레이션을 함으로써 참여 방법이나 과정의 재검토, 경우에 따라서는 참여의 연기까지 폭넓게 검토할 수 있는 뛰어난 분석 방법이라고 할 수 있습니다.

STEP-2B
Pre=현상 파악
미국 서해안 쪽은 어느 정도 가능성이 있어요.
현지 생산을 한다면 재료 확보는….
첫해 목표는 20억 엔 정도?
KPI의 설정
STEP-3
On=개입
기술자가 없습니다. 그 부분을 부탁합니다.
외국에서 일하는 건 무리예요.
현지에서 조달해야겠군….
인원 확보를 위한 활동
STEP-4
Post=돌아보기
양갱과 풀빵이 비교적 잘 팔렸습니다.
내륙 지방에서는 전혀 팔리지 않으므로 철수하거나 증자를….
같은 미국이라도 그렇게 차이가 나는군.
새로운 기술자도 준비되었으므로 사업을 확대하시죠.
각 스텝을 돌아봄으로써 전체적인 상황을 이해

15 CSF를 찾는 데에는 '제약 조건'을 이용하라

KPI 매니지먼트는 사업의 확대나 매출을 증가시키는 일에만 사용되는 것이 아닙니다. 조직의 약한 부분에 대한 보강을 목적으로 한 CSF를 설정함으로써 손실을 커버할 수도 있는 뛰어난 활용 방법입니다. 이때 유효한 것이 제약 조건 이론입니다.

CSF의 결정에는 매출, 고객 단가, 집객률 등 이익과 직결되는 데이터를 선택하는 것이 일반적이지만 조직 내의 약한 부분을 보강하고 조직 전체를 강하게 하기 위해서 이익률을 올리겠다고 하는 설정도 적지 않습니다. 그 대표적인 방법이 제약 조건 이론의 활용입니다. 제약 조건이란 조직 활동에 제약을 주는 부문이나 부서를 가리킵니다. 인원의 부족이나 인재의 부족 필요 기기의 부족 및 결함과 같은 다양한 이유 때문에 한 부서가 약해지는 경우도 있습니다만 기업에 필요하므로 그 부서가 있는 만큼 방치해서는 기업 전체의 능력치가 저하될 가능성이 있습니다. 반대로 생각하면 제약 조건을 극복함으로써 조직이 보

조직의 전체적인 강화를 목적으로 하는 이론

◆ 제약 조건 이론 ◆
전제에서 제약 조건(약한 부분)을 발견. 제약 부분을 계속 보강함으로써 전체를 강화한다는 사고방식

손을 잡고
끌게요.
미안해,
모두들.
등을 밀어줄게.
짐은
제가 지죠.

다 원활하게 이익을 올릴 수 있다는 말입니다. 그런 까닭에 CSF에 제약 조건을 설정하면 KPI에 의해 구체적인 수치화도 가능해집니다.

예를 들어 판매부가 제약 조건에 해당되는 경우 우선 판매부로부터 구체적으로 '무엇을', '어느 정도', '언제까지' 도와달라고 어필할 수 있는 상황을 만듭니다. 운반용 차량이 부족한 것인지 판매원의 수가 부족한 것인지 바빠서 식사를 할 시간도 없는 것인지 그런 것들을 다른 부서 멤버가 도와줄 수 있는 체제를 구축하고 또 그런 모든 것들을 수치화합니다. 차량의 수배나 인원 증가 등으로 제약 조건이 사라지면 KPI도 성공으로 이어집니다. 이렇게 하나의 부문 및 부서의 개선이 이루어지면 다음으로 다른 약점을 가지고 있는 부문 및 부서를 찾아 문제점을 극복하여 기업을 강화시킬 수 있습니다.

조직 내 지원 체제를 정비해 약한 부분을 극복
제조부는 야근해서 돕도록 하지.
판매부가 사람이 부족해서….
영업부 차량을 사용하세요.
경리부도 야근 식대를 지원할 테니 힘내세요.
조직의 약점 개선도 CSF로 적합하군.
인력을 30% 정도 늘려줬으면 좋겠어.
조직으로서의 일체감은 소중하니까요.
다음에는 경리부도 부탁드려요.

16 업무를 분석하여 CSF를 찾아라

조직 내의 약한 부분을 발견하여 CSF를 결정해야 하지만 문제가 누구나 알 수 있는 쉬운 상황만 있는 것은 아닙니다. 그런 까닭에 업무를 시계열로 자세하게 분할하고 각각의 상황에서 가장 약화된 부분을 가시화하여 찾아낼 필요가 있습니다.

제약 조건 이론이란 퍼포먼스를 방해하는 문제를 집중적으로 개선함으로써 조직의 업적 혹은 향상을 기대할 수 있는 매니지먼트 수법입니다. 제약 조건 이론을 CSF로 하는 경우에도 그런 부서의 약체화가 누구나 알 수 있게 쉽게 보이지 않을 수도 있습니다. 오히려 누가 보아도 알 수 있을 만큼 약한 부분이 방치되어 있다면 그쪽이 더 기업 운영상의 커다란 문제라 할 것입니다. 즉 통상적인 상태에서는 조직 내의 약한 부분은 알기 어렵습니다. 그럼 어떤 방법으로 제약 조건이 되는 부서를 찾아야 할까요? 그러기 위해서는 각 부문 및 부서의 비즈니스 프로세스를 시계열로 나눠서 제출할 필요가 있습니다. 비즈니스 프

조직의 약점이 CSF를 찾아내는 열쇠

영업부부터
순서대로
살펴봐야겠군.
영업부
판매부
한눈에 알 수 있다면
엄청난 문제예요.
경리부
총무부

로세스를 분석하여 각각의 매출과 비용을 알아냅니다. 경리 및 총무, 관리부 등은 직접 기업 이익을 산출하기 어려운 부서이므로 사내에서의 성과 및 실적을 토대로 총매출에서 부서의 인원 수만큼의 인건비 등을 환산하여 계산합니다. 영업부라면 매출에서 비용(영업 비용+인건비+차량 등의 실비)를 뺀 금액, 경리부나 총무부라면 인건비와 해당 업무와의 실적 대비 같은 방법이 있습니다. 그리고 비즈니스 프로세스로 매출보다 비용이 더 많다고 분석된 부문의 어떤 부분에 문제가 있는지를 조사합니다. 시계열로 살펴보면 그것이 일과성인 것인지 최근에 비롯된 것인지 만성적인 문제인지를 알 수 있습니다. 제안 수가 적고 성약율이 떨어지고 잔업이 많고 유급 휴가를 쓸 수 없다는 등의 문제점이 가시화됨으로써 그 부문의 개선점을 알 수 있고 CSF를 찾아내는 것도 가능해집니다.

17 영업 활동에 있어서 KPI란?

영업 부문은 활동 내용이 숫자로 반영되기 쉬운 까닭에 KPI 매니지먼트의 설정에 적합합니다. 중요한 것은 KPI를 유효하게 활용하기 위한 숫자의 설정입니다. 영업 스태프의 동기 부여를 높이고 더 큰 성과로 이어질 수 있는 방법을 찾아봅시다.

영업 부문에서의 KPI 지표는 많은 경우 기업 이익에 직결됩니다. 이익률 그 자체일 수도 있고 매출률, 접객 제안 수, 방문 건수, 고객 재구입률, 예약률 등도 있을 수 있습니다. 각각의 숫자가 항상 가시화되고 있는 만큼 관리직 쪽에서 보면 이만큼 숫자를 컨트롤하기 쉬운 상황도 없습니다. 여기서 중요한 것이 영업 스태프에 대해 달성 가능한 KPI의 설정을 행하고 있는지 어떤지입니다. 기업의 방침에 따라서는 높은 허들을 부여하여 우수한 인재를 추출하는 곳도 있습니다만 전체적인 측면에서는 적절하다고 할 수 없습니다. 즉 KPI의 설정을 높게 설정하면 결과적으로 고만고만한 수준에서 실현될 거라고 생각해서는

달성하기 쉬운 수치 목표가 중요

안 된다는 것입니다. 영업 스태프 입장에서는 달성이 극히 어려운 KPI를 제시해서는 의욕이 일어나지 않습니다. 오히려 KPI의 달성률을 떨어뜨리기만 합니다. 반대로 말하자면 기업의 이익이 충족되는 달성 가능한 KPI를 설정하는 편이 좋다는 것입니다. 예를 들어 GOAL을 연간 매출액 2배 증가, KGI를 전년 대비 100% 증가로 잡는 경우 KPI를 전월 대비 130% 등으로 설정하면 그 3분의 1만 이루어도 목표치에 도달하지만 KGI와 KPI가 애당초 다르게 되어 스태프도 실행 전에 포기하고 맙니다. 하지만 매월 8%라면 실현 가능한 숫자로서 긍정적으로 업무에 임하게 됩니다. 이처럼 조금만 더 노력하면 달성할 수 있는 숫자나 인원을 증가시킴으로써 가능한 목표를 설정하면 사원의 동기 부여도 강해지고 KPI도 성공하는 것입니다.

18 서브스크립션 모델에서 KPI란?

서브스크립션은 네트워크상의 어플리케이션부터 자동차와 부동산까지 다양한 마켓에 보급되어 있습니다. 그 특징은 회원제로 매월 고정 금액을 지불하고 이용한다는 점입니다다만 KPI는 어떤 역할을 담당하는 것일까요?

서브스크립션의 보급은 눈부실 정도입니다. PC나 스마트폰의 어플리케이션 중 많은 수가 서브스크립션이 당연한 것으로 되어 있으며 PC 본체부터 패션, 자동차 및 아파트까지 그 장르는 확장되고 있습니다. 매월 고정 금액을 지불하는 회원제라고 하는 모델이 많으며 어플리케이션 소프트의 경우 고액 상품을 대폭 할인된 가격에 이용할 수 있고 언제라도 원하는 때 탈퇴할 수 있다는 편리함이 인기의 비결이라 할 수 있습니다.

그렇다면 KPI 매니지먼트를 활용하여 서브스크립션 비즈니스에서의 매출을 증가시키기 위해서는 구

KPI가 활약하는 세 가지 포인트

이 소프트는
잘 팔릴 거야!!
서브스크립션으로
판매해봐요.
어플리케이션 소프트
▲△S사제
① 집객의 강화
KPI=집객 수의 증가
예: 팝업 광고 열람 수
배너 클릭 수
사이트 방문 수

체적으로 어떻게 하면 좋을까요? 가장 먼저 해야 할 것은 집객 수의 증가로 KPI 목표를 수치화할 때는 광고 열람 수, 배너 광고의 클릭 수, 사이트 방문자 수 등을 들 수 있습니다. 상품을 인지시키고 흥미를 가지게끔 하는 것은 비즈니스의 기본이므로 수치화하는 것으로 효율적인 관리가 가능합니다. 두 번째는 입회율의 개선으로 모은 유망 고객에게 가입을 결심하게 만드는 일입니다. 신규 입회 캠페인이나 기간 한정 옵션을 선물하는 등 개선책을 수치화하여 가장 효과적인 작전에 매진하는 것도 유효할 것입니다. 세 번째는 탈퇴율의 개선으로 1개월 정도의 임시 가입자 등을 붙잡기 위해 다양한 특전을 고안해서 탈퇴율을 줄여야합니다. 예를 들자면 매달 혹은 매년 받을 수 있는 특전을 충실하게 한다거나 최신판의 무료 업그레이드 등이 있을 것입니다. 회원의 계약 유지를 꾀함으로써 기업의 항구적인 이익도 보증됩니다.

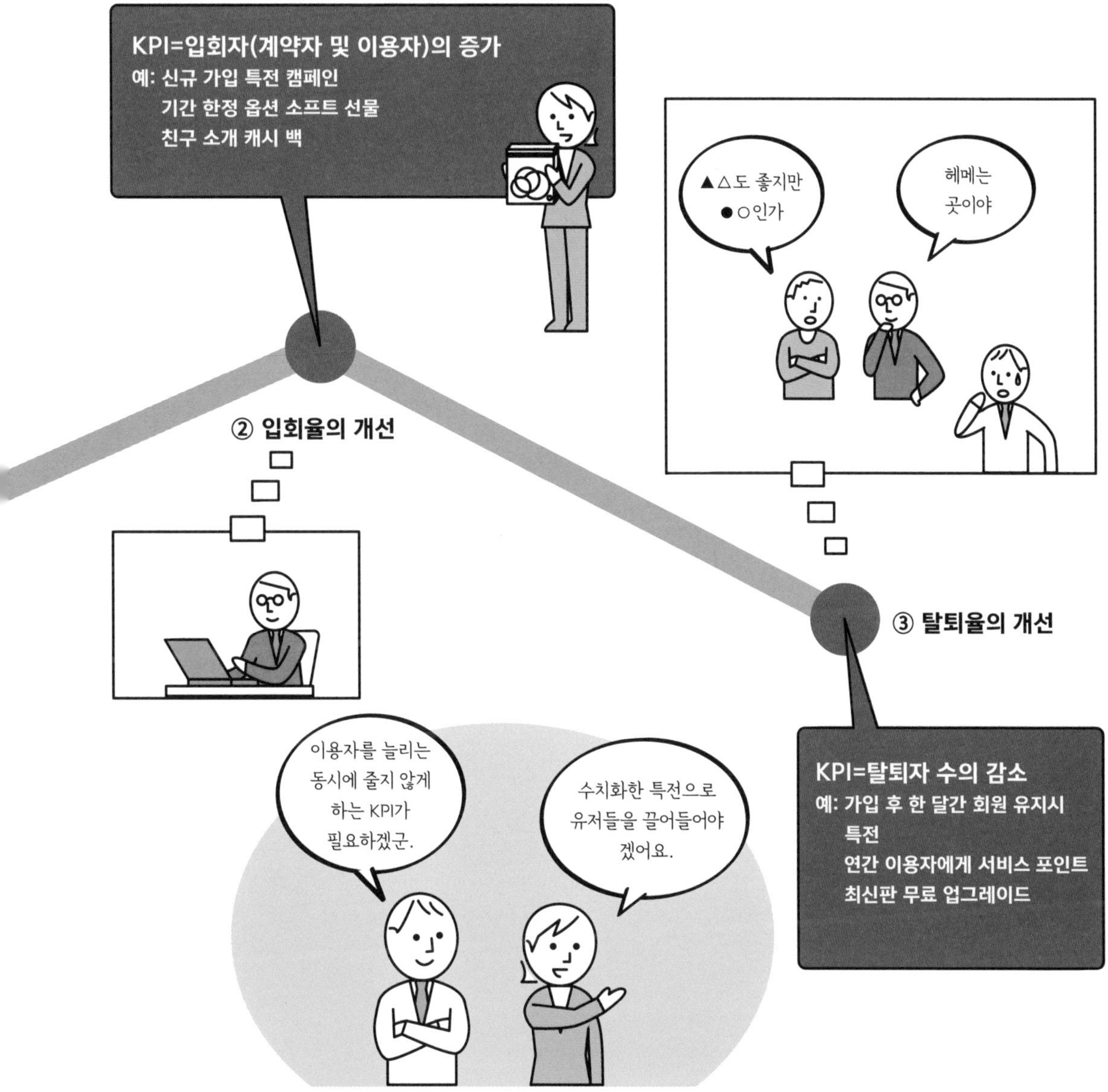
KPI=입회자(계약자 및 이용자)의 증가
예: 신규 가입 특전 캠페인
기간 한정 옵션 소프트 선물
친구 소개 캐시 백
▲△도 좋지만 ●○인가
헤메는 곳이야
② 입회율의 개선
③ 탈퇴율의 개선
이용자를 늘리는 동시에 줄지 않게 하는 KPI가 필요하겠군.
수치화한 특전으로 유저들을 끌어들어야 겠어요.
KPI=탈퇴자 수의 감소
예: 가입 후 한 달간 회원 유지시 특전
연간 이용자에게 서비스 포인트
최신판 무료 업그레이드

19 WEB 마케팅에 있어서 KPI란?

웹 마케팅과 KPI는 궁합이 좋다고 말할 수 있습니다만 선택지가 너무 많은 까닭에 KGI나 CSF를 설정하는 데 고생할 수도 있습니다. 목적에 걸맞는 KGI를 선택하여 효율적인 KPI 매니지먼트로 성과를 내도록 합시다.

웹 마케팅에는 몇 가지의 종류가 있습니다. EC 숍이나 잠재적 고객 획득을 목표로 하는 판매계 사이트와 인지 확대나 광고 매출이 목표인 사이트는 그 목표가 완전히 다릅니다. 단 목표에 차이가 있더라도 실시 가능하고 비즈니스의 공헌도가 명확하며 구체적으로 계측이 가능하여 달성이 가능해야 한다는 KPI 매니지먼트의 기본 원칙은 변함이 없습니다. 즉 KPI는 명확한 숫자를 실시간으로 관리하는 것이 가능한 웹 마케팅 전반과 궁합이 좋다고 할 수 있습니다. 숫자만 알면 달성 상황을 파악하기 위한 지표도 세우기 쉬워지기 때문입니다.

자사에 가장 적합한 KPI를 골라보자

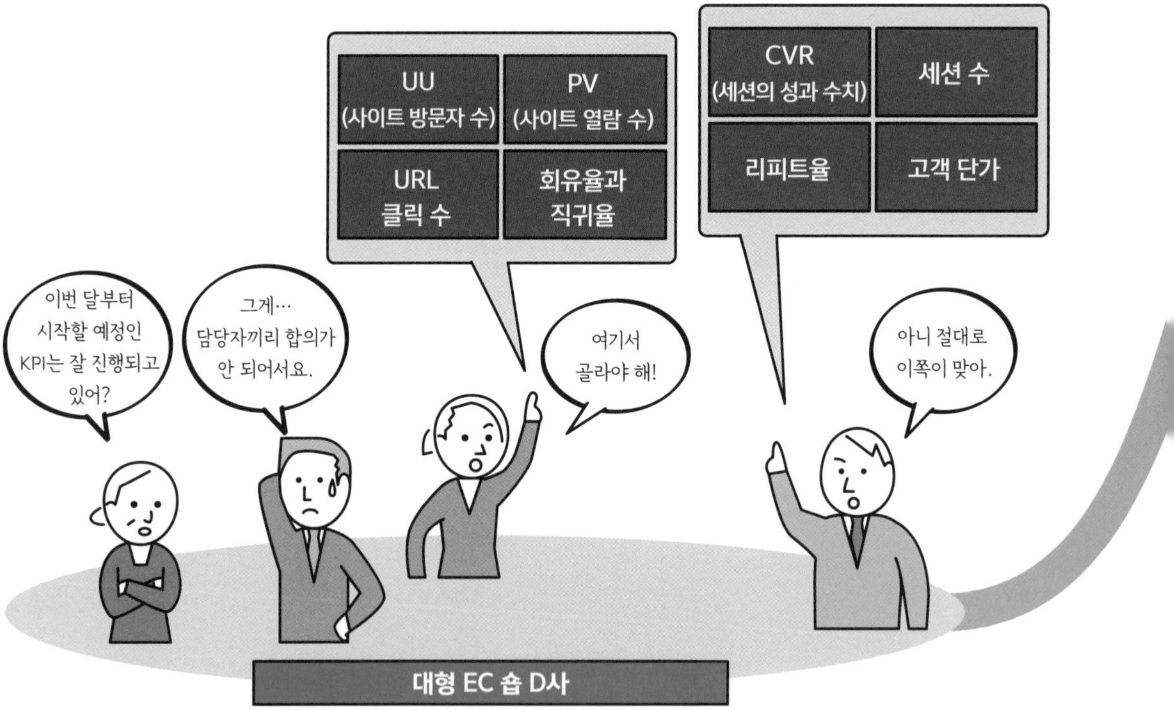
UU
(사이트 방문자 수)
PV
(사이트 열람 수)
URL
클릭 수
회유율과
직귀율
CVR
(세션의 성과 수치)
세션 수
리피트율
고객 단가
이번 달부터 시작할 예정인 KPI는 잘 진행되고 있어?
그게… 담당자끼리 합의가 안 되어서요.
여기서 골라야 해!
아니 절대로 이쪽이 맞아.
대형 EC 숍 D사

문제가 있다고 하면 지표로 하기 위한 선택지가 너무 많다는 부분일 것입니다. KGI 목표치도 그렇고 CSF 설정도 그렇고 UU(사이트 방문자 수)로 할 것인지 PV(사이트 열람 수)로 할 것인지 회유율과 직귀율(유저가 한 번에 하는 방문 수)로 할 것인지 클릭 수, 메일 메거진 개봉률 등 매력적인 후보가 많이 있습니다. 그중에서 하나만 골라야 하므로 자사의 목적에 맞는 KPI가 요구됩니다.

예를 들어 신규 참가하는 사이트라면 집객에 주안점을 두고 UU나 PV, 회유율과 직귀율 등. 고액 상품을 취급한다면 문의 수나 자료 청구 수. 자사 사이트에 대한 권유라면 클릭 수나 메일 매거진 개봉률 등 신중하게 선택할 필요가 있습니다.

우선 EC 숍에 어울리는 설정을 골라보자고.
UU
PV
회유율과 직귀율
CVR
세션 수
그럼 사이트의 전체 흐름은 어떤 것으로 파악할 수 있을까?
PV
CVR
이네요.
검토 결과 사이트 규모나 집객 상황을 쉽게 할 수 있는 PV를 CSF로 결정.
PV=일정 기간 내에 사이트 내 페이지가 열리는 회수를 의미하는 수치
단위는 1회=1PV
KPI 숫자 잘 부탁해.
하루 5000PV로 설정하겠습니다.

20 KPI를 활용한 기업의 사례 ① 쿠라스시

KPI 매니지먼트를 음식업계에 도입해서 눈부신 성과를 올린 사례가 있습니다. 바로 회전 초밥 체인인 '쿠라 스시'입니다. 얼핏 KPI와 관련이 없을 것 같은 업태이지만 푸드 로스(버려지는 음식) 문제를 대폭적으로 개선했습니다.

쿠라 스시에 있어 무엇보다 큰 과제는 점내 레인 위에서 돌고 있는 초밥이었습니다. 초밥 중 일부는 그대로 아무도 고르지 않은 채 선도를 잃을 수밖에 없습니다. 보기에도 안 좋고 맛도 떨어진 초밥을 어떻게 할까 생각한 끝에 레인에 올려진 지 55분 지난 초밥은 폐기하기로 결정했습니다. 그렇지만 문제는 폐기율이었습니다. 무려 10%나 되는 폐기 상품이 나왔기 때문입니다. 전국에 다수의 점포가 영업을 하는 만큼 비용의 증대는 물론 초밥 재료와 밥의 대량 폐기는 사회적 문제가 되었고 하루라도 빨리 해결하지 않으면 안 되었습니다. 그리하여 도입한 것이 바로 KPI였습니다. 가장 먼저 시도한 것은 초밥을 올린 접

니즈가 높은 상품을 시간대별로 제공

계속 돌고 있는 접시의 초밥은 먹고 싶지 않거든!
오래된 접시는 맛도 보기도 안 좋은데… 어떡하지?
55분 지난 접시를 폐기했더니 폐기율이 10%나 되었어.
START
언제나 신선하고 맛있어.
성공이다. 드디어 폐기율이 3%가 되었어.
GOAL

시에 칩을 매립함으로써 초밥 재료의 회전율을 계측하는 것이었습니다. 레인 위에 올려져 있는 초밥 중 어떤 것이 잘 나가는지 시간대와 초밥 재료의 상관 관계를 체크한 것입니다. 점심 때와 저녁 때, 심야 시간 대 등 시간대에서 어떤 재료가 잘 소비되는지 조사했습니다. 다음으로는 고객 층의 체크입니다. 어린아이가 있는 가족 모임이나 학생 등 젊은 단체, 커플, 고령자 부부 등 각 고객 층의 소비율도 전부 데이터화한 다음 모든 점포에서 공유함으로써 레인 위의 초밥을 통일한 것입니다.

예를 들어 어린아이가 많은 시간대는 계란이나 디저트류를 많이 준비하고 술 주문이 많은 시간대라면 술안주로 하기 좋은 초밥을 많이 올리는 식이었습니다. 그 결과 KPI 목표치인 폐기율 3%를 달성했고 이익의 증대와 함께 사회적 과제 해결에도 공헌할 수 있었습니다.

KPI 담당자
폐기율 감소를 부탁드립니다.
초밥 재료의 회전율
고객층
시간대
여러 가지를 알게 되었군!!
접시에 칩을 넣어 고객의 경향을 조사하고 데이터화합니다.
시간대와 고객층에 맞춰 초밥을 제공해야겠어.

21 KPI를 활용한 기업의 사례② 일본항공

일본 최대의 항공사인 일본항공은 다른 회사보다 앞서 KPI를 도입했습니다. CSF를 '정시 도착률'로 설정하고 수치화함으로써 운항에 관련된 다양한 섹션의 협력과 개선이 이루어졌고 조직 전체의 운영 개혁에도 효과가 있었습니다.

일본항공은 KPI 매니지먼트의 GOAL을 결정할 때 안정성, 정시성, 쾌적성, 편리성 등 항공사가 우선적으로 생각해야 하는 네 가지 과제 중에서 정시성을 골랐습니다. 정시성이란 여객 편이 정해진 시간에 목적지에 도착하는 것을 말합니다. 비행기의 경우 공항 활주로의 숫자가 한정되어 있어 한 편이 늦어지면 다른 모든 편에도 영향을 주게 되고 일시 기항을 포함해 하루의 플라이트 플랜을 전부 바꾸지 않으면 안 됩니다. 정시에 목적지에 도착하는 일은 항공사에 있어 이익과 직결되는 것과 동시에 이용객의 니즈를 만족시키기 위한 최대의 과제였던 것입니다. 또한 정시성을 KPI로 고른 또 하나의 이유는 다른 회사와

정시 도착률이 조직을 바꾸었다

고객에게 보다 좋은 서비스를 제공하기 위해 KPI를 도입하겠습니다.
가장 중요한 과제 네 개 중에서 고르는 거군요.
안정성
정시성
쾌적성
편리성

의 비교를 쉽게 할 수 있다는 면도 있었습니다. 사내에서의 KPI가 아무리 순조롭다고 하더라도 다른 회사와 비교할 때 떨어지면 의미가 없습니다. 이용객은 다른 항공사를 얼마든지 고를 수 있기 때문에 신용을 얻지 않으면 매출도 이루어지지 않습니다. 정시 도착이라고 하는 구체적인 CSF가 설정됨으로써 일본항공과 관련된 스태프에게 일체감이 생겼습니다. 조종사나 CA 같은 운항 요원은 물론이고 항공 정비사와 공항 오퍼레이터, 그라운드 서비스 같은 운항을 원활하게 하기 위해서는 꼭 필요한 스태프들도 KPI를 공유할수 있었던 것입니다. 그 결과 2018년에는 아시아·태평양 부문에서의 정시 도착률이 1위가 되었고 KPI 성공과 함께 이용자의 커다란 신뢰도 얻을 수 있었습니다.

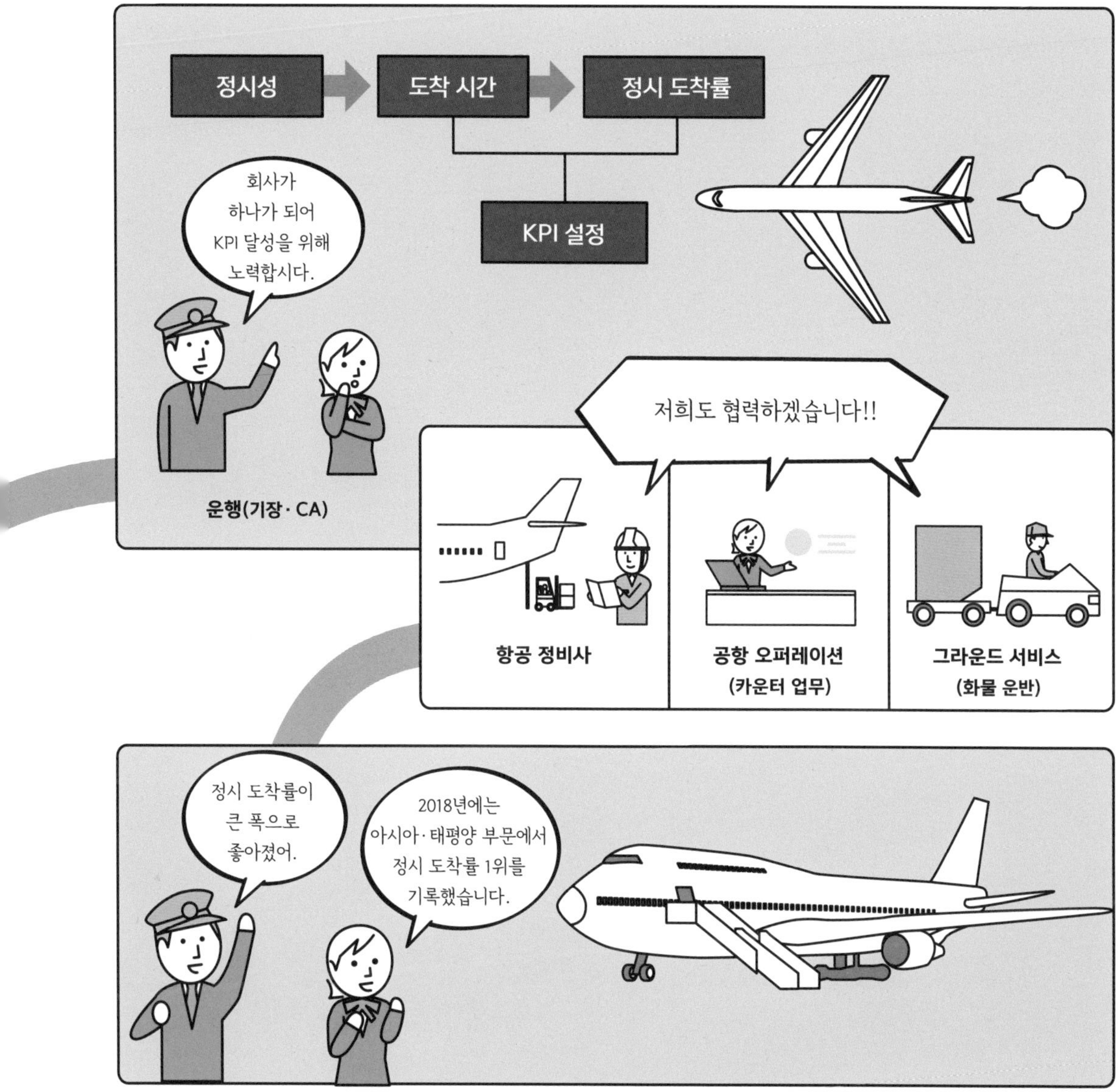

정시성
도착 시간
정시 도착률
KPI 설정
회사가 하나가 되어 KPI 달성을 위해 노력합시다.
운행(기장·CA)
저희도 협력하겠습니다!!
항공 정비사
공항 오퍼레이션 (카운터 업무)
그라운드 서비스 (화물 운반)
정시 도착률이 큰 폭으로 좋아졌어.
2018년에는 아시아·태평양 부문에서 정시 도착률 1위를 기록했습니다.

22 KPI를 활용한 기업의 사례③ 소프트뱅크

거대 IT 기업 소프트뱅크는 사회 공헌을 테마로 KPI 매니지먼트를 활용하고 있습니다. '정보 혁명으로 사람들을 행복하게'라고 하는 전사적 테마에 맞춰 디지털에 의한 새로운 사업 활동으로 지역별 다양한 과제 해결을 위해 노력하고 있습니다.

소프트뱅크의 KPI 매니지먼트는 다른 회사와는 조금 다릅니다. '지속 가능한 사회 만들기를 위한 공헌'을 목표로 잡고 이를 구체적으로 실행하기 위해 CSR 본부를 설치하고 있습니다. 이에 따라 '정보화 사회의 추진', '차세대 육성', '다양한 사회에 대한 대응', '재해 대책·부흥 지원', '환경·자원 대책' 등 다섯 개의 카테고리를 만들었습니다. 그리고 각 카테고리에서 세분화한 과제 해결을 실시, 그 카테고리마다 KPI를 설정한 것입니다. 얼핏 보면 IT 기업과 직접적인 관계가 보이지 않는 분야도 있습니다만 여기에는 시대를 앞서가는 전망과 어떤 사태에도 자사 제품이 도움을 줄 수 있다는 생각이 포함되어 있습니다.

KPI로 사회적 과제 극복에 공헌

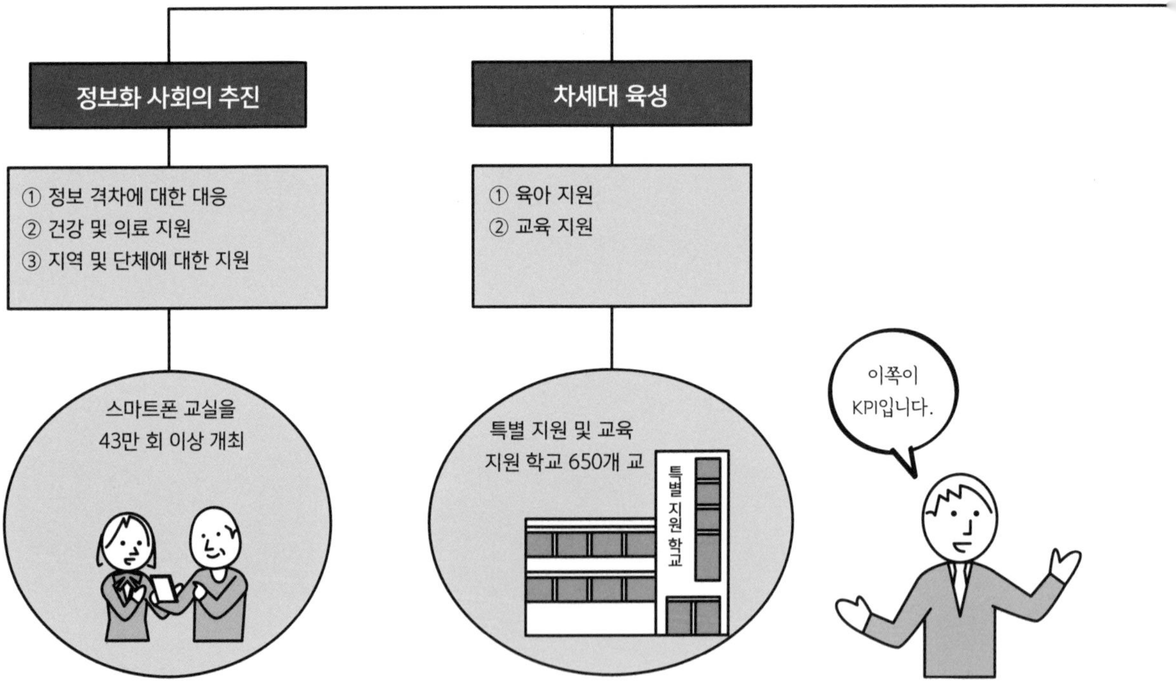

'정보화 사회의 추진'을 위해서 디지털 디바이드(정보 격차)에 대한 대응을 위해 스마트폰 교실을 43만 회 이상 개최했고 또 의료나 지역 지원을 실시해 자사 제품 및 설비 이용에 이어지도록 하고 있습니다. '차세대 육성' 부문에서는 육아 및 교육 지원을 실시해 특별 지원·교육 지원 학교 650개 교를 설치 자사에서 제작한 교육 툴의 이용을 추진하고 있습니다. '다양한 사회에 대한 대응'을 위해서는 300곳 이상의 장애자 지원 시설과 연계하여 시니어 세대를 위한 대책과 다양성의 추진을 진행하고 있습니다. '재해 대책·부흥 지원'을 위해서는 이동 기지국 자동차 및 가반형 이동 기지국 200대 이상, 이동 전원차 배치 수 80대 이상, 가반형 안테나 200대 이상의 유지를 통해, 자사 제품의 운용률 향상을 실현하고 있습니다. '환경·자원 대책'을 위해서는 리유스/리사이클 단말기 1000만 대를 목표로 환경과 자원 등 세계적 과제를 해결하고 있습니다.

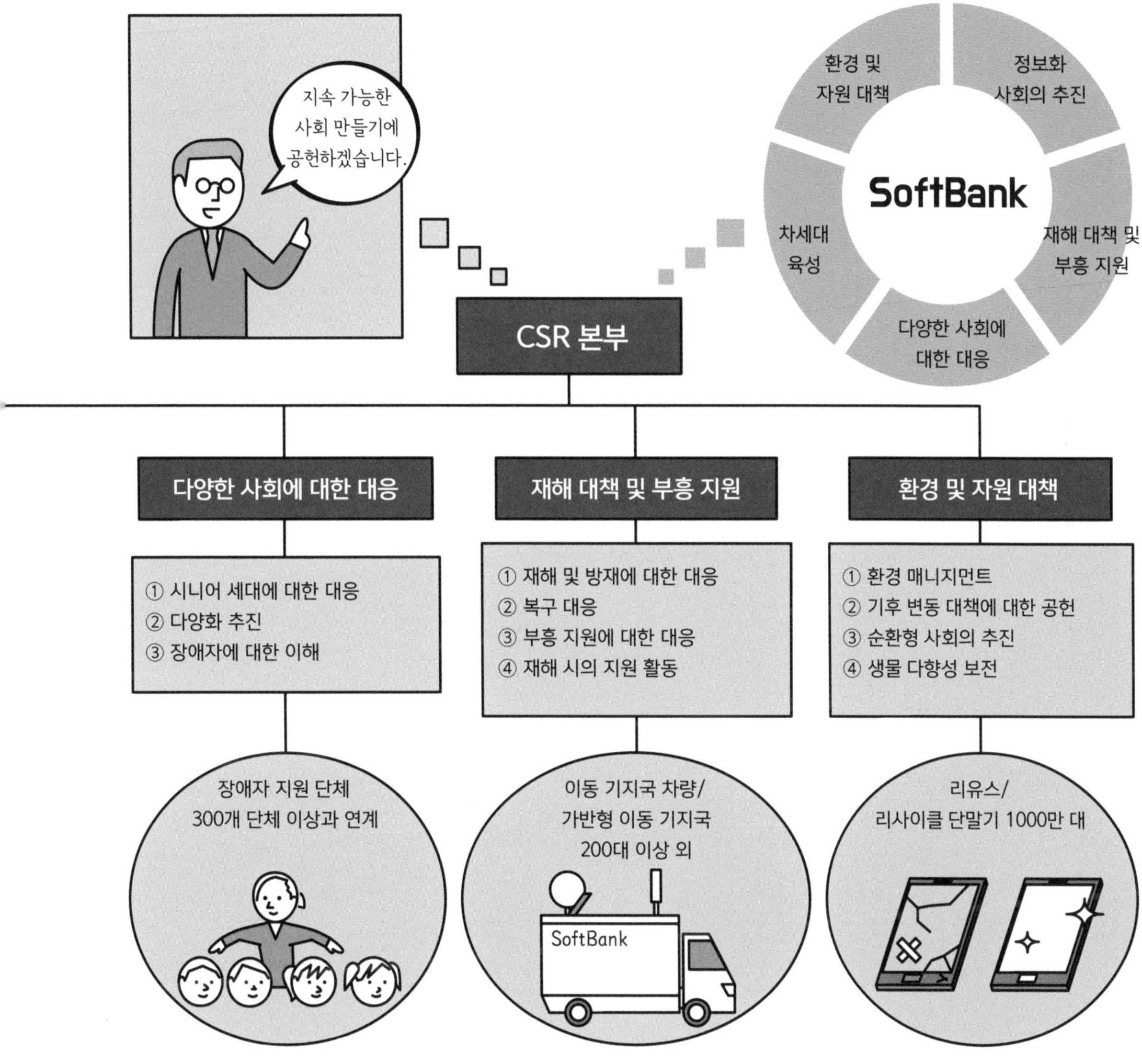

Column

외워두면 도움이 되는 수치화 생각법 용어집②

1. KGI(P94)

KGI는 Key Goal Indicator의 약자입니다. 중요 목표 달성 지표라고 번역할 수 있습니다. 기업의 경영 전략 및 비즈니스 전략을 달성하기 위해서 무엇을 기준으로 골을 결정할지를 수치로 정하는 지표입니다. 이는 매출이나 이익률 등 다양한 숫자로 결정됩니다. 이 수치화가 중요하며 이것이 없는 경우 경영이 어지러워지는 경우도 있습니다. KGI를 실현하기 위해서는 KPI(중요 업적 평가 지표)의 역할이 중요합니다. 사원에게도 부과된 중간 수치 지표이기도 한 KPI를 실행함으로써 최종적(기말)으로 기업 및 조직 단위의 KGI 실현이 가능해지는 것입니다. 기업은 KGI를 확실히 함으로써 회사의 의도를 사원들에게 이해시키고 중요 항목이 명확해지고 목표를 이루기 위한 동기 부여를 하는 일이 가능해집니다.

2. CSF(P95)

CSF는 Critical Success Factor의 약자로 중요 성공 요인이라고 번역됩니다. 이는 경영 목표의 달성에 영향을 미치는 경영 전략상, 목표 달성에 가장 큰 영향을 끼치는 요인을 가리킵니다. KGI, 즉 최종 목표 달성을 위해서는 SWOT 분석(현상의 분석)에 의한 자사의 강점인 CSF를 밝혀내어 자원 투입을 하는 것이 필수적입니다. 예를 들어 신입 사원 10명의 채용이라는 실상을 목표로 한 경우, KPI라고 할 수 있는 보다 우수한 인재를 모으기 위한 면접 수를 늘일 필요가 있습니다. 이를 위해 홈페이지에의 접속 수를 늘리는 것과 함께 SNS에서 화젯거리가 되기 위해 수치화하는 것이 KPI입니다. 이렇게 한 결과 홈페이지에 대한 접속 수가 증가하고 면접 수가 늘어난 경우 거기에 CSF로서 기업의 성공 요인이 있다는 것을 알 수 있는 것입니다.

3. 고잉 컨선(P114)

기업이 계속해서 사업을 유지하는 일을 의미하는 말이 고잉 컨선입니다. 이는 재무제표를 작성하는 데 있어 전제 조건이 됩니다. 기업이 앞으로도 망하지 않고 계속 유지된다는 전제를 기본으로 각종 제도의 실시도 허가될 수 있습니다. 당연한 것처럼 생각되지만 중소기업은 1년에도 수없이 많은 수가 도산합니다. 또 상장 기업은 경영이 파탄되는 경우 사회에 끼치는 영향이 지대합니다. 이런 현상이 특히 버블 붕괴 후에 이어졌기 때문에 2003년 3월부터 감사하는 사람이 검토와 확인을 행하게끔 의무화되었습니다. 경영자는 기업 존속에 의구심을 가질 수 있는 사업이나 문제가 존재하는 경우 재무제표에 '기업 존속의 전제에 관한 주의'를 기술할 필요가 발생합니다. 그런 까닭에 감사하는 사람에게 설명을 할 필요가 생기는 것입니다.

4. 판매 관리비(P117)

기업 영업부의 영업 활동과 관련된 경비를 판매 관리비라고 합니다. 즉 상품의 제조에서 판매까지 들어가는 경비 중, 판매 활동과 관리 활동에 들어간 비용을 가리킵니다. 빵집을 예로 들어보겠습니다. 빵을 제조하기 위한 원재료비 등은 판매 관리비에 포함되지 않습니다. 그러나 점포 경영을 하기 위한 임차인 임대 비용, 점포의 광열비와 수도비, 빵을 파는 사람의 인건비는 판매 관리비가 됩니다. 또한 선전비와 발송비, 보관비도 여기에 포함됩니다. 회사에서는 이익 중 이 판매 관리비를 뺀 금액이 영업 이익이 됩니다. 따라서 판매 관리비를 어떻게 효율적으로 제어하면서 판매 활동을 하는가가 기업에 있어서 중요해집니다. 물론 판매 관리비는 판촉비와 일반 관리비로 나누어 계산하는 경우도 있습니다.

5. 제약 조건 이론(P122)

제약 조건 이론은 TOC 이론이라고도 불립니다. TOC는 Theory of Constraints의 약자로 단어 그대로 제약 조건 이론을 의미합니다. 이는 앞에서 설명한 보틀 넥 이론과 깊은 관계가 있습니다. 즉 어떤 시스템이든 소수의 문제적 요소에 의해 그 퍼포먼스가 제한된다는 뜻입니다. 생산에 있어서는 가장 처리 능력이 낮은 공정을 개선하지 않으면 생산성 향상이 불가능합니다. TOC 이론에서는 보틀 넥을 특정한 다음 그 문제 해결을 위해 전력을 다합니다. 그렇게 제약이 사라진 공정에서 다시 보틀 넥이 발생하면 다시 한번 보틀 넥을 특정하는 것으로 되돌아가는 공정을 취합니다. 이에 따라 생산성 향상을 꾀할 수 있습니다.

6. UU(P131)

UU는 유니크 유저(unique user)의 약자입니다. 인터넷에서 자사 사이트를 관람하는 사람을 말합니다. 단 이는 한 사람이 몇 번이나 접속하는지 하는 회수(세션 수)를 포함하지 않고 어디까지나 한 번 이상 접속한 유저 한 사람을 1로 간주하는 것입니다. 이를 통해 웹 사이트에 존재하는 팬의 수를 알 수 있습니다. 한편 PV라고 하는 단어도 있습니다. 페이지 뷰(page view)는 웹 사이트 내 페이지 열람 수를 말합니다. 한 사람이 세 페이지를 열람한 경우 PV는 3이 되므로 UU와는 다른 카운트 방식을 취합니다. 예를 들어 A씨가 웹 사이트를 2회 방문하여 10페이지를 열람하고, B씨가 1회 방문하여 5페이지를 열람한 경우 합계는 UU는 2, PV는 15가 됩니다.

7. 회유율(P131)

회유율이란 웹 사이트 1회 방문당 PV(페이지 열람 수)를 말합니다. 계산식은 회유율=PV 수÷방문 수로 나타낼 수 있습니다. 유저가 처음 방문한 페이지에서 같은 사이트 내의 다른 페이지로 접속하면 할수록 회유율은 높아집니다. 따라서 회유율은 유저의 기업에 대한 애착률을 측정하는 척도가 됩니다. 실제로 Amazon과 같은 EC 사이트는 회유율이 높을수록 다른 상품에도 흥미를 가질 수 있기 때문에 상품 구입 수의 향상에 이어집니다. 또한 그와는 반대로 웹 사이트를 방문했을 때 가장 첫 페이지를 보고 사이트를 이탈하는 것을 직귀율이라고 합니다. 직귀율=직귀 수÷방문 수로 표시되며 기업은 직귀 수를 낮추기 위한 전략을 짤 필요가 있습니다.

8. CVR(P131)

CVR은 컨버전율(Conversion Rate)의 약자로 CVR이란 웹 사이트를 통해 계약에 이어진 비율을 나타내는 것입니다. CVR의 계산식은 CVR=컨버전 수÷세션 수(사이트 방문 수)×100(%)입니다. CVR이 높은 페이지일수록 유저의 관심을 정확히 파악하고 있다고 말할 수 있습니다. 반대로 CVR이 낮으면 유저가 구입을 결정하기 전 사이트를 이탈한다는 뜻으로 청구 방법에 문제가 있다는 뜻입니다. 기업으로서는 세션 수, 컨버전 수, 컨버전율을 명확히 함으로써 세션을 어떻게 늘릴 것인가 컨버전까지 유도를 효과적으로 하기 위해 어떻게 사이트를 개선할 것인지 등을 생각할 수 있습니다.

Chapter 4

잘못된 수치화에는 요주의! 숫자의 함정과 마술에 주의하라

'수치화하기=숫자로 생각하기'의 90%는 숫자를 사용하기 전에 있다고 해도 과언이 아닙니다.
수학을 베이스로 생각함으로써 업무의 질과 속도를 단숨에 높인다.
그런 결과를 만들어내기 위해 꼭 필요한 사고법을 배워봅시다.

일 월 화 수 목 금 토
1 2 3 4 5 6 7

01 분모와 분자가 애매한 숫자에는 가치가 없다

업적이 5% 증가했다고 들어도 그것만으로는 그 숫자를 평가할 수는 없습니다. 분모(기간 등)와 분자(금액 및 이익률 등)가 애매한 상태라면 그 숫자에 어떤 의미가 있는지 확실히 알 수 없기 때문입니다.

특정 상품의 이익률이 5% 증가했다는 말을 들으면 어떤 인상을 받게 되나요? 이익률이 증가했으니 좋은 정보임에는 분명합니다. 그러나 구체적으로 어느 정도로 증가했는지 '이익률 5%'라는 말만으로는 확실하지가 않습니다. 예를 들어 발매한 지 오랜 시간이 지난 상품의 매출이 인기가 상승하면서 이익률 5% 증가가 실현된 것인지 아니면 최근 1개월 매출이 5% 증가했는지에 따라 구체적인 금액은 크게 변할 것입니다. 뿐만 아니라 오랜 시간 동안 상품을 전개했고 그에 따라 안정적인 매출이 예상되는 경우라면 좋은 소식이지만 최근 1개월 동안 업적이 5% 증가한 것뿐이라면 그것은 일시적인 현상일 가능성도

기준이 명확한 숫자는 이점도 문제점도 명확해진다

사장님!
A상품의 이익률이
5% 증가했습니다.
그렇다면 전체로
흑자가 된 건가?
목표 영업 성적을
달성한 거고?
애매한 숫자로군.

있습니다. 즉 분모(기간)와 분자(금액 및 이익률)의 설정이 애매한 숫자로는 중요한 정보가 전혀 전달되지 않으며 당연히 상황을 바르게 읽을 수도 없습니다.

또한 일시적인 업적 향상이라고 할지라도 분모와 분자를 명확하게 하여 원인을 분석을 해야 업무 및 업적 개선에 도움을 줄 수 있습니다. 예를 들면 이익률이 5% 증가한 이유를 알고 싶은 경우, 생산 단계의 비용 절감이 유효했던 것인지 소매업자의 캠페인으로 출하량이 증가한 것인지 시장에서의 인기 급상승으로 판매 수가 늘어난 것인지에 따라 앞으로의 계획은 달라질 수밖에 없습니다. 이 때문에라도 평가 기준이 되는 숫자는 분모와 분자를 명확하게 할 필요가 있는 것입니다.

애당초 이익이란…?

A사
원재료비
인건비
기업 이익
출하
B점
판매
상품 제조 단계에서 비용 절감된 건가? 아니면 기업 이익의 증가?
출하 수의 증가?
아니면 판매 수가 늘었다는 것?
어떻게 그런 숫자가 나왔는지 확실하게 파악하지 않으면 알 수 없군.

02 확률이라는 함정에 주의할 것

성공 확률이 높은 쪽을 택하는 편이 현명한 행동이나 선택이라고 생각하기 쉽지만 이는 전형적인 숫자의 함정이라고 할 수도 있습니다. 실제로는 보다 많은 도전으로 성공을 축적하는 쪽이 얻을 수 있는 이익도 많습니다.

같은 기간 중 영업 확률이 50%인 영업사원과 영업 확률이 30%인 영업사원이 있다고 합시다. 과연 이 두 사람 중 보다 우수한 영업사원은 어느 쪽일까요? 단순히 숫자만 보면 50%인 영업사원 쪽이 우수하다고 생각할 수 있습니다. 그러나 이렇게 간단히 판단하는 일은 위험합니다. 50%의 영업사원이 10개 사에 제안을 하여 5건의 계약을 성공한 것이라면 이 역시 물론 훌륭한 성과라고 할 수 있습니다. 하지만 150개 사에 제안을 하여 그중 45개 사와 계약을 한 영업사원이 있다면 어떨까요? 영업 성적으로서는 30%가 되지만 45개 사라고 하는 대량의 클라이언트를 획득한 엄청나게 우수한 영업사원이라고 할 수 있습

확률은 실제 성과의 양을 잘못 판단하게 만드는 함정

영업 성적 50%!
어느 쪽이 우수한 영업사원!?
영업 성적 30%!

니다. 그렇게 되면 반대로 50%의 계약률을 이루었지만 불과 10개 사밖에 제안을 하지 않았던 영업사원은 그다지 업무를 적극적으로 하지 않은 셈이 됩니다. 당연히 활발하게 많은 제안을 하여 보다 많은 계약을 이루어낸 영업사원이 더 높은 평가를 받는 것이 옳겠지요. 물론 계약 건수는 적어도 이익이 크다면 매출에서는 역전될 수도 있습니다. 그렇지만 그건 업무의 질과 관련된 이야기입니다. 일단은 일정 정도 이상의 영업 수를 처리하는 것을 전제로 양을 유지하면서 질도 추구해야 됩니다. 여기서 양보다 질을 우선하면 메리트보다도 리스크를 먼저 계산할 수밖에 없어 행동이 둔화되어 일은 하지 않고 업무 내용에 트집만 잡는 말만 많은 영업사원이 되고 마는 것입니다. 그렇게 되면 결국은 이익이 큰 건수까지 놓치는 결과까지 가져올 수 있습니다.

10개 사에 제안을 해 5건의 계약 성립…50%
표면적으로는 좋은 인상을 주는 확률론도 실제로 행동한 사람의 성과에는 미치지 못함
150개 사에 영업을 해 45건의 계약 성립…30%

03 '%'가 행동에 브레이크를 거는 일이 있다?!

업적을 올리기 위해 목표치를 %로 설정하는 일 자체는 나쁘지 않지만 가끔 그것이 행동에 불필요한 브레이크를 거는 원인이 되는 경우도 있습니다. 그렇게 되지 않도록 하기 위해서는 적정한 설정과 달성하지 못했을 때의 지원이 필요합니다.

만약 연간 목표를 계약률 50%로 설정했다고 합시다. 연도 말까지 앞으로 한 달이 채 남지 않은 시점에 계약 성립 10건, 미성립 10건으로 계약률이 50% 상태라면 당신은 어떻게 행동하겠습니까? 한 번 더 계약을 따러 가서 계약률 50% 이상에 도전하겠습니까? 아니면 계약에 실패할 경우 계약률이 50% 이하가 되므로 영업 활동을 멈추겠습니까? 이렇게 물으면 "영업 활동을 멈추겠다."라고 대답하는 사람이 많을 것입니다. 현 시점에 이미 목표를 달성했기 때문입니다. 새로운 행동이 원인이 되어 목표치를 달성하지 못하게 된다면 그야말로 억울합니다. 즉 %를 사용한 목표치의 설정은 행동을 제어하는 원인이 될 수 있

노력이 마이너스적인 결과를 가져올 수도 있다는 가능성이 행동을 둔하게 만듦

영업 계약률
목표
50%
지금 딱 50%인데…
다음에 실패하면
50% 미만이 되는군.
그럼 하지 말까….

습니다.

또한 경상 이익으로 전년 대비 105%라는 목표가 사장에 의해 제시되었다고 합시다. 하지만 업적의 호조로 10개월이 지난 시점에 이미 전년비 120%의 이익을 올리는 경우 남은 2개월 동안은 이익이 발생하지 않아도 전년과 대비해 120%는 달성할 수 있습니다. 이런 숫자만 보면 당연히 기쁜 일이지만 이로 인해 내년도 전년 대비 105%의 목표가 설정된다면 어떨까요? 숫자만 보면 나쁘지 않은 설정이지만 사실은 재작년의 126%가 되어 상당이 어려운 목표치입니다. 사원들은 어려운 목표를 강요당하는 일은 두려운 만큼 도전을 회피할 수도 있습니다. 성장을 위한 수치화가 결과적으로 족쇄가 된 셈입니다.

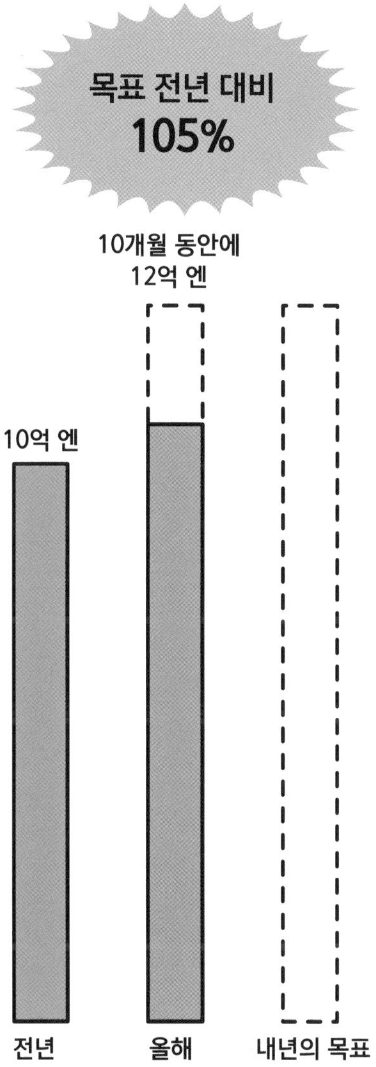
목표 전년 대비
105%
10개월 동안에
12억 엔
10억 엔
전년
올해
내년의 목표

%를 사용한 목표치는 행동을 억제하는 원인이 된다!

큰일이네.
올해 벌써 120%나
달성했어….
내년에도 전년 대비
105%를 목표로 하라고
할 텐데 어떡하지….
너무 열심히
하지는 말자고.

04 '고객 만족도 90%'의 구조

90%의 고객이 만족한다고 대답한 상품이라면 괜찮을 것이라고 쉽게 판단하는 것은 현명하지 않습니다. 대답을 한 고객의 범위를 어디까지 확대했느냐에 따라 90%의 평가를 얻은 것보다 10%의 고객이 불만을 품었다는 결과 쪽이 중요할 수 있습니다.

A와 B 두 개의 기업이 있고 그중 A사는 정사원의 비율이 75%, B사는 50%, 나머지는 계약 사원 및 아르바이트 등 비정규직이라고 합시다. 이 경우 A사와 B사 어느 쪽이 보다 건전한 경영 상태일까요. 많은 사람이 A사라고 대답할 것입니다. 하지만 A사의 정사원이 6명이고 아르바이트가 두 사람, B사의 사원은 2000명이고 계약 사원이 1000명이라면 인상은 완전히 달라집니다. 확실히 % 표기는 전체 비율을 조감하는 의미에서 편리한 기준이 됩니다만 그 내부 상황을 정확하게 파악하고 싶을 때는 큰 도움이 되지 않습니다. 자신에게 불리한 실태를 감추고 싶은 경우 자주 사용되기도 하고요. 그러므로 % 표기로 높은 숫

'고객'의 정체를 바로 알자!

고객 만족도
90%
보습 크림
어떤 고객인지
모르겠네?
고객 만족도
90%라고 하는데…

자를 자랑하는 사례일수록 그 내용을 면밀하게 살펴볼 필요가 있습니다.

예를 들어 고객 만족도 90%를 자랑하는 상품이 있다고 합시다. 이때 주목해야 할 부분은 90%라는 숫자를 만들어낸 분모가 되는 고객에 대해서입니다. 이것이 상품을 구입한 모든 고객을 대상으로 조사한 결과로 만족도 90%를 기록했다면 무척 우수한 상품이라 할 수 있습니다. 하지만 적극적으로 앙케이트에 응한, 즉 상품 평가를 얻기 쉬운 우량 고객의 만족도가 90%라고 하면 오히려 10%의 고객이 불만이 있다는 사실이 큰 문제라고 할 수 있습니다. 90%라고 하는 숫자라고 해도 의미하는 것이 크게 달라질 수 있다는 것입니다. % 표기로 숫자를 다루는 경우는 그 이면에 숨겨진 의도를 읽어야 합니다.

전 고객의 90%가 만족
이 경우는 확실히 엄청난 상품일지도….
우량 고객의 90%가 만족
오히려 10% 고객의 마음에 들지 않은 점 쪽이 문제일지도….

05 '최대 50% OFF'와 '최대 30% OFF' 중 굉장한 것은 어느 쪽?

세일을 하는 경우 할인율만 생각하면 생각지도 않은 손해를 볼 리스크가 있습니다. 주목해야 할 부분은 할인액으로 할인액을 효과적으로 이용하는 것이 사업의 승패를 나눌 수 있습니다. 그 이유를 흔히 볼 수 있는 사례를 통해 살펴보겠습니다.

만약 같은 상품을 같은 가격으로 판매하던 두 곳의 가게가 한쪽은 최대 50% 할인하는 세일, 다른 한쪽은 모든 상품을 30% 할인하는 바겐세일을 하고 있다면 어느 쪽에서 쇼핑을 하는 쪽이 이득일까요? 나도 모르게 최대 50% 할인이라는 숫자에 유혹되어 가게 되지 않나요? 하지만 이런 경우야말로 숫자의 매직이라 할 수 있습니다.

만약 주력 상품 1~2개가 50% 할인이고 상품 전체의 30% 정도는 30% 할인, 나머지 상품은 10% 할인이거나 평소 가격 그대로라고 하면 전체로 따지면 10% 정도도 되지 않을 수 있습니다. 운 좋게 주력

실제 할인되는 액수를 확인해야 함!

상품을 사게 된다면 이야기는 별개가 됩니다만 그렇지 않고 분위기에 휩쓸려 딱히 이득도 아닌 쇼핑을 하게 됩니다. 한편 모든 상품을 30% 할인해주는 가게라면 확실하게 30% 할인된 쇼핑을 할 수 있습니다. 또한 전 품목 50% 할인인 바겐세일과 전 품목 30% 할인인 바겐세일이라도 다루는 상품이 다르면 또 다르게 생각해보아야 합니다. 50%를 할인해주는 A점포의 최고액 상품이 3만 4000엔이라면 할인액은 최대 1만 7000엔입니다. 그러나 전 품목의 30%를 할인해주는 B점포의 최고액 상품이 15만 엔이라면 할인액은 4만 5000엔입니다. 어느 쪽이 이익일지는 상품의 가격대에 따라 크게 달라지는 셈입니다.
여기까지 고객의 입장에서 살펴봤습니다만 기업의 입장에서도 이러한 할인의 구조를 정확하게 이해하지 않으면 손해를 입을 수도 있으므로 주의해야 합니다.

A점포
전 품목 50% 할인!
최고액 3만 4000엔짜리
가죽 점퍼가 1만 7000엔
➡ 1만 7000엔 할인!
B점포
전 품목 30% 할인!
고급 오더 메이드 양복
15만 엔짜리가 10만 5000엔
➡ 4만 4000엔 할인!
50%를 할인하는 A점포보다
30%를 할인하는 B점포 쪽이
할인액이 클 수도 있네.

06 '10% OFF'와 '10% 포인트 환원' 중 이익인 것은 어느 쪽?

10% OFF와 10% 포인트 환원 중 어느 쪽이 더 이익인가, 라고 하면 바로 대답할 수 있습니까? 올바르게 대답하기 위해서는 실질 할인율을 알 필요가 있습니다. 완전히 똑같이 보이는 서비스라도 사실은 조금 차이가 있습니다.

같은 서비스로 보여도 사실은 조금 다른 것이 있습니다. 그 전형적인 예가 소매점에서 자주 사용하는 '10% OFF'와 양판 체인점에서 자주 볼 수 있는 '10% 포인트 환원'입니다. 같은 상품을 10% 할인해서 파는 가게와 5% 할인해서 파는 가게라면 어느 쪽이 이익인지는 명확합니다. 마찬가지로 10% 포인트를 환원해주는 가게와 5% 포인트를 환원해주는 가게가 있다면 역시 10%의 포인트를 환원해주는 가게 쪽이 이익이죠. 하지만 같은 상품을 10% 할인해주는 가게와 10% 포인트를 환원해주는 가게가 있다면 어느 쪽이 이익인지 알고 계신가요.

같은 기준으로 비교하지 않으면 어느 쪽이 이익인지 알 수 없다

Q 1
어느 쪽이 이익?
5% 할인
이쪽!
10% 할인

Q 2
어느 쪽이 이익?
5% 환원
이쪽!
10% 환원

이런 경우는 잠시 계산할 필요가 있습니다. 우선 '지불한 가치(금액)÷얻은 가치(상품·포인트등)'이라는 수식을 만들어봅시다. 만약 정가가 100엔인 상품이 있으면 10% 할인해서 구입한 경우는 900÷1000이 되어 답은 0.9입니다. 즉 실질 할인율이 10%가 됩니다. 그렇지만 10% 포인트를 환원해주는 경우는 1000÷(1000+100)≒0.91이므로 실질 할인율 9%로 상품을 사는 것이 됩니다. 즉 같은 10%라면 포인트 환원보다 그 자리에서 할인해주는 쪽이 이익인 것입니다. 게다가 포인트 환원은 다음 쇼핑에서 포인트를 이용할 수 있는 경우가 많아 최초의 쇼핑에서는 가격이 내려가지 않습니다. 같은 가게에 계속 다니는 경우가 아니라면 실질 할인율이 0%가 되고 마는 것입니다.

반대로 말하면 비즈니스에서 % 할인과 포인트 환원을 효과적으로 사용하면 고객의 만족도를 높이면서 동시에 확실하게 이익을 올릴 수 있습니다.

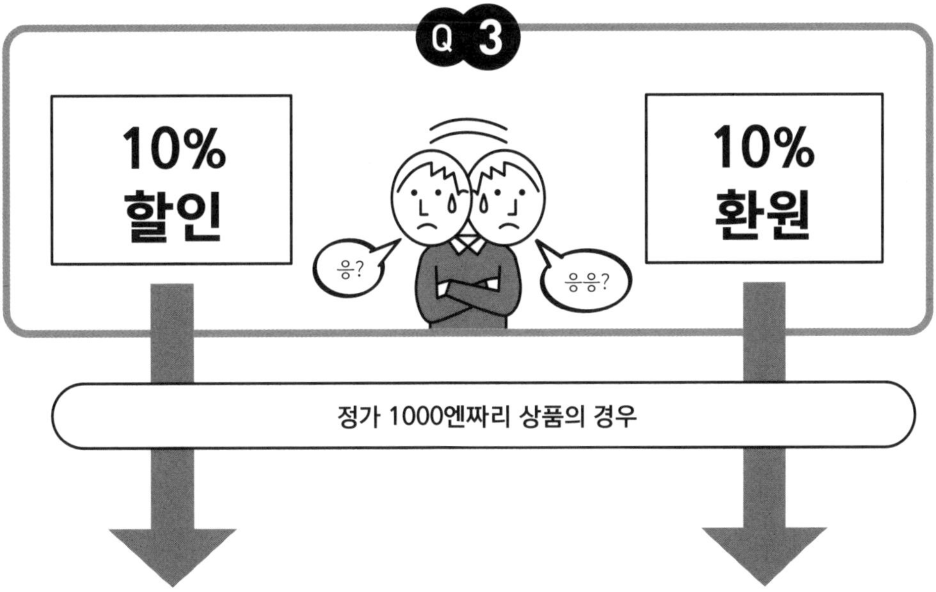
Q 3
10% 할인
10% 환원
응?
응응?
정가 1000엔짜리 상품의 경우

$$\frac{\text{지불한 가치}}{\text{얻은 가치}} = \frac{900}{1000} = 0.9 \qquad \frac{1000}{1000+100} \fallingdotseq 0.91$$

➡ **10% 이익** ➡ **9% 이익**

처음부터 10%를 할인해주는 쪽이 이익입니다.
포인트 환원의 경우 이익을 보는 금액이 적고 이익을 볼 수 있는 건 다음 쇼핑 때인 거죠.

07 평가에 '제로'가 있으면 모티베이션이 오르지 않는다?

성과를 내면 보상이 있어야 사람들의 모티베이션이 올라갑니다. 하지만 성과를 내지 못한 것을 마이너스로 처리할지 아니면 플러스마이너스 제로로 처리하는지에 따라 사람의 행동력은 크게 바뀝니다.

모티베이션을 유지해 성과를 내는 사람과 좀처럼 성과를 내지 못하는 사람 사이에는 어떤 차이가 있을까요? 바로 '제로 평가'라고 하는 기준의 유무입니다. 사원의 모티베이션을 올리기 위해 인센티브 제도를 도입하는 기업이 늘고 있습니다. 간단히 말하면 성과를 낸 사원에게 보상을 하는 제도입니다. 이 평가에 해당하는 부분을 포인트로 환산하면 이에 대한 메리트와 디메리트를 확실하게 알 수 있습니다.

성과를 내는 사원은 자신의 업적을 플러스와 마이너스로 인식합니다. 예를 들어 커다란 계약을 따내면 플러스 3, 아쉽게 성과를 내지 못하면 마이너스 1, 기업에 손실을 끼쳤다면 마이너스 3이라고 하는 식

마이너스 평가를 의식해야 행동력이 발생

성과의 유무를 플러스 마이너스로 생각하는 사람을 위기감을 가지고 적극적으로 행동하지만 제로 혹은 플러스로 생각하는 사람은 행동이 둔해지기 쉽습니다.

과업 달성!
플러스 3!
좋아,
해보자고!
이번엔 성공 못했지만
다음엔 어떻게든 되겠지.
후암~
START

입니다. 성과를 내기 위한 도전이 마이너스가 되는 경우도 있으므로 이를 만회하기 위해 다시 도전하게 됩니다.

하지만 성과를 내지 못하는 사람은 제로라고 하는 생각이 있습니다. 성과를 내지 못하면 플러스마이너스 제로라는 발상입니다. 이런 까닭에 위기 의식이 약하고 때로는 성과를 냈을 때만 만족하는 바람에 '움직이지 않는 아저씨, 아줌마'가 되고 맙니다. 이래서는 마이너스 의식을 가지고 업무에 임하는 사원만큼 모티베이션을 유지하기 어렵고 전체적인 성과에서도 커다란 차이가 나타나게 됩니다.

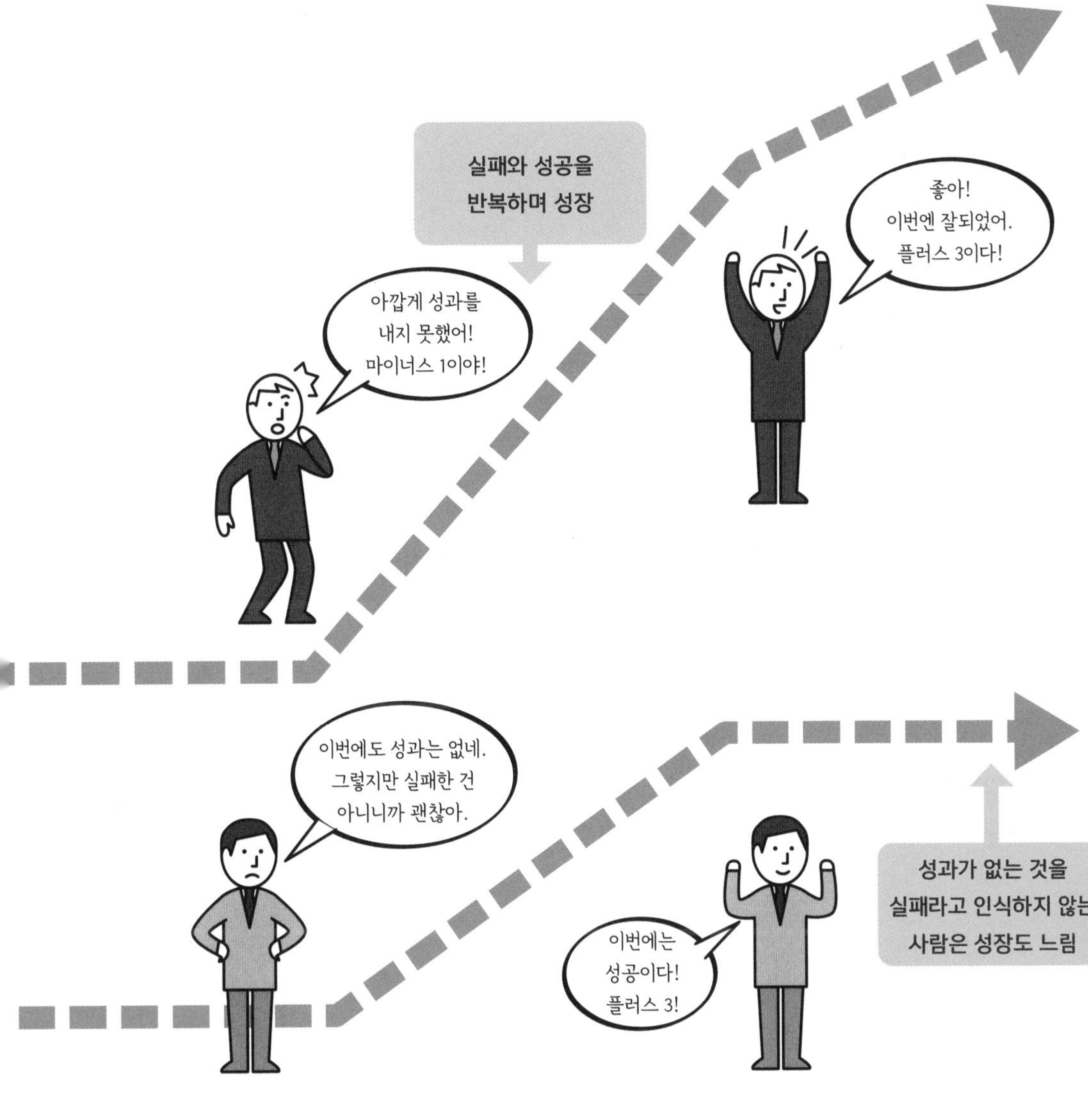
실패와 성공을
반복하며 성장
아깝게 성과를
내지 못했어!
마이너스 1이야!
좋아!
이번엔 잘되었어.
플러스 3이다!
이번에도 성과는 없네.
그렇지만 실패한 건
아니니까 괜찮아.
이번에는
성공이다!
플러스 3!
성과가 없는 것을
실패라고 인식하지 않는
사람은 성장도 느림

4 잘못된 수치화에는 요주의! 숫자의 함정과 마술에 주의하라

08 '평균이니까 안심'은 위험한 생각

평균치는 전체의 중앙 부분을 의미하는 숫자로 편리하게 사용됩니다. 하지만 평균치를 정말로 신뢰할 수 있느냐 하면 그렇지는 않습니다. 샘플 중에 극단적으로 높은 숫자나 낮은 숫자가 있으면 실태와는 동떨어진 숫자가 나오기 때문입니다.

'평균적'이라는 말에 많은 사람들이 안심하게 됩니다. 테스트에서 평균점을 넘으면 어딘가 마음을 놓게 되지요. 하지만 이는 큰 실수입니다. 평균치라 제시된 숫자는 실제 집단의 중앙치가 아닐 수도 있습니다. 예를 들어 한 반에 있는 다섯 명의 테스트 평균이 63점이라고 합시다. 65점을 받은 A는 평균을 상회한 까닭에 무척 기뻐했지만 사실 B는 90점, C는 80점, D는 70점 그리고 E가 10점으로 E가 평균점을 많이 깎았습니다. E를 제외하면 4명의 평균점은 76점으로 A는 그중 최하위가 됩니다. 평균점이라는 숫자를 얼마나 믿어서는 안 되는지 쉽게 알 수 있습니다.

평균이 전체의 중앙을 나타내는 숫자라고 단정할 수는 없다.

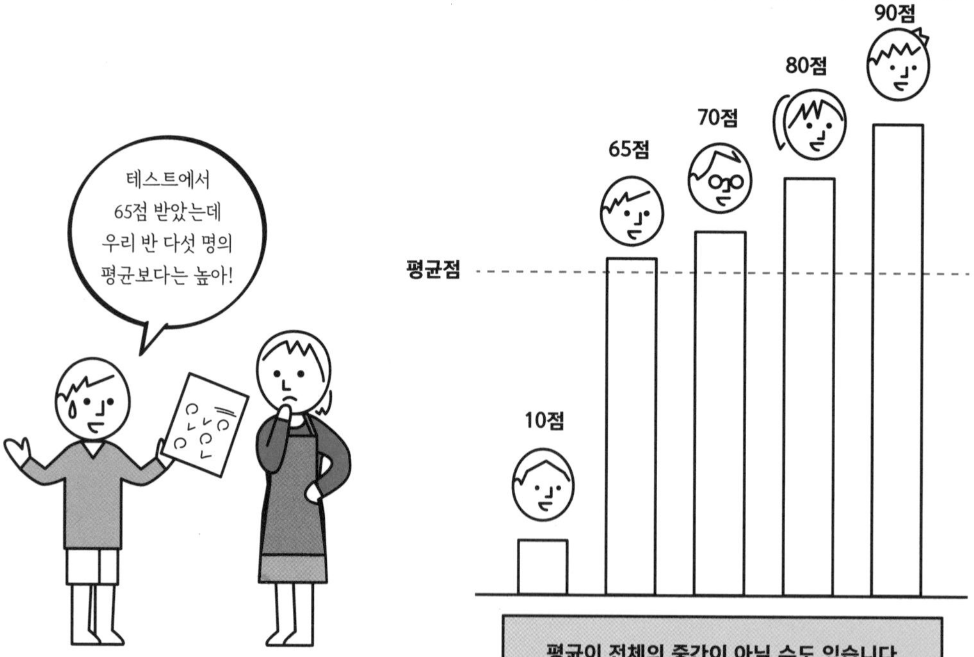
테스트에서
65점 받았는데
우리 반 다섯 명의
평균보다는 높아!
10점
65점
70점
80점
90점
평균점

평균이 전체의 중간이 아닐 수도 있습니다.

또 그룹 기업 내의 복수개 점포의 평균 매출을 뽑아본들 그다지 의미가 없습니다. 평균 매출과 동일하게 600만 엔을 올린 점포가 사실은 좋은 입지 조건인 만큼 더 많은 매출을 기록했어야 할 수도 있고 반대로 평균 매출보다 많이 떨어져도 입지 조건이나 고객층의 차이로 인해 원래라면 훨씬 더 낮은 매출을 기대해야 하는 점포도 존재할 수 있습니다.

이처럼 평균은 탁상공론에 지나지 않습니다. 일괄적으로 평균이라는 숫자만으로 판단하지 말고 개별 상황을 분석하고 판단할 필요가 있습니다. 그리고 이런 생각은 자신을 평가할 때도 도움이 됩니다. 인간은 자신에게 유리한 정보를 이용하고 싶어 하는 생물이지만 '맞는지 아닌지'를 판단하는 것은 어디까지나 제3자라는 것을 잊지 않도록 합시다.

매출
1000만 엔
전체 평균 매출은
600만 엔이지만…
매출
600만 엔
매출
200만 엔
A점은
열심히 했네요.
B점은 A점보다
고객이 많은 지역인데
이런 숫자인 건가요.
C점은 오픈한 지
얼마 안 되었고
고객 개척 중이니
이 정도면 선전한
셈이군요.
A점
B점
C점
실정에 맞는 평가가 중요한
것으로 평균은 하나의 기준
에 지나지 않습니다.

09 '배당 방식'이 잘못된 수치화는 문제의 소재를 발견하기 힘들게 한다

전체적으로 만족스러운 숫자를 얻었다 하더라도 그 내실에 따라서는 중대한 문제를 보지 못해 돌이킬 수 없는 사태에 빠질 가능성이 있습니다. 숫자는 간결하게 하되 중요한 과제에 이어지는 부분은 상세한 부분까지 살펴볼 필요가 있습니다.

만약 과거 몇 년 동안의 영업 성적이 평소와 비슷한 정도였다고 해도 그것으로 안심해서는 안 됩니다. 영업 성적의 내용이 어떻게 구성되어 있는지 '배당 방식'이 중요합니다. 기업이 안정적으로 경제 활동을 하기 위해서는 복수의 굵직한 고객과 양호한 관계를 맺고 거래가 안정적으로 이루어지거나, 항상 일정한 숫자가 계속 팔리는 대표 상품이 있거나 하여 매출이 안정되지 않으면 안 됩니다. 이런 안정된 매출이 영업 성적의 다수를 차지하는 상황이라면 기업의 경영 그 자체는 대략 안정되어 있다고 평가할 수 있습니다.

이익은 단발적 이익과 지속적 이익으로 구분해야 함

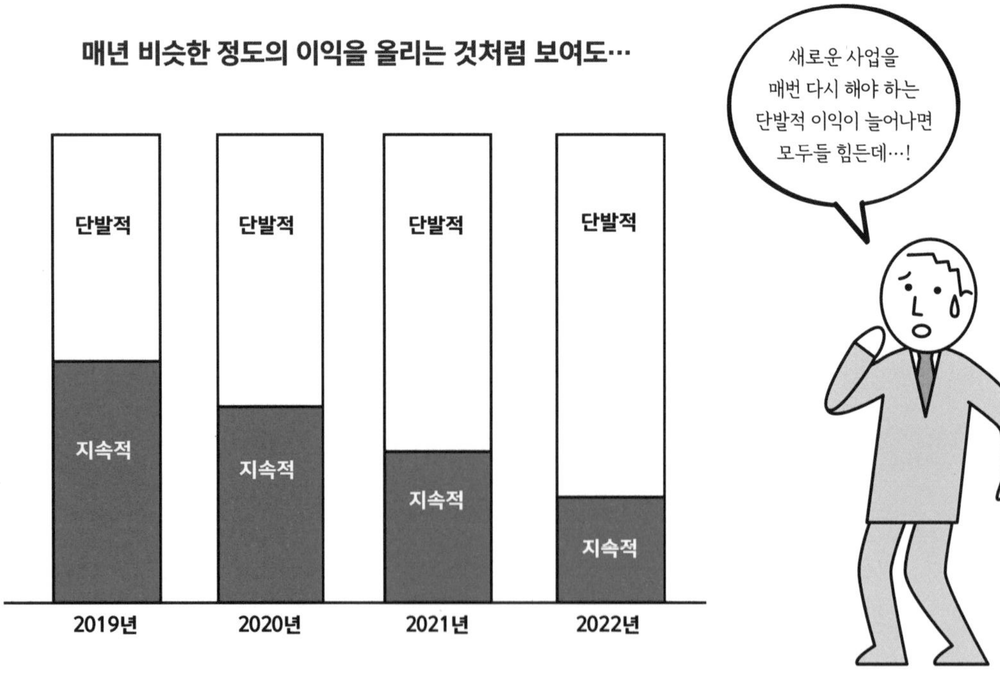
매년 비슷한 정도의 이익을 올리는 것처럼 보여도…
단발적
지속적
2019년
2020년
2021년
2022년
새로운 사업을
매번 다시 해야 하는
단발적 이익이 늘어나면
모두들 힘든데…!

하지만 그런 고객과의 지속적인 거래 비율이 떨어지고 신규 고객과의 단발 계약의 비율이 높아지면 주의가 필요합니다. 지속적인 거래는 한번 구축된 포맷에 따라 비교적 낮은 코스트로 이익을 계속 올릴 수 있지만 신규 고객과의 거래는 새로운 포맷을 구축할 필요가 있고 또 한 번의 거래로 끝나고 말 가능성이 높습니다. 이래서는 채산성이 떨어지고 부담이 늘어납니다.

지속적인 이익을 낳는 포맷을 구축한 대표적인 기업으로 유명한 곳은 애플입니다. 과거 컴퓨터와 컴퓨터를 가동시키는 OS를 판매하는 메이커였습니다만 iPhone과 iPad, Apple Watch 등을 개발하고 이 상품들을 가동시키는 데 필요한 iCloud와 iTunes Music 등 서브스크립션 서비스로 고객을 흡수하여 안정된 매출을 올릴 수 있는 포맷을 실현했습니다.

Macbook
iTunes
iCloud
iPhone
iPad
애플은 예전엔 컴퓨터만
판매했지만 자사 제품을 매개로
아이클라우드와 아이튠뮤직으로
유저로부터 지속적인 매출을
확보하는 시스템을 만들었죠.

10 목표가 애매한 상태에서 수치화하는 것은 NG

목표(Goal)가 애매한 상태에서 숫자만 제시되면 일단 눈앞의 간편한 방법으로 과제를 해결한 기분에 빠지기 쉽습니다. 숫자를 제시하기 전에 목표를 적절하게 설정하고 거기에 맞는 숫자를 만들어내지 않으면 안 됩니다.

회의 때마다 엄청난 자료를 정리하여 가져오는 사람이 주변엔 혹시 없는지요. 분명 각종 영업 성적이나 시장 리서치에서 얻은 데이터는 소중할지도 모르고 그 자료를 정리하는 데에도 상당한 노력이 필요합니다. 하지만 그것만으로 업무를 처리했다는 기분이 들면 안 됩니다. 모든 수치는 그것을 해석해서 활용하기 위한 단서에 지나지 않습니다. 그리고 하나의 목표가 있을 때 적절하게 처리하기 위한 지표로 사용하는 것입니다. 그러므로 목표가 확실하지 않으면 숫자는 정말이지 그저 숫자일 뿐입니다.

예를 들어 "앞으로 비즈니스에는 영어가 필수이므로 토익 ○○점 이상을 받을 것"이라는 지시를 받

업무를 처리했다는 기분이 드는 순간

일단 숫자를
조사해보았습니다.
무엇을 위한
숫자이지?
수고했어

은 사람은 꽤 많을 거라 생각합니다. 하지만 이래서는 전혀 의미가 없습니다. 우선 비즈니스에서 어떤 식으로 영어를 사용할지가 전혀 이미지화되지 않았습니다. 실제로 영어가 필요할 때는 교섭이나 프레젠테이션을 할 때일 것입니다. 하지만 토익으로 증명할 수 있는 것은 히어링과 리딩 능력뿐으로 비즈니스 영어가 가능하다는 담보가 되지 않습니다. 만약 여기서 "교섭이나 프레젠테이션을 할 수 있는 영어 능력"이라는 명확한 목표가 제시되면 지시를 받은 쪽도 적절한 영어 회화 학원을 다니거나 비즈니스용 테스트로 성적을 제시할 수 있을 것입니다. 가장 먼저 목표를 명확히 하고 무엇이 목표에 필요한 숫자인가를 역산하여 필요한 숫자를 이끌어내는 것이 중요합니다.

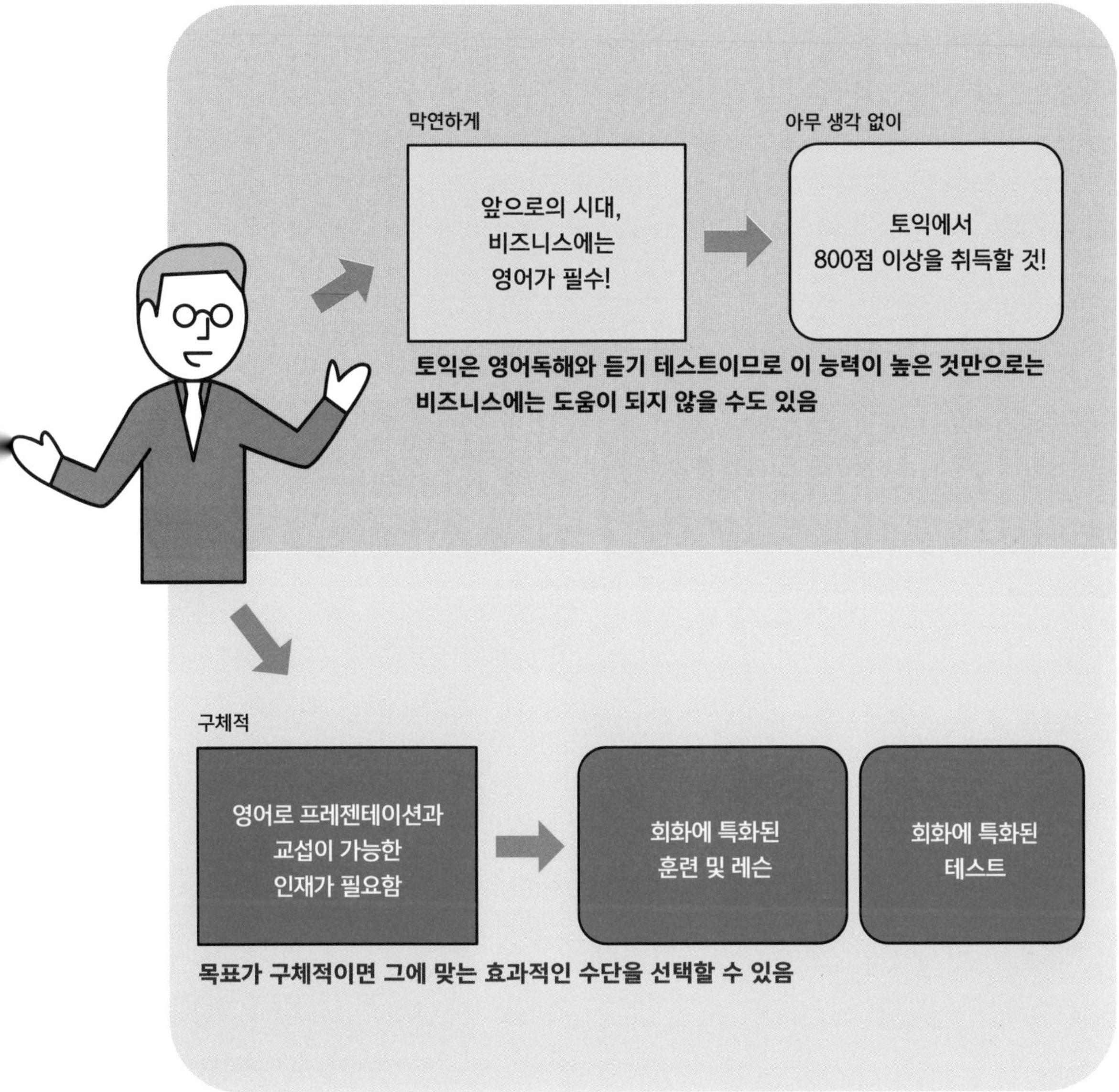

막연하게
앞으로의 시대, 비즈니스에는 영어가 필수!
아무 생각 없이
토익에서 800점 이상을 취득할 것!
토익은 영어독해와 듣기 테스트이므로 이 능력이 높은 것만으로는 비즈니스에는 도움이 되지 않을 수도 있음
구체적
영어로 프레젠테이션과 교섭이 가능한 인재가 필요함
회화에 특화된 훈련 및 레슨
회화에 특화된 테스트
목표가 구체적이면 그에 맞는 효과적인 수단을 선택할 수 있음

11 계측한 숫자는 언젠가 낡은 것이 된다

이 세상은 항상 새롭게 변하는 만큼 예전에는 적절하다 생각했던 지표의 숫자가 어느 사이엔가 맞지 않는 것이 되는 경우도 자주 있습니다. 평가의 기준이 되는 숫자는 항상 그것이 적절한지 어떤지 분석할 필요가 있습니다.

비즈니스는 항상 신진대사를 반복하고 있습니다. 과거의 성공 경험에 사로잡혀 루틴화한 작업만 반복하면 매너리즘화하게 되어 세상의 움직임으로부터 뒤처지고 마는 리스크가 항상 있습니다. "지금까지 이랬으니까", "사내 규정으로 이렇게 되어 있으니까"라는 사고 정지 상태가 가장 위험합니다.

예를 들어 각 점포의 월례 매출 보고가 올라왔다고 합시다. 업적이 호조인 때라면 그것만으로 좋을지도 모르지만 만약 업적이 하강 추세라면 각 점포 전체의 매출뿐 아니라 상품별 매출도 체크하는 등 새로운 돌파구를 찾을 필요가 있습니다. 그렇게 하면 점포별 과제와 개선점을 알 수 있을 것입니다. 그중에는

숫자의 매너리즘화를 피할 수 있는 플로 차트

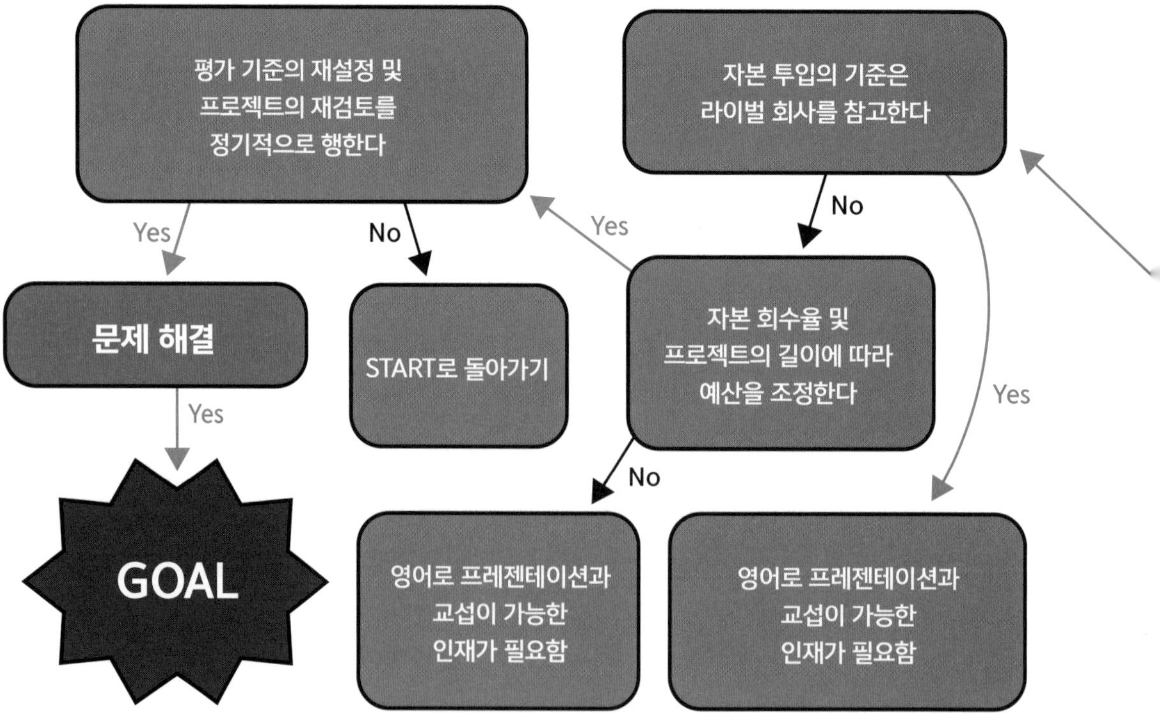
평가 기준의 재설정 및
프로젝트의 재검토를
정기적으로 행한다
자본 투입의 기준은
라이벌 회사를 참고한다
Yes
No
Yes
No
문제 해결
START로 돌아가기
자본 회수율 및
프로젝트의 길이에 따라
예산을 조정한다
Yes
Yes
No
GOAL
영어로 프레젠테이션과
교섭이 가능한
인재가 필요함
영어로 프레젠테이션과
교섭이 가능한
인재가 필요함

점포별 상품 재고 수 등이 적절하지 않을 가능성도 있습니다. 10년 전 기준으로 재고 관리를 하고 있다면 그 설정은 이미 지금과는 맞지 않을 가능성이 있으므로 다시 검토해야 합니다.

또한 자본 투입의 기분이나 예산 분배 등에 있어 같은 업종에 있는 다른 회사의 숫자를 참고로 하는 경우 그 숫자 역시 이미 낡은 것일 가능성이 있습니다. 경우에 따라서는 같은 업종의 다른 회사는 이미 새로운 기준을 채용했는데 자사만 뒤떨어져 있을지도 모릅니다. 항례가 된 부분이야말로 의심해 보고 신선한 시점으로 반복해서 분석할 필요가 있습니다.

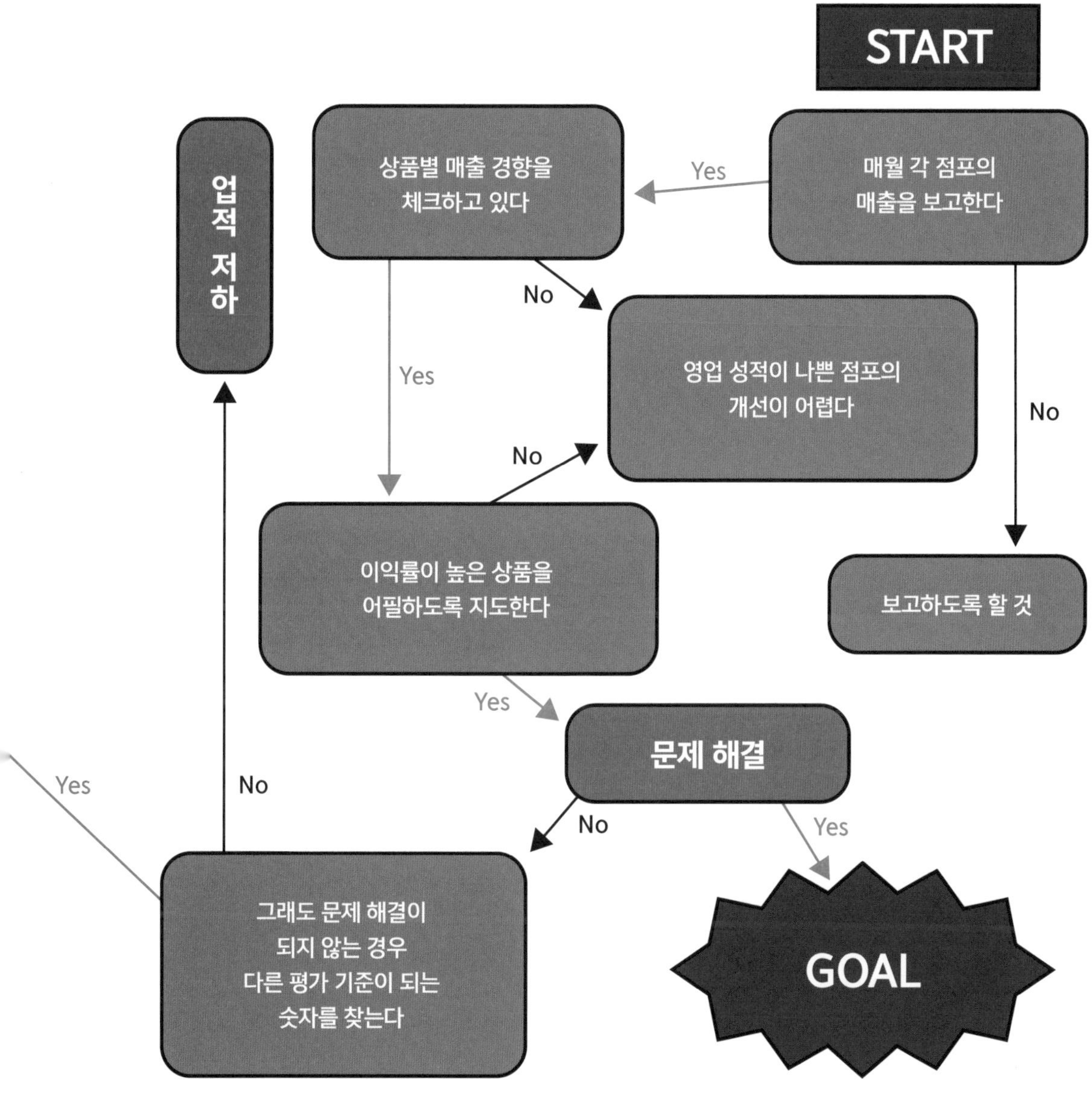
START
매월 각 점포의 매출을 보고한다
Yes
상품별 매출 경향을 체크하고 있다
No
영업 성적이 나쁜 점포의 개선이 어렵다
No
보고하도록 할 것
Yes
이익률이 높은 상품을 어필하도록 지도한다
No
업적 저하
Yes
문제 해결
No
Yes
그래도 문제 해결이 되지 않는 경우 다른 평가 기준이 되는 숫자를 찾는다
Yes
No
GOAL

12 상반되는 두 개의 숫자를 동시에 쫓지 말 것

"토끼 두 마리를 잡으려다 한 마리도 잡지 못한다."라는 속담이 있습니다. 비즈니스에서는 하나의 사업 내에서도 의견 대립이 일어날 수 있습니다. 그것을 양립시키려는 것은 노력의 낭비입니다. 리더가 명확하게 방침을 제시하는 것으로 쓸데없는 혼란을 피할 수 있습니다.

새로운 사업이나 프로젝트를 시작할 때는 기본 방침을 명확하게 정해놓는 일이 중요합니다. 예를 들어 스태프의 일부가 대량의 클라이언트를 획득하기 위해 영업 대상을 흔히 말하는 우량 고객뿐 아니라 재무 상태가 불안정한 층까지 확대하자고 제안하면서 리스크를 불안하게 보고 반대하는 그룹과 의견 대립이 발생했다고 합시다. 이대로는 프로모션이나 실제 판로 개척 플랜을 결정할 수 없습니다. 이는 조직이 커지면 쉽게 볼 수 있는 광경입니다.

여기서 중요한 것은 리더(사장)가 명확한 방침을 제시하는 것입니다. 이 경우 보다 넓은 층에 자사 서

리더가 우선 사항을 결정하여 적절한 타이밍에 변경

우량 고객
매출을 신장시키고 싶으면 고객을 가리지 않고 열심히 팔아야 합니다!
대립
미묘한 고객
이봐이봐, 그런 짓을 하면 외상 대금을 회수 못 할 리스크가 있다고!

비스를 호소할 것인지 우량 고객에 한정지을지 하는 결단입니다. 상반되는 숫자(방침)를 양립시키기 위해 이것저것 대책을 마련하는 것은 좋지 않습니다.

또 보다 큰 성공을 거두고 싶다는 생각에 우량 고객에 한정하지 않는 프로모션 방침을 선택한 경우는 우량 고객을 상대로 대략적인 시장 규모를 알아보고 재무 상황이 불안정한 고객에 대해서는 개선책을 제시하는 등의 행동을 통해 새로운 우량 고객을 육성하는 일에도 이어져야 합니다.

만약 리더가 애매한 자세로 있으면 팀 내 협력이 제대로 되지 않고 서비스의 질이 저하되므로 큰 성과를 기대할 수 없습니다.

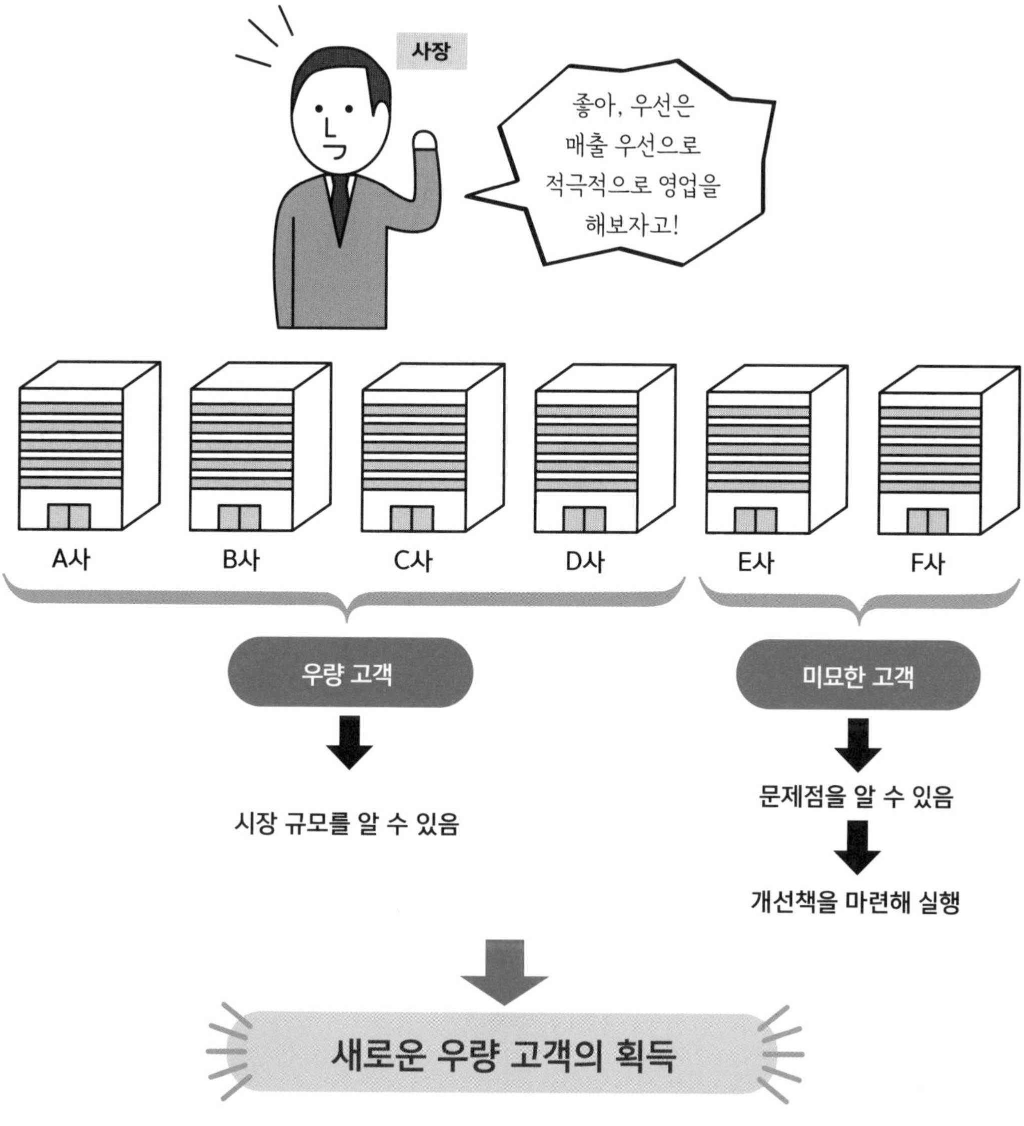
사장
좋아, 우선은 매출 우선으로 적극적으로 영업을 해보자고!
A사
B사
C사
D사
E사
F사
우량 고객
미묘한 고객
시장 규모를 알 수 있음
문제점을 알 수 있음
개선책을 마련해 실행
새로운 우량 고객의 획득

13 수식화 메타보를 회피하라

업무의 수치화가 시작되면 계속해서 수치화하는 항목이 늘기 시작합니다. 그렇게 되면 이를 정리하는 노력이나 이해하는 일에 시간의 낭비가 많은 것도 사실입니다. 그런 낭비를 없애기 위해서는 가장 중요한 항목을 확실하게 축소하는 과정이 필요합니다.

다양한 움직임을 수치화하여 파악하려고 하는 시도 자체는 좋습니다만 이 역시 지나치면 바람직하지 않습니다. 수치화 메타보라는 것이 이런 경우의 가장 쉽게 들 수 있는 예라고 할 수 있습니다. 수치화 메타보는 생각할 수 있는 모든 항목을 수치화하고 데이터를 수집, 축적하는 일을 말합니다. 어떤 기업에서는 데이터의 항목이 1000개를 넘고 그 자료를 읽고 이해하는 데에도 며칠씩 걸리는 규모까지 확대되었다고 합니다. 모든 의미에서 건강하지 못한 상태입니다. 그중에는 유의미한 숫자도 포함되어 있겠지만 대다수는 활용되지 못한 채 데이터만 모여 있는 상태입니다.

메타보인 경우 다이어트를 실시해 우선 항목을 줄일 것

예를 들어 점보 제트기의 조종석을 상상해보면 이해하기 쉬울 것 같습니다. 무수히 많은 계기판이 있습니다만 그것을 계속 읽고 활용하는 일은 보통 인간으로서는 불가능합니다. 자동차처럼 속도계와 엔진 회전계 그리고 연료계와 네비게이션 정도의 수가 적당한 것입니다.

마찬가지로 기업 내 지표도 수치화된 데이터로 다이어트를 하지 않으면 업무를 행하는 사원은 혼란에 빠져 불필요한 실수만 하게 될 것입니다. 이와 같은 사태를 회피하기 위해서는 사장이나 실제 발언력이 있는 인물이 사내의 나쁜 관례를 일소하고 중요한 숫자만 선택하여 하나의 목표를 향해 매진할 수 있도록 환경을 정비하는 것이 중요합니다.

14 '누적'은 문제를 은폐시킨다

다양한 형태로 누적된 데이터도 그것을 하나의 숫자로 정리하면 이해는 쉬워지지만 다양한 문제점과 개선을 위한 힌트가 보이지 않게 되어 많은 이익과 비즈니스 찬스를 상실할 수 있습니다.

앞에서 잘못된 수치화는 문제점의 소재를 알기 어렵게 만든다고 설명했습니다. 그 근본적인 원인은 보고 자료로 작성된 데이터가 수많은 숫자의 누적으로 정리되기 때문입니다. 앞에서는 고객과의 발수주 관계를 분석했습니다만 그 외에도 이해하기 어려운 시점은 여러 가지가 있으며 거기에 사내의 개선해야 할 과제라든지 반대로 비즈니스 찬스를 발견하는 일도 있습니다.

자사 제품의 월별 매출 수치를 살펴봅시다. 누적시켰을 뿐인 그래프는 매월 거의 일정량의 상품이 팔리는 것처럼 보입니다. 하지만 이를 격주 단위 그래프로 바꾸면 몇 가지 중요한 정보가 숨어 있다는 사

전체적인 수치는 같더라도 그 안에 과제가 숨어 있다

누적 그래프로 보면…

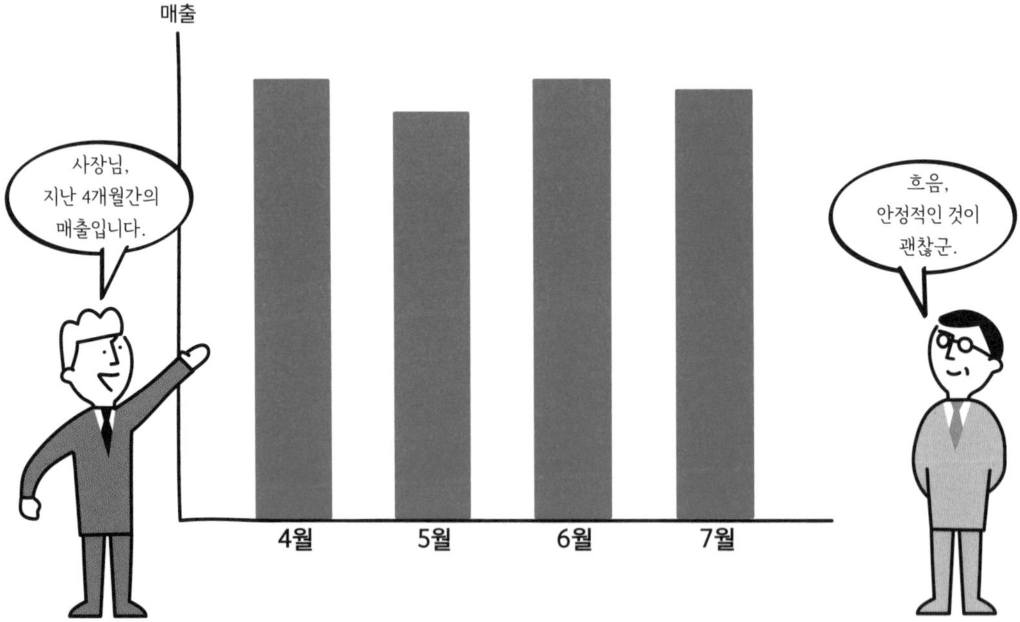

실을 알 수 있습니다. 예를 들어 1~3주까지는 저조한 페이스로 거의 일정하게 팔리는 반면 4주에 들어서는 갑자기 매출이 늘어 월간 과업을 달성한다고 하면 '마지막 주에 무리해서 거래처에 영업 활동을 하여 어렵게 실적을 맞춘다.'라는 사실을 알 수 있습니다. 반대로 월말이 되면 매출이 떨어지고 월초가 되면 회복하는 경우 '월말은 상품의 재고가 부족하여 매출을 올릴 기회를 놓치고 상품 보충이 된 월초가 되면 판매 실적이 회복된다'는 뜻일 수도 있습니다. 이런 경우 생산량을 조정하여 재고를 보다 많이 가지고 있음으로써 업적을 향상시킬 수 있을지 모릅니다. 누적된 숫자는 이렇게 힌트를 숨기고 있습니다.

1개월을 주 단위로 자세하게 살펴보면…

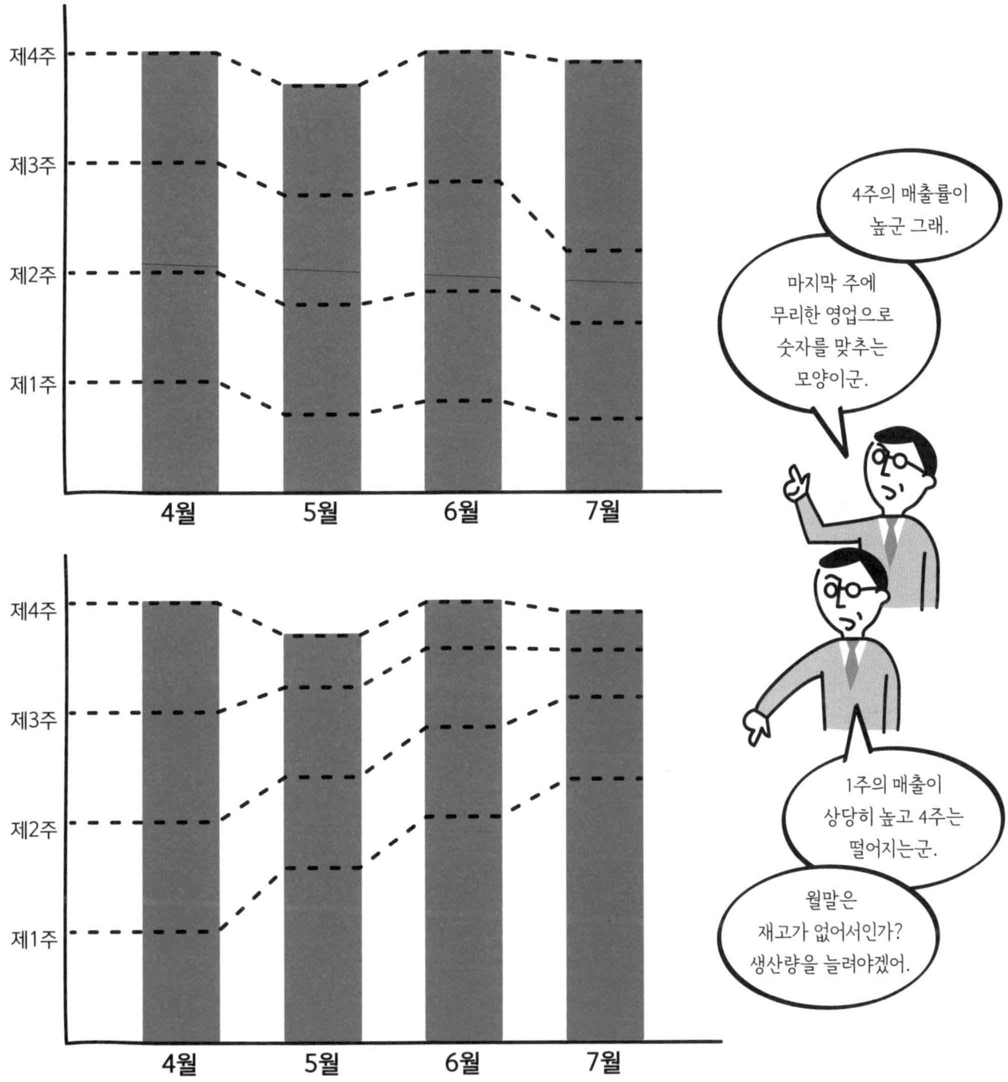
제4주
제3주
제2주
제1주
4월
5월
6월
7월
4주의 매출률이 높군 그래.
마지막 주에 무리한 영업으로 숫자를 맞추는 모양이군.
제4주
제3주
제2주
제1주
4월
5월
6월
7월
1주의 매출이 상당히 높고 4주는 떨어지는군.
월말은 재고가 없어서인가? 생산량을 늘려야겠어.

15 작은 숫자를 크게 보이게 하는 마술

데이터를 보다 크게 보이게끔 하기 위해 같은 내용을 다른 표기로 변환하는 경우가 있습니다. 전형적인 것이 단위를 작은 것으로 하여 숫자의 행수를 늘리는 사례입니다. 그 외에도 관련된 이미지를 가진 다른 것으로 표현하는 경우도 있습니다.

인간은 특정 숫자를 보면 단위보다 숫자의 행수 쪽에 강한 인상을 받는 경향이 있습니다. 이른바 숫자의 마술로 비즈니스의 경우에도 이것을 활용한 프로모션이 많이 전개되고 있습니다. 대표적인 것이 드링크 영양제로 '타우린 1000mg 함유'라고 광고하는 상품을 본 적이 있을 것입니다. 무척이나 많은 영양소가 포함되어 있는 것처럼 느껴집니다. 하지만 잘 생각해보면 1000mg은 1g입니다. 그러므로 간단하게 '1g 함유'라고 광고해도 똑같은 의미입니다만 결코 그렇게 표기하지는 않습니다. '1'이라는 숫자보다 '1000'이라는 숫자 쪽이 임팩트가 크고 인간의 기억에도 잘 남기 때문입니다. 오히려 '1g'이라고 표기하

단위나 대체 이미지로 숫자는 크게도 작게도 보인다

문제 1

타우린 1000mg이
함유된 영양제와 1g이
함유된 영양제.
당신은 어느 쪽을
드시겠습니까?
으음…
양이 많은
1000mg?
어라?
1000이라는
숫자에 혹해버렸네.
1000mg
1g
1000mg=1g

면 '겨우 1g?'이라는 인상을 가질지도 모릅니다.

비슷한 이미지 전략으로는 '레몬 O개분의 비타민C!'라는 표기가 있습니다. 청량음료 업계에서는 비타민C 20mg이 레몬 1개분이라는 기준이 있습니다. 하지만 '비타민C 20mg 함유!'라고 표기하는 것보다는 '레몬 1개분 비타민C 함유'라고 선전하는 편이 왠지 비타민C가 많이 들어 있는 것 같지 않은가요?

상품을 보다 매력적으로 보이게 하기 위해 내용은 같더라도 인상에 남기 쉬운 숫자가 사용되고 있습니다.

문제 2

이번에는
어려운 문제!
당신은 어느 쪽을
마시겠습니까?
비타민C 20mg이 든 음료수와
레몬 하나분의 비타민C가
들어간 음료수
레몬 1개분
비타민C 20mg

청량음료 업계에서는
레몬 1개=비타민C 20mg이라
기준이 있는 모양이에요.
하지만 레몬 하나가
통째로 들어간다고 얘기하면
더 많은 것처럼 느껴지네요.

16 '계획'에 너무 많은 시간을 투자하고 '실행'하지 않는 것은 악수

대기업의 최대 결점이 계획에 시간을 너무 소비해 실행에 옮기는 것이 늦어지는 점입니다. 규모가 작은 스타트업 기업은 실행에 옮기기까지가 빠른 까닭에 동기 부여를 유지한 그대로 시장을 개척하는 일이 용이합니다.

비즈니스에서 가장 중요한 것은 타이밍을 놓치지 않고 행동에 옮기는 속도감입니다. 하지만 이는 일본 기업들이 가장 어려워하는 부분이기도 합니다. 특히 대기업일수록 과거의 성공 체험에서 얻은 노하우나 관례에 사로잡혀 새로운 도전에 대해서는 행동이 굼떠집니다. 또 동기 부여가 잘된 사원이 기획을 올려도 시간을 들여 회의를 하거나 리서치를 반복하는 경향이 있습니다. 겨우 허가가 떨어져 실제로 프로젝트가 시작될 무렵에는 이미 중심이 되었던 사원들의 동기부여가 떨어져 있는 경우도 적지 않습니다. 즉 계획에 시간을 너무 들여 실행하지 않는 경우, 혹은 기회를 놓치는 경우가 많은 것입니다.

사이클을 극소화함으로써 계획을 빠르게 개선하라

다시 개선
재실행
문제점을 개선
수개월 뒤에 평가
속행?
중지?
타이밍을 놓친 기분이 들어.
그러나 실행 시에는 이미 동기 부여가 저하

이와 달리 신규 스타트업 기업에서는 과거의 성공 체험에 얽매이지 않는 만큼 행동이 빠릅니다. 플랜이 정리되면 바로 행동, 그 결과를 검증하고 문제점은 개선해서 단기간 내에 재행동… 하는 식으로 경쟁하는 다른 회사보다 빨리 시장을 개척, 독점할 수 있습니다. 이는 자본력으로는 대적할 수 없는 대기업과 싸워야 하는 스타트업 기업이 선택한 전술입니다만 그 가벼운 발걸음은 대기업에는 없는 강점이라고도 할 수 있습니다.

대기업끼리 경쟁하는 경우도 보다 빠른 '실행'을 전개하는 기업이 이기는 경우가 많습니다.

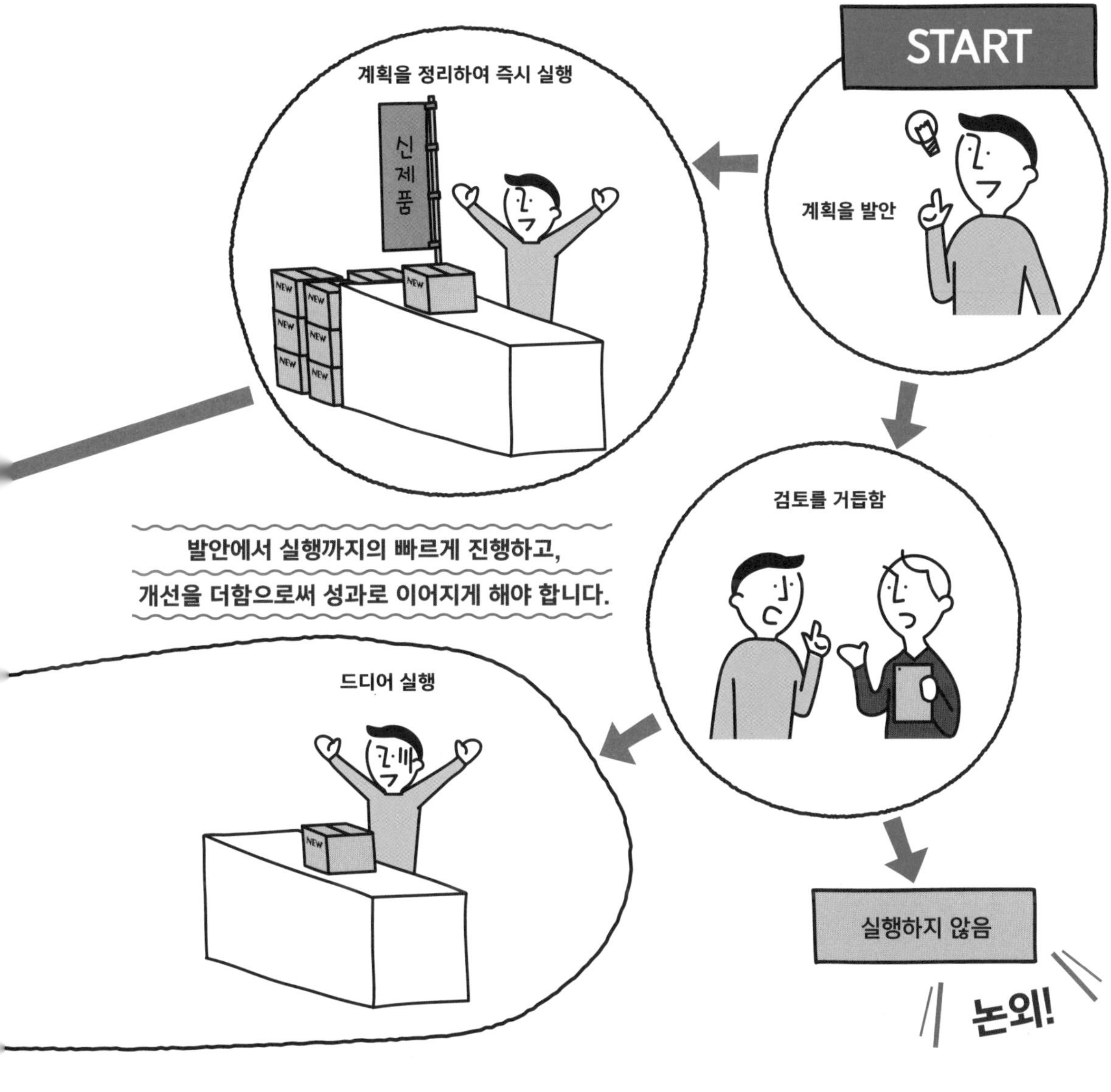
START
계획을 발안
계획을 정리하여 즉시 실행
신제품
NEW
검토를 거듭함
드디어 실행
실행하지 않음
논외!
발안에서 실행까지의 빠르게 진행하고,
개선을 더함으로써 성과로 이어지게 해야 합니다.

Chapter 5

절대 알아두어야 할 숫자의 법칙

숫자에는 어떤 비즈니스의 현장에서도 적용 가능하고
오랜 세월 지지를 받은 법칙이 다수 존재합니다.
그중에서도 일류 비즈니스 플레이어에게 사랑받아온
법칙을 엄선해서 소개하겠습니다.

일 월 화 수 목 금 토
1 2 3 4 5 6 7

01 이익의 8할은 2할의 상품에 의해 만들어진다(파레트 법칙)

비즈니스의 세계는 상위 2할의 상품에 의해 모든 이익의 8할이 얻어진다는 말이 있습니다. 이것이 파레트 법칙입니다. 따라서 마케팅 활동도 2할의 잘 팔리는 상품에 집중적으로 이루어지게 됩니다.

이탈리아의 경제학자 파레트가 19세기에 발표한'파레트 법칙'은 2할의 부유층이 전 세계 부의 8할을 점하고 있다는 것입니다. 이는 '2 : 8의 법칙'으로도 불리며 경제계에서는 그 비율을 응용해 많은 분야에서 활용되고 있습니다. 그중에서도 가장 대중적인 분석이 마케팅에서 상위 2할의 상품이 전체 이익의 8할을 올린다는 것입니다. 얼핏 생각하면 상품 중 2할의 상품에 판매를 집중하면 큰돈을 벌 수 있는 것 아닌가 하고 생각하기 쉽지만 이 역시 리스크가 있으므로 이 법칙을 올바르게 사용하기 위해서는 많은 생각이 필요합니다. 상위 2할을 점하는 상품이 무엇인지 알고 있다면 마케팅 활동도 그 상품들을 중심으

마케팅 포인트를 좁힐 수 있는 법칙

이익의 8할=2할의 상품
이익의 2할=8할의 상품
파레트의 법칙인가.
잘 나가는 2할의 상품만 만들면 어때요?
언제 판매량이 바뀔지 모르니까요.
전기 메이커 J사

로 전개하는 것은 문제가 없습니다. 하지만 나머지 8할의 상품에 대해서도 검증을 거듭하여 상위 2할의 상품으로 바꿀 수 있는 매력은 없는지 혹은 상위 2할의 상품이 잘 팔리는 요소가 포함되어있는 가능성은 없는지를 자세히 조사할 필요가 있습니다. 상위 2할이라는 구분은 매출이라는 요소에서의 순위에 지나지 않지만 다른 분석 방법에서는 다른 결과가 나올지도 모릅니다. 파레트 법칙은 편리한 지표이지만 참고 사항 중 하나로 여기는 것이 정답이라고 할 수 있습니다. 또한 2 : 8의 법칙은 매출의 8할은 2할의 고객이 책임지고 있고, 기업 이익의 8할은 2할의 사원이 창출하며, 업무 성과의 8할은 2할의 업무 시간에 이루어진다고 하는 분석도 있습니다.

2 : 8의 법칙이라고도 불리죠.
19세기에 발견한 모양이에요.
지금도 상식인 점이 대단하네요.
편차를 이용한 마케팅이라….
이탈리아의 경제학자
빌프레도 파레트
좋아! 2할의 상품을 많이 팔아 매출을 올려야지.
2 : 8이라는 비율은 매출 8할=고객 2할, 기업 이익 8할=종업원 2할이라고도 설명됩니다.
이익률이 낮은 상품도 유지할 필요가 있지요.

02 안정된 인간관계를 유지할 수 있는 한계는 200명(던바의 수)

기업 등의 조직이 일정 인수를 넘으면 커뮤니케이션 부족 등의 문제로 기능이 원활하지 않게 됩니다. 이를 던바의 수라고 하며 약 200명 정도가 상한선이라고 합니다. 조직도 이에 맞춰 구조 개혁이 필요해집니다.

스타트업 기업 등에서는 '사원 300명이 하나의 벽'이라는 말을 합니다. 사원 수가 늘어나면 정보나 목표의 공유가 어려워지고 매니지먼트도 힘들어지기 때문입니다. 사원이 소수일 때는 각각의 퍼스널리티를 파악하여 적재 적소에 인원을 배치하고 커뮤니케이션을 할 수 있습니다. 또 문제점도 빨리 파악할 수 있고 추가 정보의 전달과 의견 교환으로 의사 소통도 잘 이루어집니다. 사원이 100명 정도라면 얼굴과 이름을 외울 수도 있지만 그 이상 늘어나게 되면 전혀 접점이 없는 사원이 나타납니다. 흔히 말하는 '규모의 불경제'라는 상황에 빠지는 것입니다.

조직 운영의 적정 인수를 알자

사원의 수가 300명이 넘으면서 조직이 잘 돌아가지 않게 되었어….
광고 대리점 G 사장
응?
던바의 수 문제네요.

영국의 인류학자 던바는 '던바의 수'라는 것을 제창했습니다. 이는 인간이 안정적인 관계를 쌓을 수 있는 것은 100명에서 230명 정도까지라는 이론으로 평균적으로 150명 정도가 한계라는 것입니다. 그러니 300명의 벽은 필연적인 문제라 할 수 있습니다.

그렇다면 던바의 수를 바탕으로 해결하려고 하면 어떻게 하면 좋을까요. 방법은 하나의 집단당 수를 줄이는 것입니다. 구체적으로는 300명의 사람을 100명씩 세 개의 부서로 나누고 각 부서에 팀 리더를 두고 그 밑에 서브 리더를 몇 명 배치하면 각 부서와의 정보 전달 등 횡적 교류는 리더가 담당하고 종적 커뮤니케이션으로 부서 내의 의사 통일을 면밀히 행할 수 있습니다. 더 많이 사람이 불어난다 하더라도 다시 분할함으로써 문제를 해결할 수 있습니다.

인간은 평균 150명 이하가 아니면 안정된 관계를 유지할 수 없지요.
영국 옥스포드대 교수
로빈 던바
그렇구나. 몰랐어.
과연!
이런 느낌으로 100명씩 나누면 어떨까요?
던바의 수는 조직 운영에 도움이 되네요.
100명씩 나눴더니 안정이 되었어.
제1영업부
제2영업부
제3영업부

03 어떻게 아이폰은 매니아들이 선호하는 것에서 끝나지 않은 것일까?(캐즘 이론)

마케팅의 흐름을 분석하는 방법 중에 캐즘 이론이 있습니다. 상품의 보급률이 16%를 넘으면 정체되고 그대로 소멸될 수 있다는 사실을 지적한 이론입니다. 그 전형적인 사례가 아이폰과 블랙베리였습니다.

상품의 시장 보급과 관련되어 가장 이해하기 쉬운 분석 방법은 미국의 사회학자 로저스의 '이노베이터 이론'입니다. 고객과 상품 점유율의 관계를 시계열 순으로 다섯 등분한 이론으로 이노베이터(혁신자)가 2.5%, 얼리 어댑터(초기 채용자)가 13.5%, 얼리 메이저리티(전기 추종자)가 34%, 레이트 메이저리티(후기 추종자)가 34%, 래거드(지각 수용자)가 16%라는 것입니다. 이를 발전시켜 무어가 제창한 것이 '캐즘 이론'으로 얼리 어댑터와 얼리 메이저리티 사이에 상품 보급이 정체되면 마케팅이 실패한다는 이론입니다.

캐즘 이론을 극복한아이폰

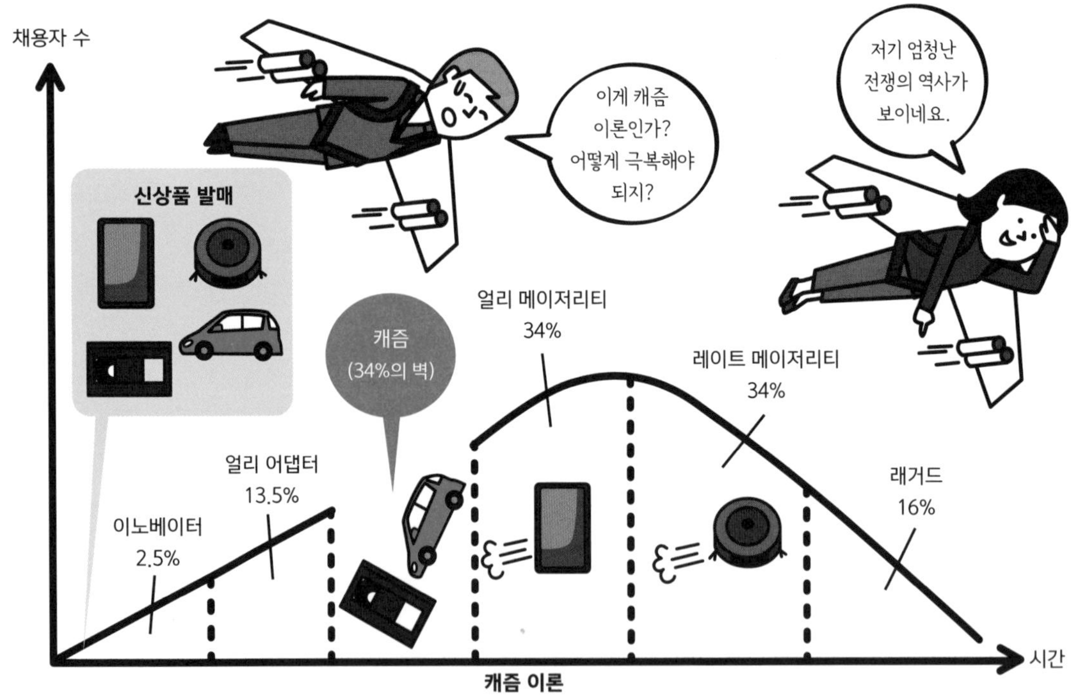

그 상징적인 사례가 스마트폰 초창기에 일어난 아이폰과 블랙베리의 전쟁이었습니다. 당시 아이폰은 소프트뱅크의 독점 판매였습니다. 2008년 일본에서 처음 판매될 때 신문과 잡지 TV 광고 등으로 선전을 하여 상품 인지도를 높였습니다. 후발 주자인 블랙베리도 2008년부터 도코모에서 발매되었습니다만 선전 방법은 컴퓨터나 휴대 전화의 인터넷을 통한 광고뿐으로 매니아를 노린 선전이었습니다. 결과적으로 블랙베리는 이노베이터와 얼리 어댑터들에게만 지지를 받았지만 캐즘 이론에 따라 2017년 3월 인터넷 서비스를 종료하였습니다. 한편 얼리 메이저리티까지 인지된 아이폰은 현재는 OS 점유율을 스마트폰 전체의 약 70%를 차지하게 되었습니다.

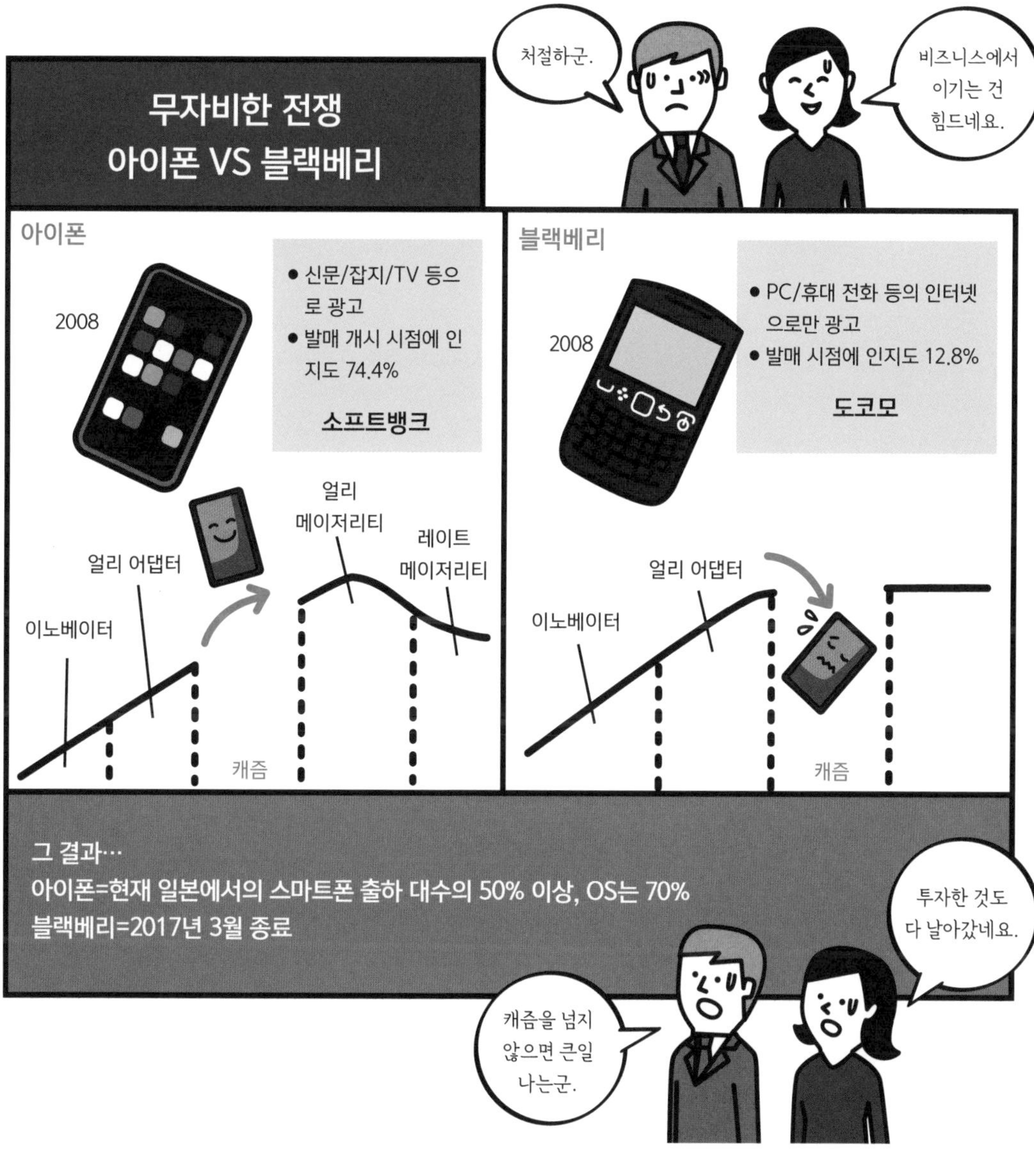
처절하군.
비즈니스에서 이기는 건 힘드네요.
무자비한 전쟁
아이폰 VS 블랙베리
아이폰
2008
● 신문/잡지/TV 등으로 광고
● 발매 개시 시점에 인지도 74.4%
소프트뱅크
이노베이터
얼리 어댑터
얼리 메이저리티
레이트 메이저리티
캐즘
블랙베리
2008
● PC/휴대 전화 등의 인터넷으로만 광고
● 발매 시점에 인지도 12.8%
도코모
이노베이터
얼리 어댑터
캐즘
그 결과…
아이폰=현재 일본에서의 스마트폰 출하 대수의 50% 이상, OS는 70%
블랙베리=2017년 3월 종료
투자한 것도 다 날아갔네요.
캐즘을 넘지 않으면 큰일 나는군.

04 성공하기 위해서는 자신에게 유리한 주사위를 만들어야 한다(대수의 법칙과 기대치)

사업이나 비즈니스에서 성공하기 위해서는 새로운 국면에 도전할 필요가 있습니다. 주사위의 눈처럼 일정한 확률이라면 성공 가능성도 한정됩니다. 그러므로 자신에게 유리한 눈이 나오는 주사위로 도전하면 기대치도 비례해서 높아집니다.

숫자에는 '대수의 법칙'이라는 것이 있습니다. 이 법칙은 흔히 주사위에 자주 비유되는데 주사위를 여섯 번 굴린다고 해도 1부터 6까지의 눈이 균등하게 나오는 일은 거의 없습니다. 1이 3회 나오거나 6이 한 번도 나오지 않는 등 반드시 편차가 발행합니다. 하지만 주사위를 1만 번 던지면 각각의 눈이 균등하게 나옵니다. 즉 많이 던지면 던질수록 이론적인 값인 6분의 1에 다가갑니다. 그리고 '기대치' 역시 대수의 법칙과 상관 관계가 있습니다. 주사위의 1의 눈에 6만 엔의 기대를 걸어도 대수의 법칙에서는 6분의 1이므로 6만÷6 하면 기대치는 1만 엔이 됩니다. 그럼 대수의 법칙과 기대치를 비즈니스에 응용해봅시다.

유리한 주사위로 승부하라

주사위의 눈은 여섯 개… 즉 6분의 1.
게다가 사업 성공의 확률은 더욱 낮고…. 어떻게 하지?
자신에게 유리한 주사위를 만드세요.
천사님?
몇만 번이나 던지는 대수의 법칙으로 6분의 1은 변하지 않지.

우선 자사의 기대치를 계산합니다. 신상품의 판매에 있어 과거의 신상품 판매 데이터에서 도출한 성공 확률이 5%였다고 합시다. 그리고 같은 상품 장르에서 매출 최상위 상품의 판매 실적이 50억 엔이라고 하면 5%×50억 엔=기대치는 2.5억 엔이라는 계산이 됩니다. 2.5억 엔으로 채산성이 없다고 하면 선택지는 두 개입니다. 바로 철수하거나 주사위의 눈을 바꾸는 것입니다. 주사위에서 1의 눈이 나올 확률을 올리기 위해서는 1의 눈을 늘리는 수밖에 없습니다. 다른 눈을 1로 바꾸면 확률은 3분의 1이 됩니다. 구체적으로는 5%의 성공 확률을 올리는 것입니다. 선행 정보를 도입하고 새로운 방법을 추가하고 선전의 확대 등 자사 제품을 유리하게 하는 노력을 더해 성공 확률을 확대시키는 것입니다.

이런 느낌으로 눈을 바꾸면….
1의 눈이 두 개
그렇구나. 확률이 3분의 1이 되었어.
끄덕끄덕
이것을 비즈니스에 응용하면?
이것이 지금의 비즈니스 모델.
지금 이대로는 기대치가 너무 낮지만
기대 5억 엔으로 업.
자사의 신상품의 성공 확률
5%
×
같은 장르에서 매출이 최고인 상품의 판매 실적
50억 엔
=
기대치 2.5억 엔
선행 정보를 도입하고 주사위의 눈을 유리하게 바꿔 기대치를 높이세요.

5 절대 알아두어야 할 숫자의 법칙

05 자신이 타고 있는 것은 올라가는 에스컬레이터인가 내려가는 에스컬레이터인가?(72의 법칙)

자신이 있는 업계가 상승 국면인지 하강 국면인지를 산출하는 방법이 '72의 법칙'입니다. 이 법칙으로 현재의 매출이 2배가 될 때까지 몇 년이 걸릴지를 한눈에 알 수 있습니다. 오래도록 마이너스 성장을 계속하는 업계라면 그대로 침몰할지도 모릅니다.

현재 자신이 있는 업계가 성장하는지 마이너스에 빠져 있는지를 아는 일은 중요합니다. 이는 에스컬레이터를 예로 들어보면 쉽게 알 수 있습니다. 올라가는 에스컬레이터의 경우, 자신이 아무 일도 하지 않아도 알아서 위로 옮겨줍니다. 비즈니스도 마찬가지로 업계가 성장 중이라면 그대로 발전합니다. 그 비밀은 복리에 있습니다. 1000만 엔의 자금에 1년에 10%의 이자 100만 엔이 붙습니다. 다음 해는 어떨까요? 이자는 110만 엔입니다. 즉 이자가 이자를 낳은 것입니다. 단리는 10년 만에 이자와 원금이 같아지지만 복리는 9년 만에 원금과 거의 같아집니다. 그렇다면 이것이 에스컬레이터라면 어떨까요? 아무리 자신

72의 법칙으로 업계의 미래를 알자

올라가는 에스컬레이터
=
플러스 성장하는 업계
복리로
급성장하므로
정말 편해요.
72÷연평균 성장률=
매출이 2배가 되는 시기
연평균 성장률이 12%라면
72÷12=6으로 약 6년 뒤에 2배가 된다.

이 노력해도 에스컬레이터 자체가 내려가고 있다면 아무 소득이 없습니다. 또한 여기서 주목해야 할 것이 '72의 법칙'으로 이는 72÷평균 성장률=매출이 2배가 되는 시기라고 하는 계산식입니다. 예를 들어 평균 성장률이 12%인 경우라면 72÷12=6이 되어 약 6년 뒤에 성장률이 2배가 된다는 것입니다. 마이너스 기업이라면 72÷(-9)=(-8)이 되어 약 8년 뒤에는 절반이 되고 맙니다. 즉 마이너스 성장 중인 업계에서 10년 이상 일하는 것은 굉장히 큰 리스크가 있는 것입니다. 대처 방법으로서는 빨리 철수하는 것이 현명하다고 할 수 있습니다. 하지만 쉽게 그만둘 수 없다면 부분적으로 성장하는 영역을 신장시킴으로써 성장률을 올리는 방법도 있기는 합니다.

내려가는 에스컬레이터
장래가 엄청 불안합니다….
이쪽으로 오면 어때요?
생각해 보겠습니다.
마이너스 업계에 있다면 ①일찌감치 다른 업계로 옮기거나 ②부분적으로 성장하는 영역을 신장시켜야지.
계산식은 같지만 공식의 해답은 달라지는군.
긁적긁적
연평균 성장률이 -9%인 경우는
7÷(-9)=(-8)로 약 8년 뒤에 절반이 된다.

06 '1000분의 3'의 세계에서도 절대 성공할 수 있는 연어의 알 이론

성공 확률이 1000분의 3밖에 되지 않는다는 스타트업 투자. 그런 세계에서도 확실하게 성과를 내는 방법은성공하기까지 투자를 계속하는 일입니다. 그리고 그 투자액을 낮은 코스트로 만드는 것이 포인트가 됩니다.

스타트업 투자의 세계에서 성공하려면 어떻게 하면 될까요. 정답은 성공할 때까지 투자를 계속한다입니다. 스타트업 투자는 미지수의 기업에 자금을 빌려주어 성공을 도와줌으로써 이익을 얻는 방법입니다. 그리고 투자가 성공할 확률은 1000분의 3입니다. 소프트뱅크는 실제로 약 1000개의 기업에 투자했습니다만 그중 실제로 남은 것은 야후, 알리바바, 경호 등 3개 회사뿐이었습니다. 투자의 프로가 풍부한 자금을 준비해도 1000분의 3을 넘지 못하는 것이 실상이라고 할 수 있습니다. 그러므로 투자를 계속하는 일이 유일한 수단인 것입니다.

'1000분의 3'의 3안에 들어가는 것이 목표

소프트뱅크의 경우
약 1000개의 기업에 투자했지만…
남은 것은 세 곳뿐
투자 결과
알리바바
야후
경호
그야말로 '1000분의 3'이었네.

여기서 소개하고 싶은 것은 연어의 알 이론에서 이끌어낸 사고 방법입니다. 연어는 2000~4000개의 알을 낳지만 성장해서 강으로 돌아오는 것은 2마리 정도입니다. 그 이상 돌아오면 생식 공간이나 식량 문제가 일어나고 그 이하면 절멸의 가능성이 있습니다. 2마리라는 숫자는 종이 안정될 수 있는 수인 것입니다. 투자도 마찬가지로 1000분의 3이라는 성공 확률을 확정 요소로 감안하고 안정되는 수를 늘리는 노력을 해야 합니다. 복권 뽑기로 예를 들자면 한 장에 100엔인 복권이 있고 그 복권은 200장 중 한 장이 당첨되는 구조라면 20000엔을 투자하면 성공할 수 있습니다. 다른 복권 뽑기에서 100엔짜리 복권이 100장에 한 장 꼴로 당첨된다면 10000엔을 투자하면 당첨될 수 있습니다. 또 한 장에 50엔이고 100장에 한 장 당첨된다면 5000엔의 투자로 당첨 복권을 뽑을 수 있습니다. 투자액을 낮추는 노력을 함으로써 지속적인 투자가 가능해지고 성공 기업을 찾아내는 일이 용이해지는 것입니다.

살아남는 조건=생존 확률의 향상
↑연어의 알
약 2000~4000개
↑성장할 수 있는
것은 2마리 정도
복권 뽑기에 비유하면…
확실하게 당첨된다면
20000엔에 200장을
살게요.
1장에 100엔
모두 200매
당첨 복권 1장
이쪽 복권이라면
10000엔에
100장이군. 자금에
여유가 생기겠어.
1장에 100엔
모두 100매
당첨 복권 1장
비용을 낮추는
노력을 통해 지속적인
투자가 가능해지므로
살아남을 확률도
높아지는 거네.
1장에 30엔
모두100매
당첨 복권 1장
이것이 연어의 알
이론이구나.
종이 안정되는 수가
정해져 있는 것은
비즈니스와 마찬가지네.

07 맥주는 첫잔이 가장 맛있다 (한계 효용 체감의 법칙)

맥주는 첫잔이 가장 맛있게 느껴지고 배가 부르면 맛이 느껴지지 않습니다. 비즈니스도 마찬가지이며, 광고나 투자의 효과는 처음에 현저하게 나타납니다만, 이윽고 반드시 효과가 감퇴하는 한계 효용 체감의 법칙에 빠져버립니다.

한계 효용 체감의 법칙이라는 이론이 있습니다. 미시 경제학이라고 하는 분야에서 온 것이지만 무척이나 일상 생활과도 관련이 많은 이론입니다. 맥주는 가장 먼저 마시는 첫잔이 가장 맛있다고 많이들 이야기합니다. 이는 맥주뿐만이 아니라 고기나 과일 등 무한 리필집의 경우에도 무엇이든 처음 먹을 때가 가장 맛있을 것입니다. 사실 맥주를 몇 잔이고 마시게 되면 어떤가요. 점점 처음 마셨을 때의 맛있음은 느낄 수 없게 됩니다. 다른 음식도 모두 마찬가지고요. 이것이 한계 효용 체감입니다. 양이 많아질수록 단위 하나당 효용이 감소하는 것입니다. 이 법칙은 비즈니스에도 그대로 적용할 수 있습니다.

무슨 일에나 공통되는 마이너스적인 법칙이 있다?

처음 먹었을 때는 맛있지만…
한계 효용 체감의 법칙입니다.

상품을 판매할 때 그 효능과 참신함을 어필하기 위해 다양한 광고 및 선전을 합니다. 막대한 광고비를 지불함으로써 상품의 인지도를 넓히고 소비자의 구매 의욕도 높아집니다. 하지만 시간이 지나면 같은 액수의 광고비를 투입해도 매출에는 반영되지 않습니다. 즉 상품의 매력이 떨어지고 소비자가 질리는 것입니다. 이는 정도의 차이는 있을지라도 어느 상품이나 공통되는 부분입니다. 그러므로 맥주 첫 잔을 다 마신 다음에는 사고 방식을 바꾸는 수밖에 없습니다.

새로운 방향으로 전환하기 위해서는 이미지를 바꾸기 위해 광고 대리점을 바꾸거나 대리점이나 비용은 그대로 두더라도 광고 매체를 바꾸거나 혹은 광고를 잠시 보류하고 다른 업무를 추진하거나 하는 것이 유리할 수도 있습니다.

비즈니스에서도 마찬가지입니다.
광고비의 투입으로 이익이 올랐습니다!
어라? 시간이 지나니 효과가 사라졌네.
긁적긁적
한계효용 체감의 법칙에 빠지면…
잘되지 않을 때는 이 법칙을 떠올리고 대처합시다.
광고 대리점을 바꿔볼까…?
A사
B사
광고 매체를 바꿀까?
TV 광고
EC 사이트
좋았어!
다른 업무를 해야겠어.
휘익
광고
다른 업무

5 절대 알아두어야 할 숫자의 법칙

08 관리할 수 있는 부하의 수는 한계가 있다? (매직 넘버 7)

인간이 관리할 수 있는 숫자는 7까지라고들 합니다. 이를 '매직 넘버 7'이라고 하며 한 사람의 상사가 직접 관리할 수 있는 부하의 수도 7명까지입니다. 그렇다면 10명 이상이나 100명 이상의 기업에서는 어떻게 대처하면 좋을까요?

인간이 직접 관리할 수 있는 사람의 수는 7명까지라고 합니다. 영업 부문을 예로 들면 한 사람의 매니저가 7명 이내의 사람을 관리하는 것이 바람직한 것입니다. 왜 7명인 걸까요? 미국의 인지 심리학자 밀러는 "인간이 단기적으로 기억할 수 있는 것은 7개 전후"라고 하는 학설을 주장했습니다. 테이블 위에 동전을 뿌려 놓아도 인간이 바로 인지 가능한 것은 7개까지라고 하는 실험 결과에 근거해 이를 '매직 넘버 7'이라고 부릅니다. 1주일을 7일로 나눈 것도 사람이 관리하기 쉽기 때문이라고 이야기되고 있으며 경영학에서도 "한 사람의 상사가 직접 관리할 수 있는 것은 7명까지"라고들 많이 말합니다.

인간의 관리 한계를 나타내는 숫자 '7'

인간이 7을 넘는 숫자를 다루는 것은 어렵다.
미국의 인지 심리학자
조지 밀러
럭키 세븐이라고 많이들 말하지 않나.
그건 관계 없는 거 같은데?
순간적으로 기억할 수 있는 것은 7개….
일 월 화 수 목 금 토
1 2 3 4 5 6 7
달력도 1주일이 7일로 되어 있네.
테이블 위에 동전을 뿌리면…
1주일은 7일로 구성

하지만 많은 기업에는 10명 이상의 종업원이 있습니다. 100명 이상의 사람이 일하는 직장도 적지 않습니다. 이런 경우는 어떻게 하면 좋을까요? 10명이 일하는 기업이라면 스태프를 5명씩 나눠 대처하면 됩니다. 각각의 그룹에 서브 매니저를 붙여서 관리를 하고 매니저는 두 사람의 서브 매니저로부터 업무 보고를 받아 지시를 내리는 것입니다. 그러면 100명이라면 어떻게 할까요? 이런 경우도 마찬가지입니다. 우선 서브 매니저를 자신이 관리할 수 있는 인원 수만큼 늘립니다. 계산하기 쉽게 5명이라고 합시다. 그 밑에 유닛장이라는 직책을 만듭니다. 각 서브 매니저에게 3명 정도가 되겠지요. 그리고 유닛장 밑에 서브 유닛장을 배치하여 그 밑에 5~7명을 배치하면 100명의 스태프를 숫자상으로는 무리 없이 관리할 수 있습니다.

흐음, 직접 관리할 수 있는 사람의 수는 7명까지인가.
긁적긁적
기업의 경우…
7을 넘어가면 분할을 생각해야겠군.
10명이라면…
5명씩 유닛을 나눈다.
100명 이상이라도…
← 서브 매니저
← 유닛장
← 서브 유닛장

Chapter 6

'수치화'에 의한 비즈니스 필승법

사업을 가속시키고 시장에서 압도적인 지위를 쌓기 위해서도
수치화 사고는 꼭 필요합니다.
이번 최종장에서는 수치화를 활용해 라이벌보다
한 걸음 앞서 나갈 수 있는 포인트를 찾아보겠습니다.

일 월 화 수 목 금 토
1 2 3 4 5 6 7

01 네 단계로 나눠서 하나씩 해결할 것

업무 프로세스의 '고객 수', '고객 단위', '잔존 기간', '고객 획득 코스트', '고객 유지 코스트' 등의 숫자를 변화시켜 나가는 것이 '3차원 경영 모델'입니다. 프로세스를 네 개의 단계로 나눠 수치화함으로써 입체적인 경영 모델을 구축할 수 있습니다.

소프트뱅크의 경영 기본이 되고 있는 것은 다섯 개의 수치로 ①고객 수, ②고객 단가, ③잔존 기간(고객으로 있어주는 기간), ④고객 획득 코스트, ⑤고객 유지 코스트 등입니다. 기업의 장기적인 매출은 이들 숫자를 사용한 수식 '고객 수×고객 단가×잔존 기간=매출'으로 계산할 수 있습니다. 여기에 필요한 코스트를 빼면 '(고객 수×고객 단가×잔존 기간)-(고객 획득 코스트+고객 유지 코스트)=영업 이익'이 되는 셈입니다. 매출과 이익이 예정대로 되지 않는 것은 다섯 개의 숫자 중 무엇인가가 적절하게 컨트롤되지 않아서라 할 수 있습니다.

영업 이익을 나타내는 수식과 경영의 4단계

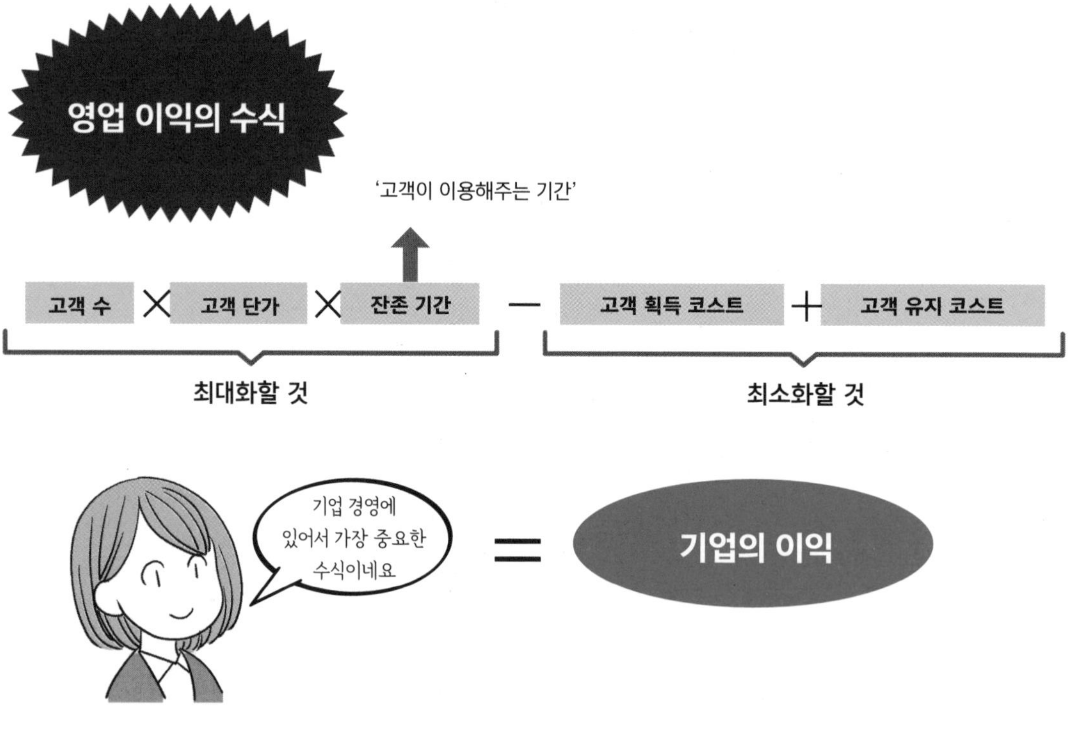

이론적으로는 '고객 수', '고객 단가', '잔존 기간'을 최대화하고 '고객 획득 코스트', '고객 유지 코스트'를 최소화하면 기업의 이익은 최대화됩니다. 이 다섯 개의 수치를 상황에 따라 변화시키는 것이 '3차원 경영 모델'입니다. 이 입체적인 경영은 네 단계의 프로세스로 나타낼 수 있습니다.

이는 단계 1 : 고객 수를 늘린다, 단계 2 : 고객 단가를 높인다, 단계 3 : 고객 획득 코스트와 고객 유지 코스트를 낮춘다, 단계 4 : 잔존 기간을 늘린다, 입니다. 소프트뱅크에서는 이러한 프로세스로 사업을 수치화하여 초기의 ADSL 사업에서부터 경영을 최대화해 왔습니다. 이 3차원 경영은 어떤 기업이나 사업, 판매에도 도움이 될 수 있습니다.

단계 1 고객 수를 늘린다

새로운 서비스 발표
대단하다!

단계 3 고객 획득 코스트와 고객 유지 코스트를 내린다

TV 광고는 그만두지!
처음 한 달은 무료!
친구 소개 캠페인을 하자고.
인터넷 광고 쪽이 싸다고!!

단계 2 고객 단가를 높인다

신제품입니다! 조금 비싸지만.
그래도 갖고 싶어요!

단계 4 자사 제품을 사용하면 6개월째부터 할인이 되는 캠페인(잔존 기간을 늘린다)

이익이네!

02 점유율 7할을 이루어 단숨에 넘버원을 목표로 할 것(제1단계)

사업을 시작할 때는 고객 단가와 코스트는 도외시하고 점유율을 극대화하는 것에 주력하는 일이 중요합니다. 란체스터 전략과 마켓 셰어 이론에 의해 먼저 압도적인 시장을 만들어놓으면 다른 회사가 역전하기 불가능해지기 때문입니다.

3차원 경영의 단계 1은 '고객 수를 늘려라'입니다. 소프트뱅크에서는 사업을 시작할 때 고객 단가 및 코스트는 도외시하고 고객 수를 최대화하는 일에 주력했습니다. 예를 들어 인터넷 서비스 프로 바이더(ISP)와 ADSL 브로드 밴드 인터넷 접속을 통합한 서비스 'Yahoo! BB'는 다른 회사의 ADSL 사업 고객이 몇만 명 정도일 때 모뎀을 100만 대 발주하면서 시작했습니다. 목표는 고객을 늘리고 제품과 서비스의 단가를 낮추는 것이었죠.

또 한 가지는 압도적인 시장을 만들면 경쟁 회사가 그 지위를 뒤집는 것이 사실상 불가능하기 때문입

란체스터 전략과 마켓 셰어 이론

란체스터 전략

근대 전쟁에서 전투력은…

무기의 효율 × 병력 수의 제곱 으로 표시된다.

같은 무기를 사용하고 병력 4와 병력 2의 그룹이 싸우면

$$(4 \times 4) - (2 \times 2) = 12$$

전투력 12의 차이로 병력 4가 승리

VS
엥?
4대 2의 차이가
2가 아닌 거야?

니다. 이용자나 소비자가 시장 넘버 원 업자에 집중되는 것은 '네트워크의 외부성'이라고 하는 현상으로 같은 재화 및 서비스를 소비하는 이용자가 늘면 그 같은 재화 및 서비스에서 얻을 수 있는 이익이 증가하기 때문입니다.

거대한 고객 수의 획득은 군사 이론을 비즈니스에 응용한 '란체스터 전략'에 기반을 둔 영업법입니다. 이는 시장 점유율의 차이는 숫자의 제곱에 비례한다는 이론입니다. 이를 수치화한 것이 '마켓 셰어 이론'으로 시장의 73.9%를 확보하고 경쟁하는 다른 회사가 26.1%인 경우 약 3배의 차이가 나게 되고 이렇게 되면 실질적으로 독점 시장을 뒤집을 수 없기 때문입니다. 이 두 가지 이론을 사용하면 경영 전략에서 지향해야 할 모든 목표치를 산출할 수 있습니다.

마켓 셰어 이론

업계 내에서의 점유율은…

셰어 73.9% 상한 목표치

점유를 독점할 수 있는 상한. 하지만 경쟁이 없으므로 기술이나 진부화에 의해 시장 자체의 평가가 내려가는 리스크도 있음.

셰어 41.7% 안정 목표치

수위 독주의 조건. 많은 기업이 목표로 하고 있음.

셰어 26.1% 하한 목표치

시장을 안정적으로 독점할 수 있는 최저한의 점유율

마켓 셰어 이론은
란체스터 전략에서 나온 것으로
현재의 시장 독점률에 따라
지향해야 할 목표치를
산출하는 이론입니다.

03 잠재 고객을 늘려 캐즘을 극복하라(제1단계)

고객을 늘리기 위해서는 잠재 고객을 증가 시키고 인지도를 높이는 일이 중요합니다. 소프트뱅크는 'Yahoo!' 브랜드를 활용하고 '페네트레이션 전략'도 채용하여 스타트 시점부터 인지도를 올리는 전략을 채용했습니다.

고객을 증가시키기 위해서는 '고객에는 3단계'가 있는 사실을 알아야만 합니다. 상품이나 서비스를 알고는 있지만 이용하지 않는 '잠재 고객', 현재 무료로 이용하고 있는 '시용 고객', 이미 계약한 '계약 고객' 등 세 단계입니다. 대부분의 고객은 이 세 단계를 거칩니다만 순서상 가장 먼저인 잠재 고객을 늘리기 위해서는 상품과 서비스의 인지도를 높이는 일이 중요합니다. 이를 위해 '퍼블리시티(광고주가 드러나지 않는 광고)'에서는 기자 회견이나 발표회 뉴스 밸류를 높이기 위해 저요금 등 임팩트가 있는 숫자나 장치를 준비합니다.

잠재 고객을 늘리기 위한 전략

고객의 세 단계를

잠재 고객(알고 있지만 이용하지않음)

⬇

시용 고객(무료로 시험하고 있음)

⬇

계약 고객(돈을 지불하고 이용하고 있음)

등 셋으로 나누고,
각각을 증가시킵니다.

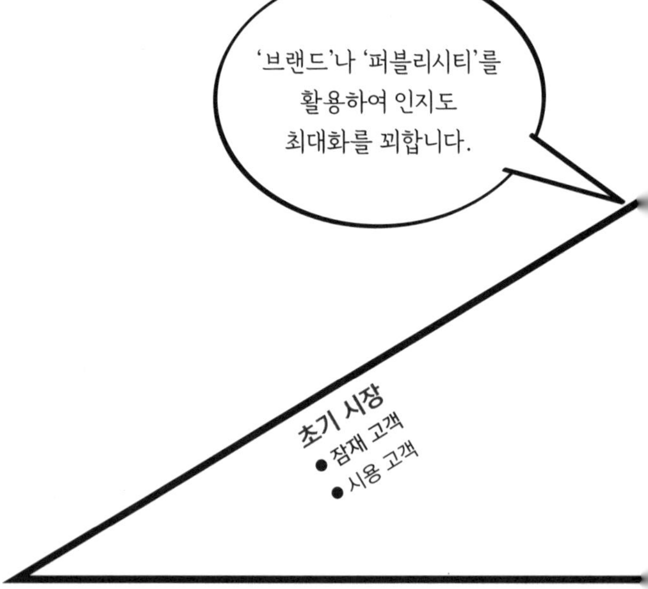
'브랜드'나 '퍼블리시티'를
활용하여 인지도
최대화를 꾀합니다.
초기 시장
● 잠재 고객
● 시용 고객

Yahoo!는 원래 미국에서 디렉토리 검색 서비스로 탄생했습니다만 일본에서의 사업 전개에 있어서도 이 '브랜드'의 인지도를 활용하게 되었고 'Yahoo! BB'라는 이름이 탄행하였습니다. 이 역시 브랜드 명을 활용해 단숨에 고객 수를 늘리려는 방책 중 하나였습니다.

또한 초기 단계에서 저가격을 설정하는 '페네트레이션 전략(시장 침투 가격 전략)'도 채용하여 스타트할 때부터 인지도를 높였고 잠재 고객을 증가시켜 높은 시장 점유율을 획득한 것입니다. 이렇게 초기 시장부터 캐즘을 단숨에 넘는 것이 소프트뱅크의 전략이었습니다.

고객을 단숨에 획득하는 것이 최우선으로 획득 코스트는 나중에 생각하자는 식이었죠. 소프트뱅크가 압도적인 스피드로 성장을 이룬 것은 이런 방법이 들어맞았기 때문입니다.

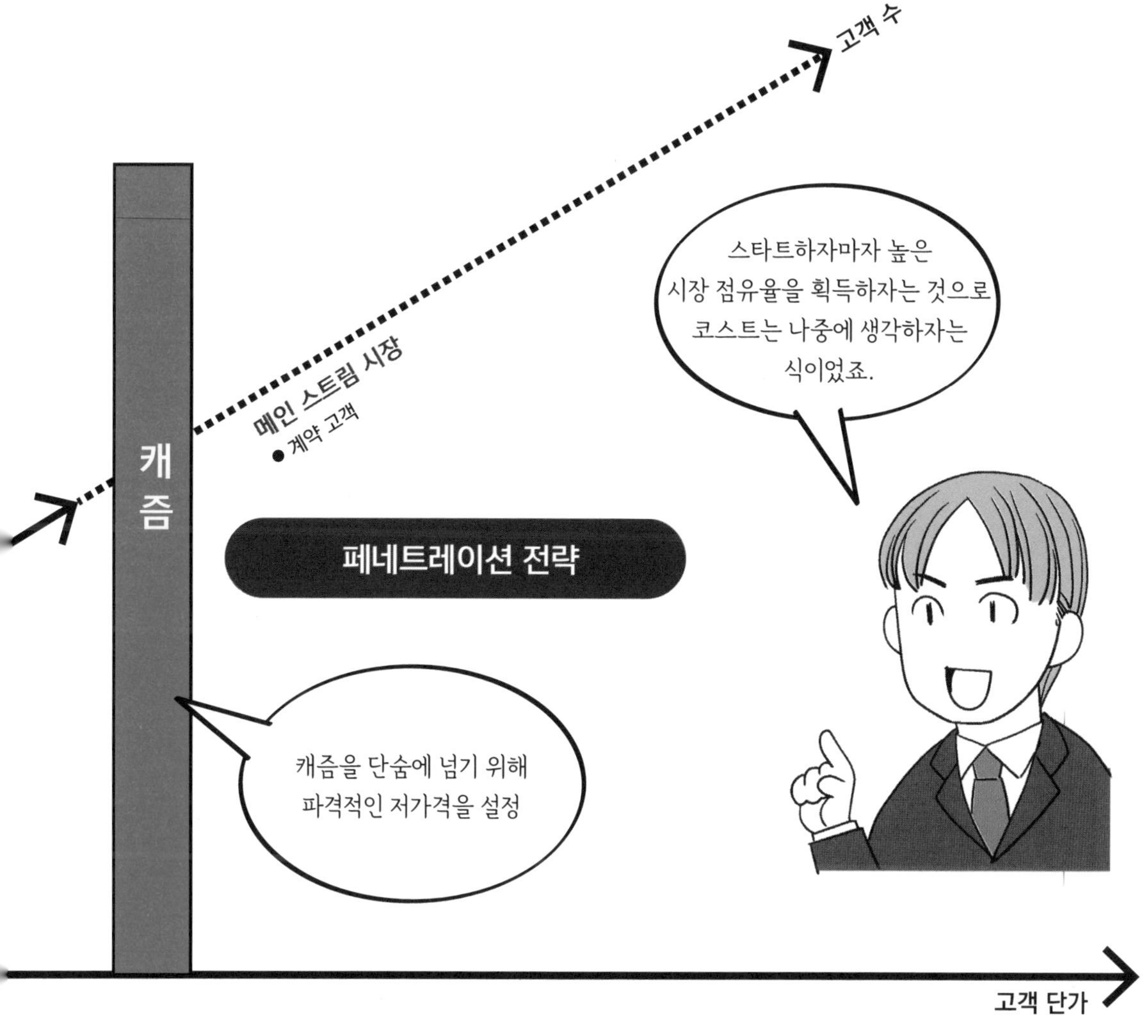

고객 수
캐즘
메인 스트림 시장
● 계약 고객
페네트레이션 전략
스타트하자마자 높은 시장 점유율을 획득하자는 것으로 코스트는 나중에 생각하자는 식이었죠.
캐즘을 단숨에 넘기 위해 파격적인 저가격을 설정
고객 단가

04 '무료 시험 기간'을 만들어 시용 고객을 늘릴 것(제1단계)

잠재 고객을 늘린 다음에는 상품, 서비스를 시용시켜 고객의 심리적 허들을 낮추는 전략이 필요합니다. 소프트뱅크에서는 수속 절차 등의 이유로 정체되는 업무 프로세스를 분석하고 개선함으로써 시용 고객이 계약 하는 확률을 높였다고 합니다.

인지도를 높여 잠재 고객을 증가시킨 다음에는 실제로 상품 및 서비스를 사용하게 하는 '시용 고객'을 늘려야 합니다. 이 전략에서는 '얼마나 고객의 심리적 허들을 낮추느냐'가 열쇠가 됩니다. 초기 시장의 이노베이터나 얼리 어댑터 이외의 잠재 고객이 가진 불안감이나 의심을 상품과 서비스를 시험 사용하게 함으로써 불식시키는 것입니다.

'Yahoo! BB'에서는 '모뎀 무료 캠페인'을 전개했습니다. 모뎀의 대여 및 설치 작업의 '무료화', ADSL 접속 뒤에도 2개월간 무료 등의 내용으로 캠페인을 실시하여 화제가 된 것입니다.

'무료화'로 시용 고객을 늘린 프로세스(제1단계)

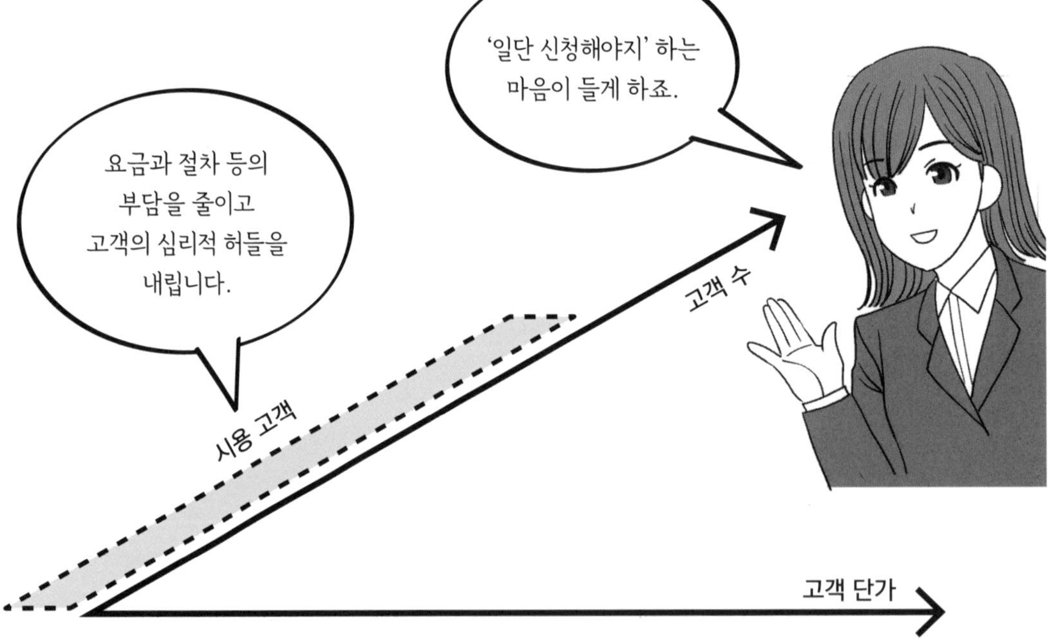
'일단 신청해야지' 하는 마음이 들게 하죠.
요금과 절차 등의 부담을 줄이고 고객의 심리적 허들을 내립니다.
고객 수
시용 고객
고객 단가

이와 같은 전략으로 'Yahoo! BB'는 다수의 신청을 받게 되었습니다만 수속 절차 프로세스가 충분하지 않았습니다. 당시 ADSL 사업에 신규 참여하기 위해 NTT 회선과 기지국을 빌려 네트워크를 구축했습니다만 그로 인해 NTT와의 교섭 및 신청 작업 등의 절차가 필요했습니다. 또한 자택에 전화 회선을 사용한 보안 시스템을 도입한 경우나 ISDN(서비스 종합 디지털망) 구역에서는 이용이 불가능하기도 하는 등 다양한 문제가 있어서 수속 절차 및 관련 공사 등에서 정체가 있었습니다. 그리하여 업무 프로세스를 분석하고 작업이 늦어지는 부분을 개선함으로써 시용 고객이 계약하는 확률을 높였습니다. 이런 프로세스 분석이 관리 체제를 완성시킨 덕분에 다음 단계로 진행이 가능하게 된 것이었습니다.

계약 고객 수를 늘리기 위해서는…
어디에서 업무가 정체되고 있는지를 조사
신청
NTT 신청
NTT 기지국 내 공사
고객 자택 내 공사
개통
보수 운용
과금
신청 업무 프로세스를 분석. 시용 고객이 계약할 확률을 상승시킴!
업무를 프로세스로 나눠 정체된 부분을 개선시킴으로써 제2단계로 진행됩니다.
시용 고객
고객 수
계약 고객
고객 단가

05 '크로스 셀=내친 김에 구매'를 이용해 고객 단가를 높여라(제2단계)

고객 수를 증가시킨 다음에는 고객 단가를 높여야 하는 단계입니다. 이 단계에서 유효한 것이 '사는 김에' 관련 상품을 구입하게 하는 '크로스 셀'입니다. 이는 고객의 구입 물품을 조금씩 늘려 고객 단가를 높이는 방법입니다.

다양한 수법을 사용하여 고객 수를 증가시키면 다음 단계는 '고객 단가'를 높여야 합니다. 고객 한 사람당 지불하는 단가를 증가시키는 것입니다. 수식으로 표현하면 '고객 수×고객 단가=매출'이므로 이 매출을 최대화하는 것이 3차원 경영 모델의 두 번째 단계의 목표입니다.

방법은 다양하지만 소프트뱅크에서 한 방법은 '부가 가치가 높은 추가 서비스 및 옵션을 제공한다.'는 전략이었습니다. 한번 구입한 고객은 관련된 상품이나 서비스를 옵션으로 사기 쉽습니다. 이 심리를 이용한 것이 '크로스 셀'이라 불리는 수법입니다. 소프트뱅크에서는 'Yahoo! BB'의 스타트에서 약 1년 반

부가 가치가 높은 크로스 셀 전략으로 '고객 단가'를 높인다(제2단계)

크로스 셀 전략이란?

상품을 사준 고객에게 관련 상품을
추천하는 수법으로 고객 단가를 높입니다.

그 장점은

- 노력 및 비용이 들지 않음
- 신규 고객 개척을 위한 비용이 들지 않음
- 단독으로 팔기 어려운 상품도 팔 수 있음
- 단골을 만들기 쉬워짐

후 아직 유선이 당연한 것이던 시절 월정 사용료가 990엔인 무선 랜 서비스를 조합한 서비스를 시작했습니다.

이런 방법은 일상의 다양한 곳에서 사용되고 있습니다. 햄버거를 구입할 때 "세트로 감자 튀김이나 음료수는 안 드시나요?" 하고 안내받은 경험은 누구나 있을 것입니다. 자동차를 구입할 때도 옵션으로 다양한 기기나 차체 코팅 등을 선택할 수 있습니다. 편의점 계산대 앞에 과자나 어묵이 놓여 있는 것도 마찬가지 이유 때문입니다. 고객 한 사람당 구입 물품 수를 조금씩 늘림으로써 고객 단가를 높이고 매출을 신장시키려는 것입니다. 이는 처음 상품을 사기까지 필요한 코스트와 비교하면 관련 상품을 사는 쪽이 이익률이 높고 더 많은 수익을 올릴 수 있습니다.

'고객 수×고객 단가=매출'의 최대화를 목표로

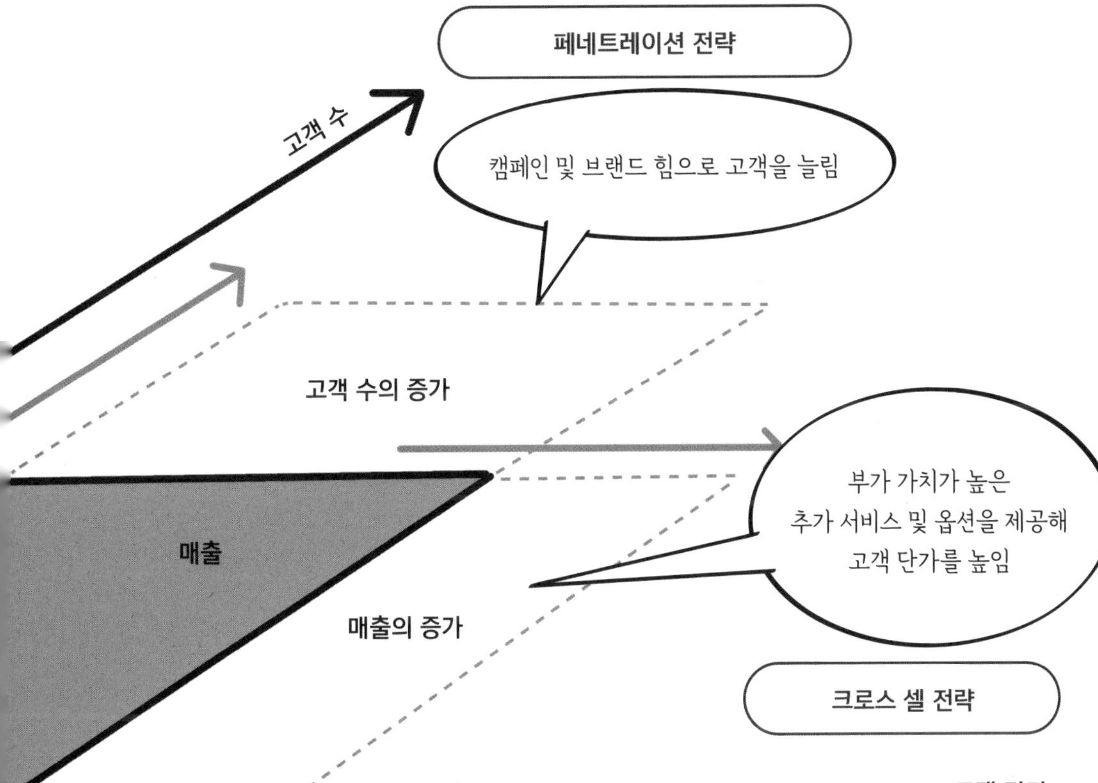

06 단숨에 그리고 동시에 시험하라(제3단계)

판매 수법과 판매 채널을 단숨에 동시에 시험하면 다양한 데이터를 얻을 수 있습니다. 그렇게 얻은 데이터의 숫자가 정밀하면 그 데이터를 기반으로 다음 행동 계획을 세울 수 있고 '매출의 최대화'를 가장 빠르게 달성할 수 있습니다.

'고객을 늘리는' 첫 번째 단계와 '고객×고객 단가'의 두 번째 단계를 지나면 선이 면이 되어 점점 더 3차원에 가까워집니다. 이 단계에서는 모든 판매 수법과 판매 채널을 단숨에 그리고 동시에 시험하는 것이 소프트뱅크 식이라고 합니다. 'Yahoo! BB'의 판매 대리점은 몇십 개 회사나 되었고 거리에서 모뎀을 나눠주는 '파라솔'은 전국에 몇천 군데나 있었습니다. 손정의 사장이 집착했던 것은 단숨에 그리고 동시에 시험하는 수법으로 대규모 결과를 수치화하여 최적의 선택지를 발견하는 것에 적합합니다. 물론 이 수법은 어떤 직업에도 사용할 수 있습니다. 숫자를 비교하는 경우는 계측하는 조건을 동일하게 하는 것이

다양한 수법, 채널을 단숨에 시험할 것(제3단계)

어떤 직업에도 사용할 수 있습니다.
예를 들면…

이 탕후루를 팔려면
어떻게 하면 좋을까?
다양한 방법을
단숨에 그리고 동시에
시험하는 게 중요하겠지.
대량의 데이터에 의해 비교 검증하는 스피드와 정확도를 올릴 수 있습니다.

전제가 됩니다. 그러기 위해서 커다란 숫자를 '단숨에 그리고 동시에' 시험하는 일이 중요해집니다. 당연히 실패하는 수도 늘겠지만 숫자의 정밀도가 올라갈 것이라고 생각했고 그 데이터를 토대로 다음 행동으로 옮기면 '매출의 최대화'를 가장 빠른 속도로 달성할 수 있습니다. 그런 까닭에 숫자를 다중회귀 분석으로 철저하게 분석하고 고객 획득 수가 모든 조건 속의 복수의 요소와 어떤 식으로 관계를 하고 있는지 알면 보다 효과적인 방법도 보입니다. 예를 들어 한 시간의 교통량이 5000명 이상인 장소에 가게 수를 두 배로 늘리면 고객 획득 코스트가 25% 내려간다는 등의 예측을 할 수 있는 것입니다. 고객 획득 수가 예측치와 크게 다르다면 출점 장소 및 사람의 흐름을 바꾸기 위한 이벤트 등을 실행할 필요성이 있다고 하겠습니다.

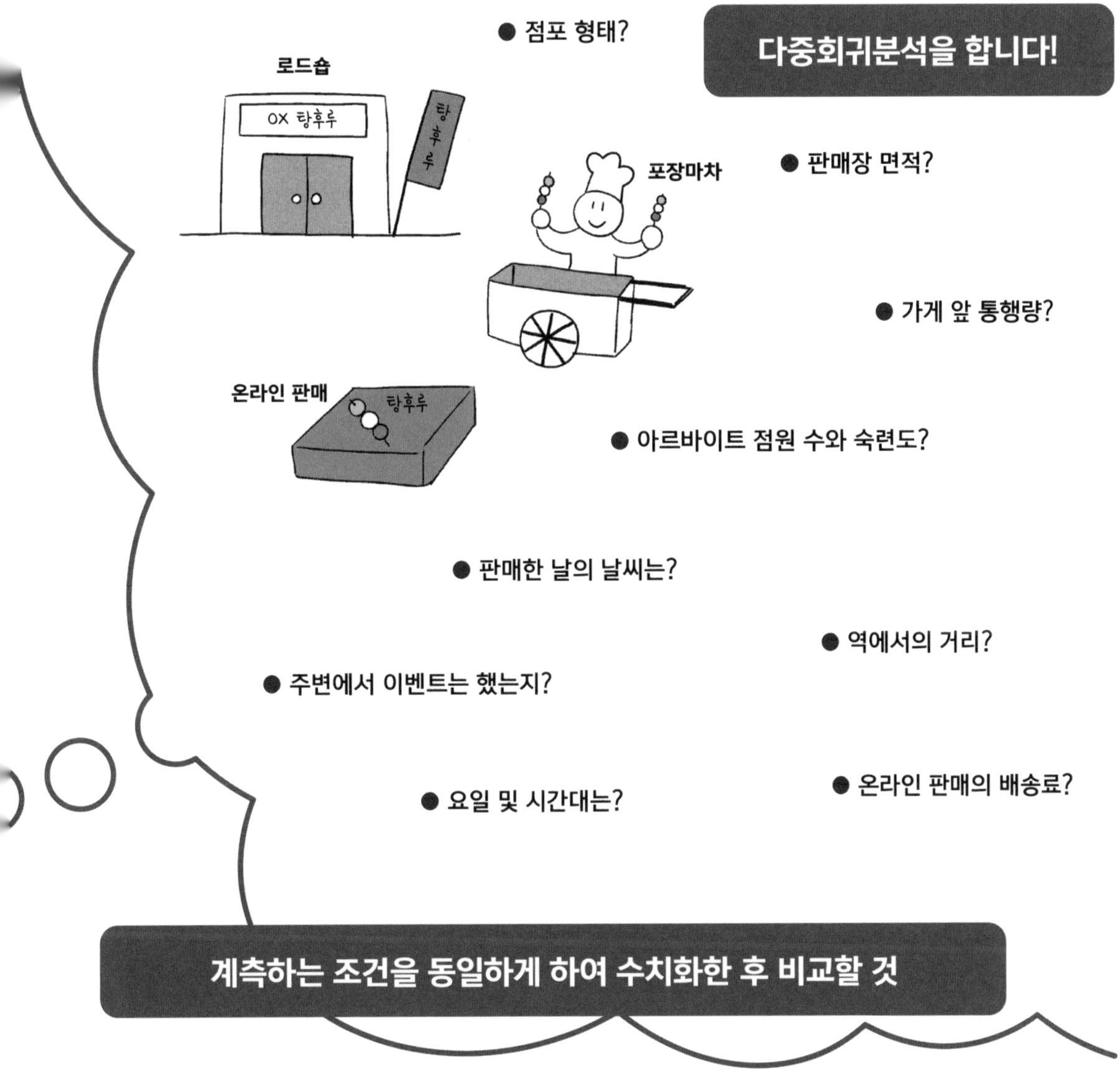
● 점포 형태?
다중회귀분석을 합니다!
로드숍
OX 탕후루
탕후루
포장마차
● 판매장 면적?
● 가게 앞 통행량?
온라인 판매
탕후루
● 아르바이트 점원 수와 숙련도?
● 판매한 날의 날씨는?
● 역에서의 거리?
● 주변에서 이벤트는 했는지?
● 요일 및 시간대는?
● 온라인 판매의 배송료?
계측하는 조건을 동일하게 하여 수치화한 후 비교할 것

07 고객 획득 코스트·고객 유지 코스트를 내려라(제3단계)

판매 수법 및 채널별로 고객 획득 코스트를 계측하고 수치화하여 효율 좋은 판매 수법을 찾아내야 합니다. 소프트뱅크는 적자 기간이 늘어나도 가능하면 많은 수법을 시험하여 데이터를 모으는 전략을 택했습니다.

고객 획득 코스트는 다중회귀분석을 통한 예측치와 실제 계측치로 도출합니다. 이때 사용하는 것이 판매 수법 및 채널별로 계측하는 수치화 시스템입니다. 'Yahoo! BB'의 경우 판매 채널은 대리점뿐 아니라 WEB 신청 및 전화 영업, 방문 판매 등 다양한 방법으로 이루어졌습니다. 그리고 채널별로 코드를 붙여 고객 획득의 경위를 기록하는 체제를 구축했고 거기에 드는 코스트를 관리하기 쉽게 만들었습니다. 예를 들어 하나의 채널에 100만 엔을 지불해 10명의 고객을 얻었다면 한 사람당 코스트는 10만 엔입니다. 이렇게 고객 획득 코스트를 계산하여 효율이 더 좋은 판매 방법을 찾아나갑니다. 소프트뱅크는 ADSL

고객 획득 코스트를 계산 및 분석하여 판매 수법을 선택하라

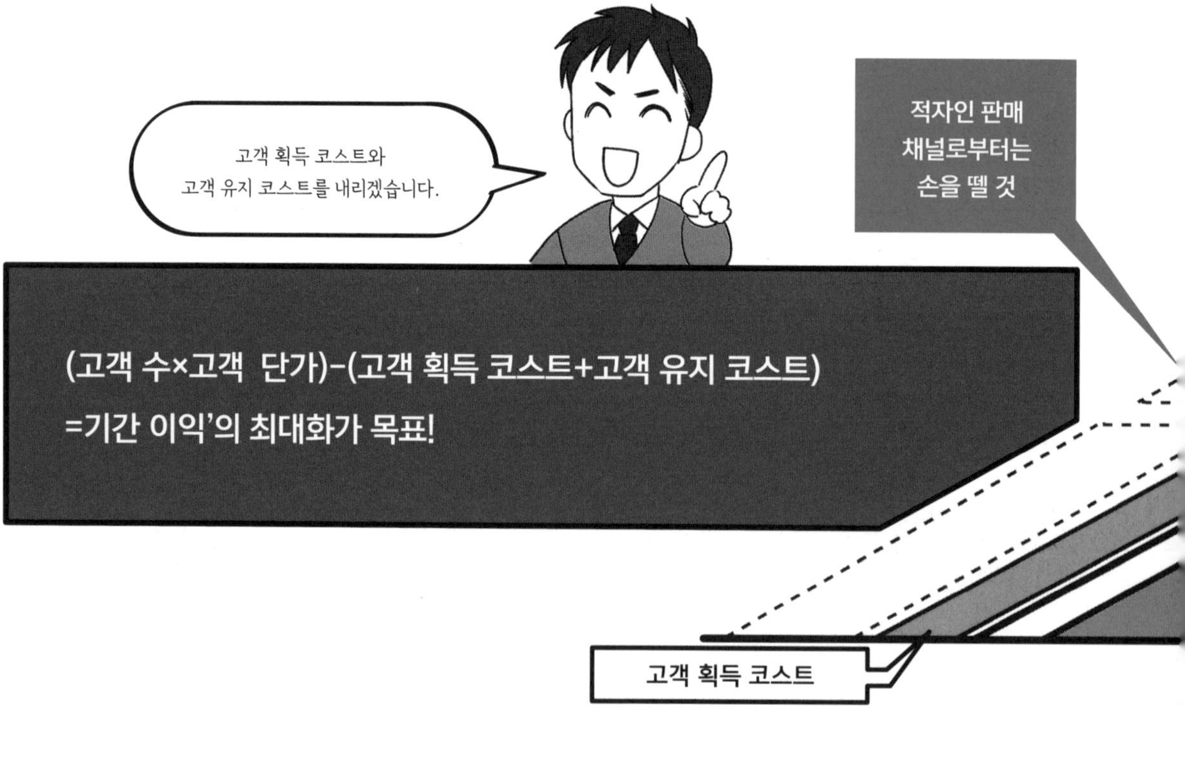
고객 획득 코스트와
고객 유지 코스트를 내리겠습니다.
적자인 판매
채널로부터는
손을 뗄 것
(고객 수×고객 단가)-(고객 획득 코스트+고객 유지 코스트)
=기간 이익'의 최대화가 목표!
고객 획득 코스트

사업에 참가한 2001년 당시 4분기 연속으로 적자가 이어지고 있었습니다. 한 번만 더 적자가 이어지면 상장이 폐지되는 상황이었습니다만 이는 아슬아슬할 때까지 적자를 계속 내는 전략의 결과였습니다. 손정의 사장은 적자 기간이 늘어나더라도 가능한 다양한 방법을 시험하는 쪽을 선택한 것입니다. 물론 수치화된 데이터가 있으므로 흑자로 돌아서기 위해서는 고객 획득 코스트를 얼마로 하면 좋을지는 계산이 되어 있었습니다. 계산 방법은 '(고객 수×고객 단가)-(고객 획득 코스트+고객 유지 코스트)=기간 이익'이므로 정확한 데이터를 파악하고 있다면 흑자로 전환하는 일은 어렵지 않습니다. 그러므로 소프트뱅크는 확실하게 목표를 달성하기 위해 아슬아슬할 때까지 숫자의 분석을 계속한 것입니다.

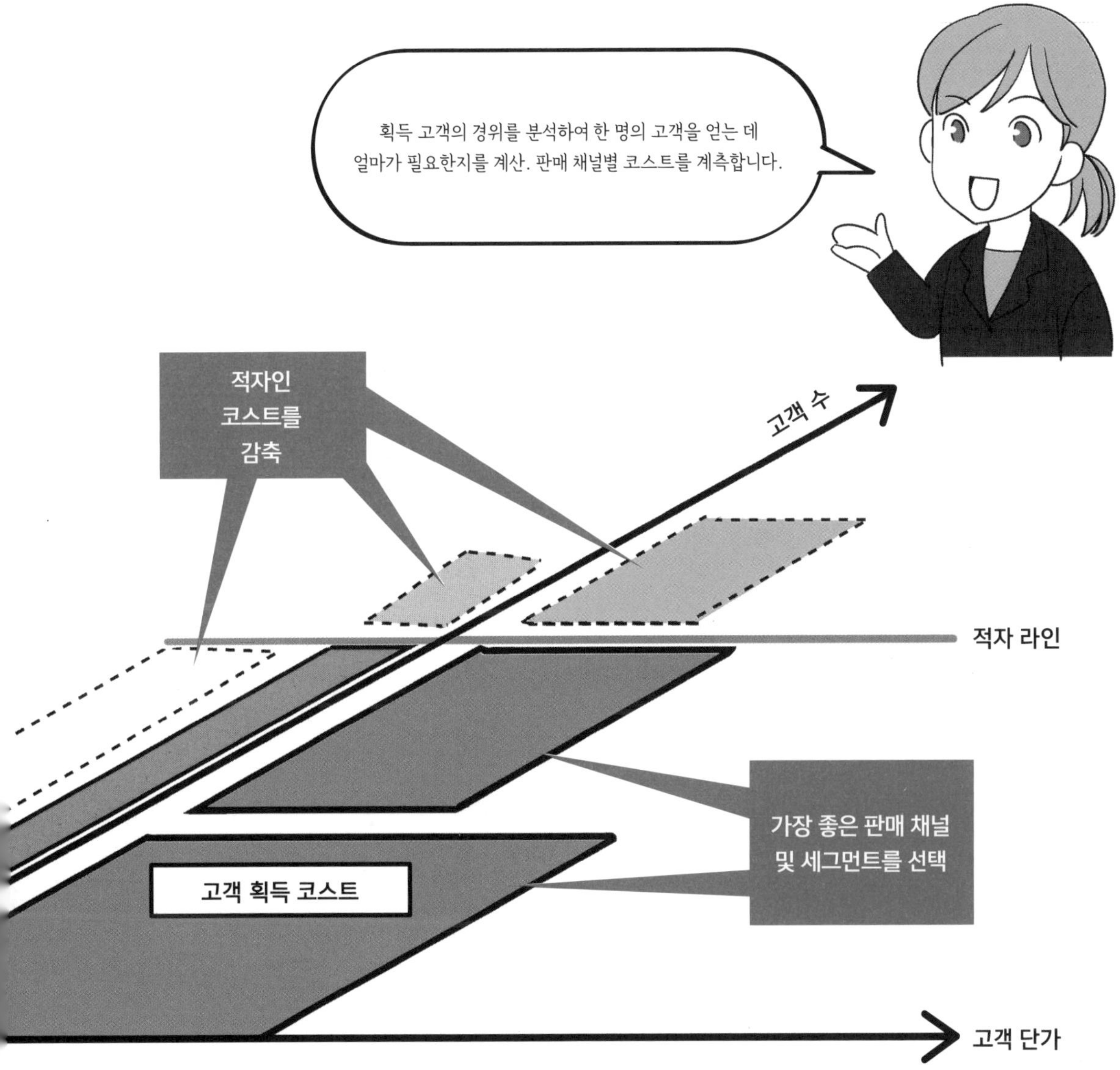

획득 고객의 경위를 분석하여 한 명의 고객을 얻는 데
얼마가 필요한지를 계산. 판매 채널별 코스트를 계측합니다.
적자인 코스트를 감축
고객 수
적자 라인
가장 좋은 판매 채널 및 세그먼트를 선택
고객 획득 코스트
고객 단가

08 비즈니스 플랜은 1000가지를 만들어라!(제3단계)

현장의 숫자를 리얼 타임으로 분석하고 사업 계획 그 자체를 항상 계속 변화시키는 것이 소프트뱅크형 PDCA입니다. 이렇게 하면 모든 패턴으로 예측치를 도출하므로 비즈니스 플랜을 '1000가지' 안에서 선택할 수 있습니다.

경영은 결과의 수치화를 철저하게 함으로써 예측의 정밀도가 올라갑니다. 많은 기업에서는 사업이 시작되기 전에 자세한 계획을 만들지만 실제로 시작하면 숫자의 데이터는 예산 관리에만 사용하게 됩니다. 한편 소프트뱅크는 최초의 영업 계획 단계에서 면밀한 계획을 만들지 않고 사업을 시작한 뒤에 그 결과를 반영시킨 플랜을 완성시킵니다. 처음 설정한 목표 달성 정도를 정의하는 KPI도 실측치에 맞춰 계속 바꾸는 것입니다. 소프트뱅크의 영업 계획은 실행한 뒤부터가 진짜 스타트인 것입니다. 현장의 숫자를 리얼 타임으로 파악하고 분석하여 계획, 실행, 검증, 개선 등 네 단계를 고속으로 계속 회전시킴으로

소프트뱅크형 비즈니스 플랜과 일반적인 비즈니스 플랜

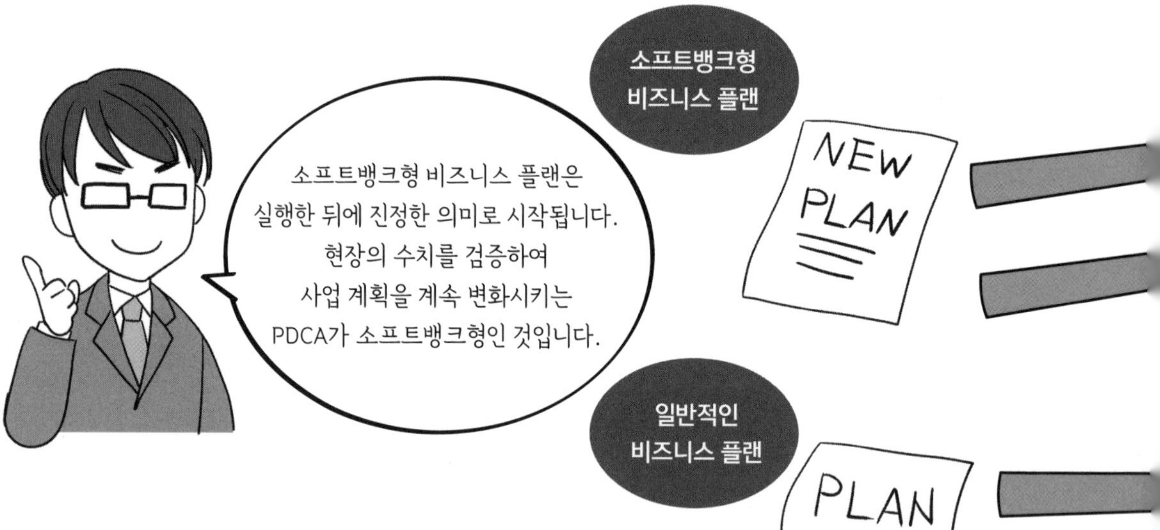
소프트뱅크형 비즈니스 플랜
소프트뱅크형 비즈니스 플랜은 실행한 뒤에 진정한 의미로 시작됩니다. 현장의 수치를 검증하여 사업 계획을 계속 변화시키는 PDCA가 소프트뱅크형인 것입니다.
NEW PLAN
일반적인 비즈니스 플랜
PLAN

PDCA란…

PLAN(계획), DO(실행), CHECK(검증), ACTION(개선)이라는 네 단계를 반복하여 업무를 개선하는 방법입니다.

써 사업 계획 그 자체를 변화시키는 것이 소프트뱅크형 PDCA입니다. 사업 계획을 변화시키기 위해서는 모든 숫자를 분석하고 수식에 대입함으로써 생각할 수 있는 모든 패턴으로 예측 숫자를 도출하지 않으면 안 됩니다. 손정의 사장은 이른 '비즈니스 플랜을 1000가지 만든다'라고 말합니다. 고객 수와 고객 단가, 고객 획득 코스트, 고객 유지 코스트의 숫자를 이해하고 있으면 어느 정도 미래에 흑자화할 것인가도 알 수 있고 그때 최적의 방향으로 사업을 변화시키는 패턴을 '1000가지' 안에서 선택할 수 있게 됩니다. 숫자를 보고 비즈니스를 생물처럼 변화시킬 수 있으므로 소프트뱅크는 다른 회사보다 앞서 나갈 수 있는 것입니다.

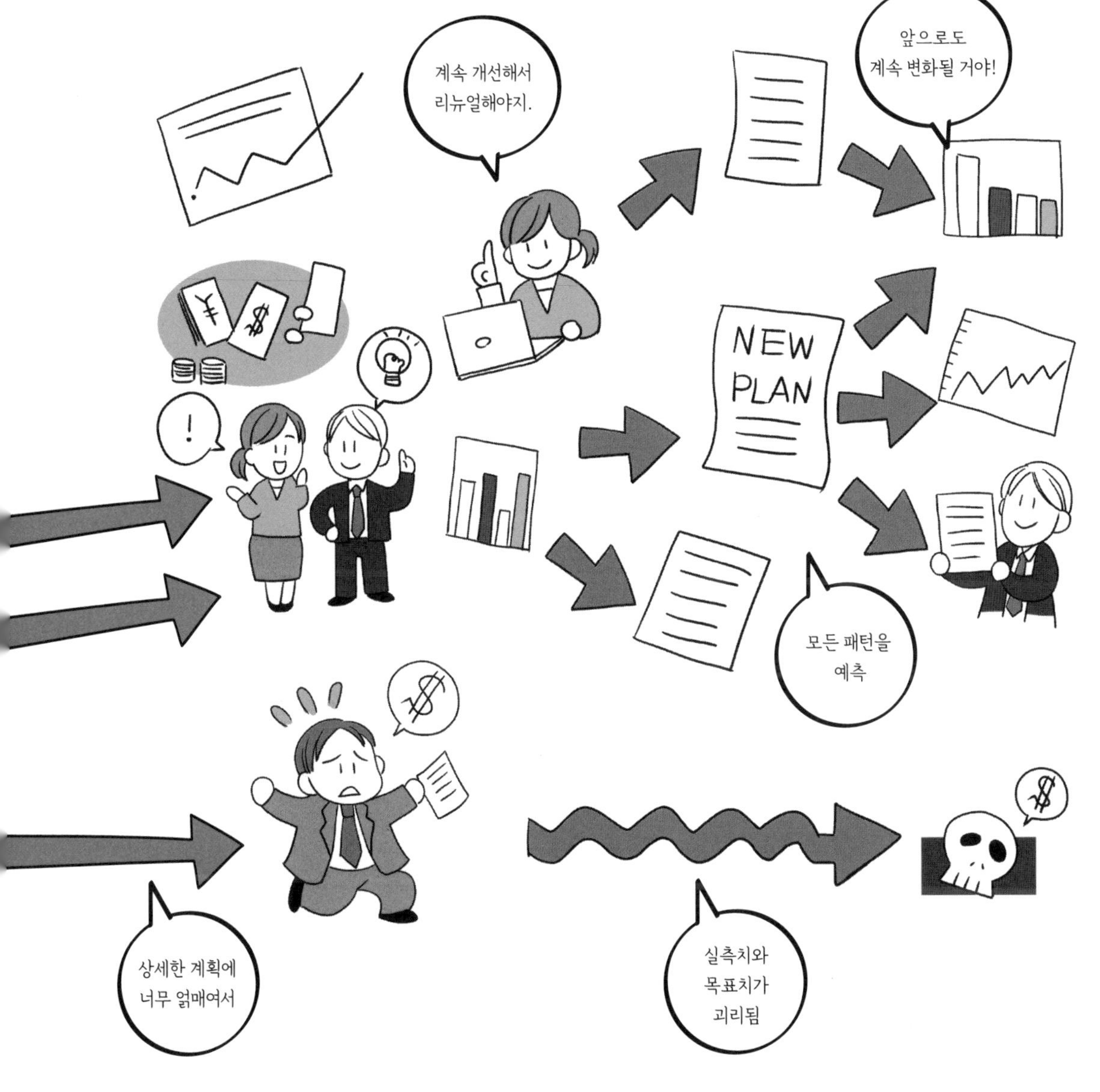

계속 개선해서 리뉴얼해야지.
앞으로도 계속 변화될 거야!
NEW PLAN
모든 패턴을 예측
상세한 계획에 너무 얽매여서
실측치와 목표치가 괴리됨

09 'LTV'를 계산해서 '잡으러 갈 고객'을 명확하게 하라(제4단계)

'고객이 고객으로 있어주는 기간'을 장기화하는 단계에서는 판매 채널 및 판매 캠페인별로 분석하면 잔존 기간의 실측치를 얻을 수 있습니다. 이를 통해 LTV(라이프 타임 밸류)를 산출하면 이익을 최대화하는 방법이 보입니다.

수지가 흑자로 돌아서 사업의 기초가 단단해지면 다음으로 집중해야 하는 것은 '고객이 고객으로 있어주는 기간=잔존 기간'을 길게 만드는 네 번째 단계의 업무입니다. 앞으로 기업의 이익을 최대화하기 위해서입니다. 이를 수식으로 하면 '영업 이익=(고객 수×고객 단가×잔존 기간)-(고객 획득 코스트+고객 유지 코스트)'가 됩니다. 그러므로 고객 수를 늘려서 '선'을 연장하고 고객 단가를 곱해 '면'으로 만든 다음 잔존 기간이라는 '시간 축'을 더함으로써 3차원 경영 모델이 완성됩니다. 잔존 기간도 일정 기간 사업을 계속하면 수치화되는 데이터로 나타낼 수 있습니다.

잔존 기간 LTV를 연장시켜 보자!

영업 이익 = (고객 수×고객 단가 × 잔존 기간)
− (고객 획득 코스트 + 고객 유지 코스트)

- 고객 수를 늘려 '선'으로 연결하고 고객 단가를 곱해 '면'을 만듭니다. 거기에 잔존 기간의 '시간 축'을 더해 입체적인 3차원 경영 모델을 완성시킵니다.

판매 채널 및 캠페인별로 잔존 기간을 분석하면 예를 들어 '가전 양판점에서 TV와 ADSL을 구입한 고객은 IT를 자세히 알지 못하며 잔존 기간이 길다'라든가 'WEB로 신청하는 사람은 인터넷 환경에 익숙하므로 저렴한 서비스로 바꾸기 쉽다' 같은 실측치를 얻을 수 있습니다.

이런 경향을 알게 되면 '적극적으로 잡으러 가야 할 고객과 그 외'의 세그먼트가 명확해집니다. 그리고 '생애 기간 이익(고객 단가×잔존 기간=아래쪽 그림의 입방체의 체적)-(고객 획득 코스트+고객 유지 코스트)=LTV(라이프 타임 밸류)'를 산출할 수 있으며 이것이 마이너스가 되는 고객은 배제하는 것이 사업의 이익을 최대화하는 방법입니다. LTV를 명확한 수치로 파악하는 기업은 고객 획득 코스트에 대한 생각도 달라지며 다른 회사와는 커다란 차이를 만들어낼 수 있습니다.

잔존 기간을 알면 '적극적으로 잡으러 가야 할 고객과 그 외의 고객'이라는 세그먼트가 명확해집니다.

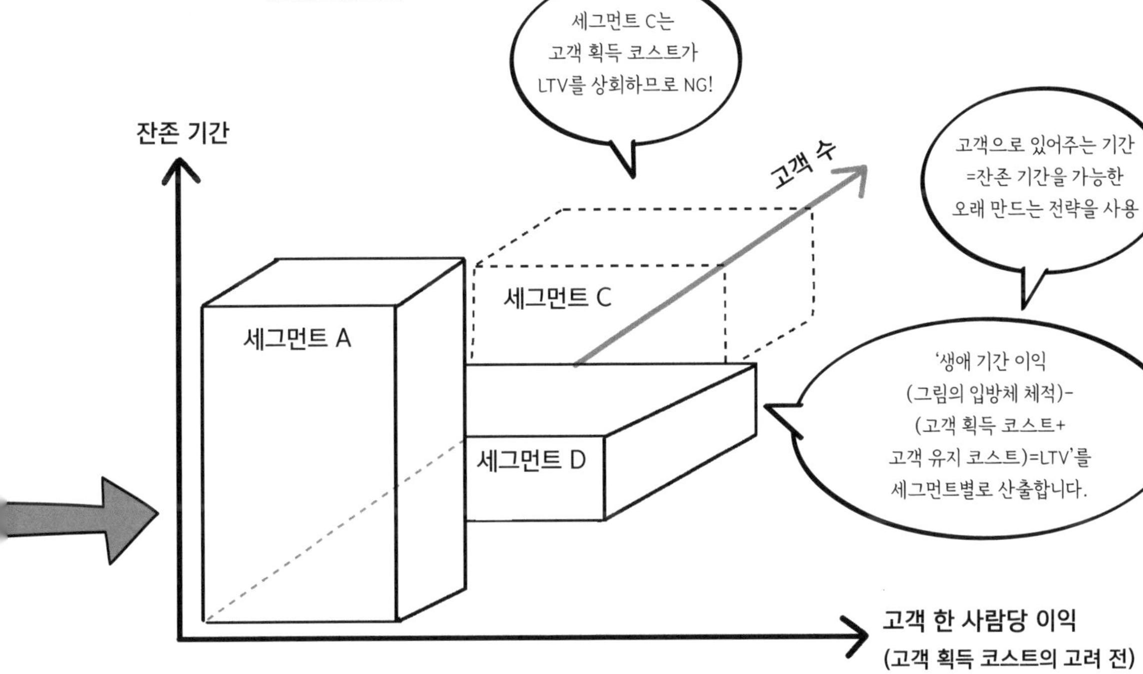
세그먼트 C는 고객 획득 코스트가 LTV를 상회하므로 NG!
잔존 기간
고객 수
고객으로 있어주는 기간 =잔존 기간을 가능한 오래 만드는 전략을 사용
세그먼트 C
세그먼트 A
세그먼트 D
'생애 기간 이익 (그림의 입방체 체적)- (고객 획득 코스트+ 고객 유지 코스트)=LTV'를 세그먼트별로 산출합니다.
고객 한 사람당 이익
(고객 획득 코스트의 고려 전)

10 수치화를 활용하는 조직을 만들기 위한 세 가지 포인트

지금까지 다양한 각도에서 수치화에 대해 설명했습니다. 모든 것이 숫자에 약한 사람이라도 실무에 사용할 수 있는 내용입니다. 그런 만큼 사원 전원이 수치화를 활용하여 조직에 환원하기 위한 중요한 세 가지 포인트를 마지막으로 해설하고 싶습니다.

포인트 첫 번째는 커밋(commit, 관계)하는 것입니다. 다른 사람이 모은 숫자만으로 자신이 가지고 있는 문제를 해결하는 일은 절대로 불가능합니다. 필요한 숫자는 스스로 만들겠다는 생각이 무엇보다 중요합니다. 그러기 위해서는 고객과 직접 부딪히는 영업부나 항상 기업의 숫자를 보는 경리부 등 현장의 직원이 각각 과제를 적극적으로 수치화할 필요가 있습니다. 또한 문제 해결에 대한 강한 의식도 빼놓을 수 없습니다. 두 번째는 롤링입니다. 롤링이란 중장기 계획을 기업이 놓인 환경에 맞춰 정기적으로 고치는 것을 의미합니다. 수치화는 과거를 회상하며 만족하거나 누군가를 나쁜 사람으로 만들기 위한 것이 아

최소한 알아야 할 세 가지 힘

❶ 커밋하기

<NG>
<OK>
1: 지시로 데이터를 모은다
과거 5년간 고객 만족도를 자료로 만들어주게.
이런 게 무슨 의미가 있는 걸까?
1: 현장이 적극적으로 수치화
고객
그 상품, 최근 사용하기 불편해졌어요.
개선이 필요하겠군. 수치화해서 문제를 찾아야겠어.
2: 기존의 숫자만 분석
보고서
예전 보고서로 자료를 만들어야지.
2: 필요한 숫자는 스스로 만든다
고객이 '최근' 불편해졌다고 했지. A와 관련된 데이터를 모아야겠어.
3: 문제 해결을 위한 의지가 약함
문제 의식이 부족하군.
며칠 전 부탁하신 자료가 완성되었습니다. 확인 부탁드려요.
3: 문제 해결에 대한 의지가 강함
자네가 있어. 정말 든든해.
고객의 말씀을 토대로분석했더니 세 가지 문제가 있었습니다.

닙니다. 어디까지나 '미래=다음 액션'으로 이어지기 위해 존재하는 것입니다. 그러므로 계획에 차질이 생기더라도 그 상황을 명확하게 분석하고 '다음에는 어떻게 할까'를 항상 생각하여 적절하게 행동할 수 있는 사원이 조직을 강하게 만들 수 있으며 조직으로서도 평가해야 하는 존재입니다. 세 번째로는 보틀넥을 이해해야 한다는 것입니다. 비즈니스 현장을 보면 최종적인 결과만 보고 "어떡하면 좋을지 모르겠다"라며 머리를 감싸는 사람이 대부분입니다. 하지만 그래서야 아무리 지나도 보틀 넥이 보이지 않습니다. "숫자를 세기 전에 프로세스를 나누어라" 이는 수치화 업무에 있어서 철칙입니다. 현장에서 나눠놓은 작업을 철저하게 행하고 항상 보틀 넥을 이해하고 있으면 조직의 생산성은 단숨에 올라갈 것입니다.

❷ 롤링하기

<NG>
어떡하면 되는 거야…
이것저것 손을 써보았습니다만 최악의 숫자가 나왔습니다.
<OK>
그렇군, 계획을 고칠 필요가 있겠어.
분석한 결과 이 문제는 시장의 변화가 원인이었습니다. 이 숫자를 보면 그건 명확합니다.

❷ 보틀 넥 이해하기

<NG>
이보게, 이번 달도 미달성이지 않은가.
6월
미달성
D
B
어떡하면 목표를 달성할 수 있지?
<OK>
듣기
안내
교섭
심사
계약
어느 부분이 문제인 걸까?
아!

Column

외워두면 도움이 되는 수치화 생각법 용어집③

1. 이노베이터 이론(p180)

이노베이터 이론이란 1962년 스탠퍼드대학의 로저스 교수가 제창한 이노베이션이 보급되는 과정을 시간 축으로 제시한 이론입니다. 참신한 발상의 신규 상품도 발매와 동시에 잘 팔리는 일은 드뭅니다. 이런 상품에 가장 먼저 달려드는 것은 이노베이터라 불리는 혁신자입니다. 이 사람들은 전체에서 불과 2.5%밖에 되지 않는다고 합니다. 히트 상품은 그 뒤 얼리 어댑터(초기 채용자), 얼리 메이저리티(전기 추종자), 레이트 메이저리티(후기 추종자), 래거드(지각 수용자) 등에게 판매되지만 차츰 줄어듭니다. 또한 초기 채용자와 전기 추종자 사이에는 캐즘이라고 하는 깊은 도랑이 있다는 사실도 밝혀졌습니다. 캐즘을 넘기 위해서는 초기 시장에서 초기 채용자 등에게 지명도를 높일 필요가 있습니다. 그 뒤로는 각 층에 포커스를 맞춘 마케팅 시책을 펼치는 일이 중요해집니다.

2. 복리(p184)

자산 운용에서 중요한 것은 금리입니다. 금리에는 단리와 복리가 있습니다. 복리는 예금이나 저축 등에서 얻은 이자를 더한 것이 원금이 됩니다. 이는 다음 번 이후의 이자에 의해 눈덩이처럼 불어납니다. 이것이 복리의 장점입니다. 복리는 장기간에 걸쳐 이용되는 것이 대부분입니다. 반면 단리는 원금의 금액 그대로 운용되는 경우를 말합니다. 따라서 단리는 계속 변하지 않습니다. 이 때문에 단리는 복리에 비해 이익이 적습니다. 단 계속 움직일 수 있는 현금이 필요한 경우는 단기의 단리가 유리한 경우도 있습니다. 또한 복리는 장기간 자금이 묶여 움직일 수 없다는 단점이 있습니다. 자신의 라이프 플랜이나 경영 플랜에 맞춰 선택해야 합니다.

3. 란체스터 전략(p196)

전력이 강한 강자와 전력이 떨어지는 약자로 나눠 서로 유리한 조건을 명시한 경영 이론입니다. 원래는 군사 이론이었습니다. 이 이론은 접근전에 의한 제1법칙과 원격전에 의한 제2법칙이 있습니다. 제1법칙으로는 5명의 전력을 가진 A군과 같은 무기를 가지고 있지만 3인밖에 없는 B군이 싸운 경우 A군이 2명이 남습니다. 제2법칙에서는 근대 무기를 활용함으로써 병력은 인수의 제곱이 됩니다. 그렇게 되면 A군은 5의 제곱인 25가 되고 B군은 3의 제곱인 9가 됩니다. 따라서 그 차이는 16이 되고 제곱근은 4가 됩니다. 따라서 A군은 4명이 남습니다. 이처럼 강자는 제2의 법칙이 유리하므로 광역전 혹은 원격전을 펼치는 편이 효과적입니다. 물량과 가격 전략에서도 커다란 시장을 노리고 아이템 수도 늘리며 광고를 대대적으로 펼쳐 고객과 떨어져서 승부하는 편이 좋습니다. 반대로 약자의 전략은 제1법칙에 따라 국지전 및 근접전을 펼쳐야 합니다. 사업의 영역을 잘 선택하고 적이 아닌 고객에게 접근하여 자원을 한 곳에 집중시켜야 합니다.

4. 마켓 셰어 이론(p197)

제1차 세계 대전 때 고안된 란체스터 전략에서 비롯되었습니다. 약자와 강자로 나눠 분석하는 이 이론은 대기업이 항상 강자인 것은 아니며 중소 기업이 항상 약자인 것도 아닙니다. 강자란 시장에서 점유율이 1위인 기업을 가리키고 약자란 시장 점유율이 2위 이하인 기업을 가리킵니다. 이에 근거하여 나온 것이 마켓 셰어 이론입니다. 당연한 말이지만 점유율이 높은 쪽이 유리합니다. 시장 점유율이 가장 높은 기업이라도 상한 목표치 73.9%, 안정 목표치 41.7%, 하한 목표치 26.1%로 점유율에 따라 목표는 세분화됩니다. 당연한 말이지만 점유율이 가장 높지 않은 기업까지 포함해 점유율 차이에 의해 기업이 세우는 전략은 달라져야 한다는 사실을 명시하고 있습니다.

5. 잠재 고객(p190)

잠재 고객은 자사의 상품이나 서비스에 대한 니즈를 자각하지 못하고 그런 상품 및 서비스에 대한 지식이 없는 고객층을 가리킵니다. 하지만 무엇인가 계기가 주어지면 니즈를 인식하고 고객이 될 수도 있는 존재입니다. 기업은 잠재 고객이 가진 다양한 불만과 불안을 구체화하여 그것들을 해결함으로써 자사의 상품 및 서비스를 인지시킬 필요가 있습니다. 이 잠재 고객과 대의적인 개념이 기존 고객입니다. 기존 고객은 자신의 니즈를 자각하고 있는 고객층입니다. 일반적으로 자사의 상품과 서비스를 알고 있는 고객을 의미하며 기존 고객에게는 한 발 더 다가가 충성 고객으로 만드는 전략이 필요합니다.

6. 페네트레이션 전략(p198)

시장 침투 가격 전략이라고 번역할 수 있는 페네트레이션 전략은 기업이 새로운 상품을 전개할 때 있어 이익이 나오지 않을 만큼 낮은 가격을 설정함으로써 구매 수를 늘리고 시장의 최고 위치에 서는 것을 가리킵니다. 물론 추후에 가격의 조정을 실시하여 이익을 얻을 수 있습니다. 이 전략을 사용하기 위해서는 앞으로 성숙해질 시장이어야 하고 대량 생산으로 코스트 다운이 예상되며 당장 이익이 나오지 않아도 기업이 견딜 수 있어야 한다는 조건이 있습니다. 이를 성공하면 시장의 대표적인 기업이 될 수 있으며 브랜드화도 가능해져 타깃층도 넓어집니다. 단점으로는 이익이 나올 때까지 오랜 기간 소모전을 펼쳐야 한다는 것입니다. 안정적인 자본이 필요하며 한편으로는 브랜딩이 성공해도 저가격 브랜드라고 인식될 여지가 있어 고액브랜드의 상품화와 상품의 인상에 반발을 초래할 수 있습니다.

7. 판매 채널(p206)

판매 채널이란 판매 경로라고 번역할 수 있습니다. 아무리 우수한 상품이나 서비스라고 해도 판매 채널이 없으면 그것을 고객에게 주고 댓가를 얻을 수가 없습니다. 마케팅에는 크게 세 가지 채널이 있습니다. 첫 번째는 판매 채널, 다른 하나는 최적의 상품 유통 등을 목표로 하는 유통 채널. 마지막으로는 고객과의 커뮤니케이션을 취하기 위한 커뮤니케이션 채널입니다. 특히 웹에는 다양한 고객과 커뮤니케이션을 취하는 커뮤니케이션 채널이 많이 있습니다. 판매 채널로 이야기를 되돌리면 판매 채널은 길이에 따라 보통 4단계로 나눌 수 있습니다. 직접 만들어 파는 직판이 0단계. 거기에 다양한 업자가 끼어들어 도매업자, 소매업자를 끼고 있는 것이 3단계입니다. 채널이 긴 쪽이 마진을 취해 가격이 오르지만, 광범위하게 확산시킬 수 있다는 장점도 있습니다.

8. 롤링(p212)

롤링은 경영진에서 본 중기 경영 계획을 수립하는 방법 중 하나입니다. 기업이 놓인 환경 변화에 따라 매년 계획의 재조정이 필요합니다. 물론 몇 년에 한번 계획을 조정하는 중장기 계획과는 다른 것입니다. 한편 롤링 플랜은 중기부터 장기 계획까지 내용을 적절히 재검토하여 개선하는 방법을 의미합니다. 즉 롤링 플랜은 일단 세우고 진행한 PDCA도 많은 사회 정세의 변화에 따라 변경을 해야 된다는 것을 인정하고, 적절하고 참신한 계획을 다시 세우는 일을 의미합니다. 코로나 사태에서도 롤링 플랜을 효과적으로 발휘한 기업이 다수 보였습니다.

용어색인

숫자 · 알파벳

ㄱ

수치화 업무술을 손에 넣어 수동적인 자세에서 공격적인 자세로

마지막까지 읽어주셔 정말 감사드립니다. 이 책을 다 읽어주신 분들은 수치화를 활용한 업무술의 개요에 대해 이해하시리라고 생각합니다.

'수치화' 자체는 최근 비즈니스 현장에서 빈번하게 들을 수 있는 단어입니다. 그리고 '팩트풀니스'라고 하는 데이터로 세계를 정확하게 볼 수 있는 시대가 되었기 때문에 앞으로 보다 더 숫자로 생각하는 힘이 필요해질 거라 생각합니다.

독자 여러분께서 이 책을 손에 드신 이유는 '숫자에 강해지고 싶기 때문에'라는 이유도 당연히 이을 것이라 생각합니다. 하지만 여러분이 정말로 손에 쥐고 싶은 것은 숫자로 생각하는 힘이 아니라 직장인으로서의 '성장' 아닐까요. 그저 수동적으로 일을 하는 것이 아니라 자발적으로 움직이고 문제를 해결하는, 그런 매일의 성장이 직장인으로서의 시간에 풍요로움을 주고 인생을 더욱 좋게 만들 것이라고 저는 생각합니다.

왜 제가 이렇게까지 수치화 계몽에 힘을 쓰는가 하면 제가 소프트뱅크 재직 시 손정의 사장으로부터 수치화를 통해 생각하기를 철저히 교육받았고 이를 실천하면서 기존의 사업을 성장시키면서 수치화의 위력을 실감했기 때문입니다. 그런 경험이 기반이 되어 '문제 해결사'로서 지금까지 많은 기업과 프로젝트를 도왔습니다. 또 제 회사에서도 수치화를 활용하여 다양한 시책을 해왔습니다. 이런 경험을 토대로 수치화에 관련된 서적도 출판했습니다.

이런 경험을 통해 자신 있게 말씀드릴 수 있는 것은 업무의 문제 해결에 수치화를 활용하면 감정에 휩쓸리는 일 없이 평등하게 모든 일을 판단할 수 있다는 것입니다. 올바른 길이 보이고 문제 해결에 있어 해야 할 일이 명확해진다는 뜻입니다.

사적인 감정이 들어가는 일 없이 팩트만으로 모든 일을 판단할 수 있게 되면 업무의 질과 속도가 단번에 올라갑니다. 문제 해결을 위해 해야 할 일이 보이면 관리직은 물론이고 현장의 멤버 모두가 더 좋은 방향으로 발전할 수 있습니다. 즉 조직 전원이 자신이 해야 할 일을 생각하고 스스로 행동하게끔 된다는 것입니다. 이처럼 수치화 사고를 한 사람 한 사람이 가지게 되면 여러분 개인의 업무는 물론이고 조직 전체가 활성화되고 팀 전원이 커다란 성공을 거둘 수 있게 됩니다.

- 항상 업무상 목표를 이루지 못하지만 무엇이 원인인지 모를 때
- 열심히 노력하고 있지만 업무에서 실패가 거듭될 때
- 상사의 아이디어에 위화감을 느껴도 상하 관계가 신경 쓰여 설득이 안 될 때

이런 이유로 매일 스트레스를 받는 사람에게 이 책은 업무에 대한 동기 부여와 해야 할 구체적인 다음 액션, 해결을 위한 실마리를 줄 것입니다.

이 책이 수동적이 아닌 공격적으로 일을 하고 싶은 사람 모두에게 도움이 되기를 진심으로 기원합니다.

미키 다케노부

참고 문헌

『孫社長にたたきこまれた すごい「数値化」仕事術』三木雄信／PHP研究所

『数値化の鬼──「仕事ができる人」に共通する、たった1つの思考法』安藤広大／ダイヤモンド社

『「KPIマネジメント」がゼロから身につく リーダーシップ見るだけノート』中尾隆一郎 監修/宝島社

『99%の人が知らない 数字に強くなる裏ワザ30 パパッと計算、サクッと考える仕事術』深沢真太郎／ダイヤモンド社

『仕事の質とスピードが激変する思考習慣 徹底的に数字で考える。』深沢真太郎/フォレスト出版

SUJIGA NIGATEDEMO GYOSEKIGA BAKUHATSUTEKINI AGARU
SUCHIKA METHOD MIRUDAKE NOTE
by TAKENOBU MIKI

일러스트로 바로 이해하는

수치화 생각법

초판 1쇄 발행 • 2023년 9월 23일

감수 • 미키 다케노부
옮긴이 • 김준
펴낸이 • 김순덕
디자인 • 정계수
펴낸곳 • 더퀘스천
출판등록 • 2017년 10월 18일 제2019-000107호
주소 • 경기도 고양시 일산서구 산율길 42번길 13
전화 • 031-721-4248 / 팩스 031-629-6974
메일 • theqbooks@gmail.com

ISBN 979-11-91597-01-1
ISBN 979-11-967841-2-6 (세트)

이 도서의 국립중앙도서관 출판예정도서목록(CIP)은
서지정보유통지원시스템 홈페이지(http://seoji.nl.go.kr)와
국가자료공동목록시스템(http://www.nl.go.kr/kolisnet)에서 이용하실 수 있습니다.